VANTAGEM ESTRATÉGICA NA INCERTEZA

VANTAGEM ESTRATÉGICA NA INCERTEZA

A AGILIDADE NA **GOVERNANÇA CORPORATIVA**, NA **ESTRATÉGIA** E NA **GESTÃO DE MUDANÇAS** EM UM MUNDO DINÂMICO E IMPREVISÍVEL

Heitor Coutinho

Professor Titular na
Fundação Dom Cabral

ALTA BOOKS
GRUPO EDITORIAL
Rio de Janeiro, 2024

Vantagem Estratégica na Incerteza

ISBN: 978-85-508-2533-5

Impresso no Brasil — 1ª Edição, 2024 — Edição revisada conforme o Acordo Ortográfico da Língua Portuguesa de 2009.

Dados Internacionais de Catalogação na Publicação (CIP)
(BENITEZ Catalogação Ass. Editorial, MS, Brasil)

C895v
1.ed. Coutinho, Heitor
Vantagem estratégica na incerteza : a agilidade na governança corporativa, na estratégia e na gestão de mudanças em um mundo dinâmico e imprevisível / Heitor Coutinho. – 1.ed. – Rio de Janeiro : Alta Books, 2024.
288 p.; 15,7 x 23 cm.

ISBN 978-85-508-2533-5

1. Corporativismo (Administração). 2. Governança corporativa. 3. Gestão de negócios. 4. Liderança (Administração). 5. Modelos de negócios. 6. Planejamento estratégico. I. Título.

09-2024/92 CDD 658.1

Índice para catálogo sistemático:
1. Governança corporativa : Administração 658.1
Aline Graziele Benitez – Bibliotecária – CRB-1/3129

Grupo Editorial Alta Books

Produção Editorial: Grupo Editorial Alta Books
Diretor Editorial: Anderson Vieira
Editor da Obra: J. A. Ruggeri
Vendas Governamentais: Cristiane Mutüs
Gerência Comercial: Claudio Lima

Produtora Editorial: Ana Clara Tambasco
Revisão: Carol Colffield e Renan Amorim
Diagramação: Rita Motta
Capa: Karma Brandão

ALTA BOOKS
GRUPO EDITORIAL

Rua Viúva Cláudio, 291 — Bairro Industrial do Jacaré
CEP: 20.970-031 — Rio de Janeiro (RJ)
Tels.: (21) 3278-8069 / 3278-8419
www.altabooks.com.br — altabooks@altabooks.com.br
Ouvidoria: ouvidoria@altabooks.com.br

Editora
afiliada à:
ASSOCIADO

Aos Malta Coutinho:
Karla, Daniel, Victor e Thiago.

Em memória de meus pais.

Sumário

Prefácio

Ainda que não se tenha clareza aonde chegar, é preciso ir em frente.
Emerson de Almeida

No mundo organizacional, os líderes que se destacam são aqueles que preparam suas instituições para o futuro, indicando os caminhos e agindo estrategicamente, mesmo diante da ambiguidade que faz parte de nossa vida e permeia o mundo moderno. Ao desenvolver estratégias, as organizações escolhem seu destino e as mudanças que pretendem realizar para alcançar os objetivos mais valiosos. Estratégia trata do futuro, e o futuro envolve incerteza, em alguma medida. Assim, as mudanças organizacionais, tão necessárias para a sobrevivência e a evolução, têm a incerteza em sua essência. Por isso, não se deve temer ou evitar o desconhecido, porque ele pode ser um aliado, a origem das oportunidades. O pensamento oposto, o de ver essa realidade como ameaça, pode ser contraproducente e até paralisante. Empreendedores navegam com determinação na imprevisibilidade porque desejam avançar, aprender no caminho e progredir, mesmo perante desafios obscuros. Saber lidar com as incertezas estratégicas é um preditivo do sucesso organizacional. Essa habilidade se torna ainda mais necessária em um mundo cada vez mais sujeito a inconstâncias e adversidades.

Minha carreira como executivo, consultor e professor sempre foi dedicada à estratégia e sua execução. Essa escolha se deu não só pelo fascínio e relevância dos temas, mas por serem áreas em constante evolução e com desafios em sua essência. As mudanças, no sentido do progresso, são minha fonte primária de motivação. Acredito que esse estímulo deveria ser a tônica na cultura de todas as organizações. A busca constante de vantagens estratégicas precisa ser a prioridade para as empresas que estão em ambientes competitivos. É por meio da estratégia que será possível oferecer propostas singulares de valor ao mercado que, quando maleáveis e sustentáveis em coexistência, aumentarão o dinamismo organizacional e proporcionarão vida longa às empresas.

O nível de incerteza futura pode variar, sobretudo pelas particularidades de cada segmento de mercado. Há os mais estáveis, caracterizados por ciclos longos de mudança e menor probabilidade de rompimento, onde tendências são quase certeiras e é possível planejar roteiros e enxergar horizontes com maior precisão, embora imprevistos sempre possam acontecer. E há setores dinâmicos, onde a competição é agressiva, a volatilidade impera e é difícil prever o longo prazo. Os mecanismos tradicionais de governança, estratégia e gestão das organizações foram desenvolvidos ao longo dos anos para atender predominantemente a situações de baixa imprevisibilidade, e continuam sendo úteis para esse fim. Nessa situação, as abordagens preditivas são as mais adequadas por serem efetivas na situação de estabilidade. Mas os modelos de gestão tradicionais raramente se revelam adequados quando a magnitude da incerteza é importante. Na volatilidade, pode ser crítico saber enfrentar impactos com celeridade ou antecipar-se para ter sucesso. Foi esse contexto que me instigou a desenvolver o conhecimento de que trataremos a seguir. A finalidade primária deste livro é o debate sobre como obter vantagens estratégicas em um mundo turbulento, carregado de altas incertezas e dinamismo. Sem a construção de organizações ágeis, não será possível assegurar a competitividade e o crescimento sustentável. Mas também é premente compreender que cada situação particular demanda ações específicas e que a flexibilidade no uso de instrumentos de governança e de gestão é a melhor resposta para suportar decisões.

Os construtos desenvolvidos e demonstrados ao longo desta obra são fruto do rigor da pesquisa científica, da ampla revisão de literatura e da análise cotidiana de organizações de diferentes portes e setores de atuação ao longo dos anos. O conhecimento vem da curiosidade, mas também de incômodos acerca de realidades vigentes, como a constatação acerca de práticas organizacionais arraigadas, por vezes difíceis de mudar. Os fatores que conferiram longevidade às organizações no passado são insuficientes para assegurar a sua continuidade, e os mecanismos de governança corporativa, estratégia e gestão terão que se fortalecer por meio de novos conhecimentos.

Um primeiro incômodo que me inquieta é ver técnicas de análise estratégica de pouca eficácia sendo utilizadas indistintamente e modelos clássicos sendo aplicados em contextos de disrupção e turbulência, o que é um equívoco. As abordagens tradicionais à estratégia não estão calibradas para a instabilidade que enfrentamos atualmente, e a maioria das organizações não desenvolveu o pensamento estratégico e as capacidades de gestão para prosperar em meio à incerteza. As lideranças precisam começar imediatamente a se desenvolver para governar e dirigir suas organizações em contextos de maior complexidade e instabilidade. A tentativa descomedida de previsibilidade é um conforto dos gestores que têm dificuldade de lidar com a perda de controle. Esse tipo de medo pode desencadear o chamado efeito ambiguidade, um viés cognitivo que leva as pessoas a evitarem riscos e a não assumirem desafios incontestáveis.

Além disso, é perceptível que ainda há insuficiente entendimento ou mesmo inconsistência sobre escolhas estratégicas no mundo empresarial. Os diferenciais a serem reconhecidos pelo mercado, a oferta abrangente de valor futuro e a inovação estratégica estão entre os atributos pouco explorados, embora sejam os mais relevantes. Esses aspectos são essenciais e basilares de uma estratégia, capazes de suportar o crescimento e a perenidade das organizações. É ilusório acreditar que estabelecer um conjunto de objetivos correlacionados a partir de identificação de ameaças e oportunidades externas seja suficiente para enfrentar toda a complexidade inerente ao mundo dos negócios, por mais simples e estável que seja um setor. As metodologias de planejamento e a formulação de estratégias não podem se abster de definições diferenciais. Igualar-se aos demais não é estratégia.

Igualmente necessário é garantir que a execução preserve todo o raciocínio que levou às escolhas e aspirações. Não deveria haver distância entre estratégia e execução; o que importa é a estratégia como prática. Portanto, o que foi formulado deve ser traduzido em sua integridade, e o engajamento de stakeholders deve prevalecer durante o processo. A mentalidade e o pensamento estratégicos precisam se manter vivos, além do momento de formulação, para a gestão permanente da estratégia em um mundo dinâmico. Essa necessidade não pode esmorecer diante das transformações externas ou do dia a dia da operação. A adaptação passa a ser mais relevante que a previsão.

Mas, por maiores que sejam os desafios técnicos desses temas tão essenciais, são as pessoas que realizam as transformações e viabilizam o progresso. Sem ações simultâneas de uma gestão proativa de mudança, o insucesso poderá reinar. Ambientes de segurança psicológica, um clima organizacional positivo e o desenvolvimento continuado devem garantir capacidades de prontidão em todos os níveis para manter o engajamento. Novos paradigmas requerem nova mentalidade. A neurociência tem demonstrado que há fortes evidências de que a mente humana é viciada em certeza, o que é uma grande barreira à transformação. Há cada vez menos espaço para a predição e para a convicção nas organizações contemporâneas. Assim, com a mesma pertinência, a centralidade na agilidade será a chave que revigorará as competências humanas e proverá celeridade à cultura para sustentar o propósito de sempre melhorar.

A criação desta obra contou com a colaboração de colegas, executivos e organizações que adotaram as práticas inovadoras que demonstraremos, superando o conforto do próprio conhecimento construído ao longo dos anos.

Dentre as várias empresas em que tive a oportunidade de atuar, agradeço especialmente àquelas que enriqueceram o conhecimento deste livro com suas realidades distintas. A grande adesão de líderes e executivos foi algo que me surpreendeu; minha deferência a todos pela confiança e pelas contribuições.

De forma especial, é preciso reconhecer o pioneirismo da Fundação Dom Cabral na implementação da estratégia ágil. Meus agradecimentos a Antonio Batista da Silva Júnior, diretor-presidente da FDC, pela liderança do processo e às diretorias estatutária e executiva pelos direcionamentos e apoio. Deixo também minha alta estima aos protagonistas da equipe nuclear de formulação composta por Marciene Macedo, Marcelo Altoé, Paula Borges e Paula Simões, a Adilson Demétrio, André Proença, Caroline Valadão, Elaine Pereira e Marcele Gama, integrantes da equipe nuclear de execução, e a todos os que participaram da construção do futuro da FDC. Agradeço também a Maria Eduarda Timbohiba e Sérgio Araújo, que pesquisaram sobre os casos que ilustram os temas abordados no livro, e a Rhaimá da Costa Birchal pela revisão técnica.

Pelo patrocínio e adoção das práticas de agilidade estratégica, meus agradecimentos à Luciana Faluba. E, com alto apreço, dedico esse conhecimento aos professores, consultores, conselheiros e executivos que fazem da vida organizacional um ambiente melhor para se viver.

Heitor Coutinho

01

Revisitando as bases da longevidade organizacional

"[Organizações líderes] não se limitam a reagir; criam.
Não se limitam a sobreviver; dominam.
Não se limitam a ter sucesso; prosperam."
JIM COLLINS

Existe um segredo por trás das organizações que, apesar de todas as incertezas sobre o futuro e de todas as crises, prosperam consistentemente por décadas e, algumas, por séculos? Com certeza há uma curiosidade universal para compreender os fundamentos e práticas das organizações duradouras. É por isso que muitos autores dedicam suas pesquisas à exploração desse fenômeno tão intrigante e incomum. Dentre eles, destaca-se Jim Collins, que, desde os anos 1980, investiga o que diferencia essas organizações das demais. A infrequente perenidade torna-se ainda mais distante quando se observa a história e a expectativa de vida das empresas de qualquer setor. A Figura 01 apresenta o declínio na vida média das empresas a partir de 1981, com altos e baixos, e com propensão de a queda perdurar. Ou seja, as empresas estão morrendo mais jovens, e essa é uma tendência. A boa notícia é que os avanços na identificação dos motivos que levam ao sucesso duradouro são expressivos. Há consistência nos achados, e esse conhecimento pode ser traduzido, estruturado e aplicado. As dificuldades que as empresas enfrentam para se tornarem longevas, ao se apropriarem do conhecimento identificado até o momento, estão mais relacionadas à capacidade de execução. Por outro lado, a recente mudança no mundo dos negócios para uma nova lógica competitiva em função da dinâmica e da elevada imprevisibilidade futura, impõe novos desafios às organizações. E é nesse contexto que se insere a reflexão que compartilharemos aqui: ir além do conhecido para promover a internalização e ir além dos novos desafios para descobertas e realização.

São muitas as condições e as possíveis combinações que levam ao sucesso. Ao se dar conta de todos os achados de pesquisas realizadas até agora, é até possível inferir que quase tudo importa, que todos os elementos de uma boa gestão podem interferir. No entanto, temos utilizado métodos de modelagem para pesquisas explicativas e preditivas visando a identificação seletiva de elementos críticos. Esses métodos são instrumentos estatísticos capazes de orientar para o que é mais importante. Nossos estudos consideraram análises quanto à confiabilidade e variâncias que indicam atributos que impactam muitos outros e geram maiores ganhos. É sobre esses atributos que discorreremos neste capítulo, detalhando-os a partir dos próximos.

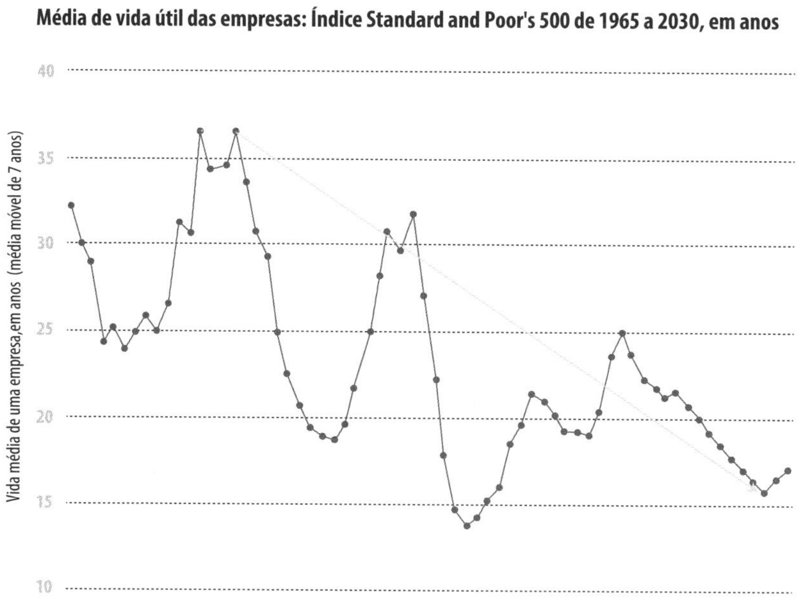

Figura 01 • O ciclo de vida médio das organizações no tempo

Fonte: *Statista*, 2023. https://www.statista.com/statistics/1259275/average-company-lifespan/

Mas, para entender os principais atributos, é preciso ter consciência das interferências oriundas do contexto. Existem correlações claras quando analisamos os diferentes setores da economia. Em alguns deles, a longevidade das empresas é naturalmente mais elevada, uma vez que o ambiente competitivo está relativamente consolidado. São setores onde as mudanças acontecem devagar, há poucas interferências do ambiente externo, as empresas estão protegidas por regulamentações ou já possuem ganhos elevados de escala. A indústria de base, como a mineração, tem algumas dessas características, assim como a indústria de alimentos. No entanto, alguns segmentos sempre se mantiveram estáveis, até a vinda de algum rompimento. O segmento hoteleiro é um exemplo notório, porque ele sempre se manteve estável, até a disrupção do modelo de negócio, liderada pelo Airbnb, que abalou o mercado. O setor bancário também sempre teve essa característica, garantido ainda por importantes mecanismos legais de proteção e de estabilidade, até que as fintechs entraram na competição. Em contrapartida, em segmentos dependentes de tecnologia, a competição é acirrada, mudanças são frequentes e há influência de variações regulatórias recorrentes, fatores que podem interferir diretamente na perenidade.

Nossos estudos levaram à identificação de atributos predominantes e de duas naturezas para a longevidade: aqueles que se caracterizam como princípios norteadores, que influenciam de maneira transversal os processos organizacionais e a cultura, e os fatores essenciais à durabilidade dos negócios no longo prazo (Figura 02).

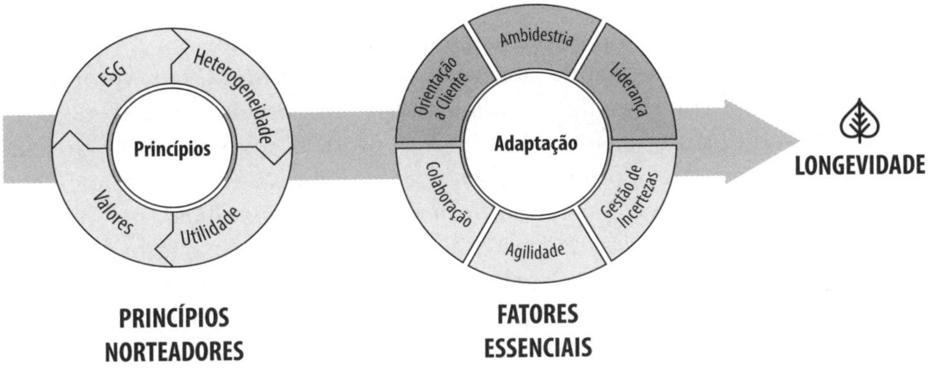

Figura 02 • Princípios e Fatores que determinam a longevidade

Esses atributos podem ser implementados por diferentes combinações, mas todos eles possuem um potencial destacado para o aumento da saúde organizacional e para a geração continuada de valor.

1.1 Os princípios norteadores

Os princípios norteadores são elementos de contexto que, sem dúvida, favorecem a longevidade das organizações. Há quatro princípios que sustentam as empresas nesse sentido. Quando efetivamente adotados, os princípios são poderosos e contribuem de forma determinante para a estabilidade organizacional. Os guardiões dos princípios são geralmente os fundadores da empresa e o Conselho de Administração. Vamos então entender a função de cada princípio norteador:

- **Os Valores.** Os princípios expressos por meio de valores são uma importante base de sustentação para assegurar a longevidade. Valores praticados auxiliam na determinação da cultura organizacional, a qual, por sua vez, pode influenciar a evolução necessária para o crescimento e para a entrega de valor. Os valores dão sentido ao trabalho, fornecem um modelo para a tomada de decisão e apoiam a visão paciente de longo prazo. Embora os valores sejam diferentes entre as organizações e haja distintos graus de contribuição entre os valores escolhidos, eles são positivos e fortalecem a coesão em empresas familiares, facilitam processos de sucessão, alavancam a robustez empresarial e fomentam as ações para a sustentabilidade. Empresas familiares são usualmente orientadas por valores, e há evidências concretas de que essa propensão gera vantagens competitivas sustentáveis. Os valores que importam são aqueles praticados de forma comprometida pelos colaboradores, o que gera alinhamento organizacional. A CBMM, uma empresa de capital privado, fundada em Araxá-MG, em 1955, e a maior produtora de nióbio do mundo, tem valores focados no bem-estar das comunidades e no desenvolvimento de seus colaboradores e suas famílias. São as práticas resguardadas por seus fundadores que mantêm a vitalidade da empresa e sua utilidade para a sociedade, que é o segundo princípio que vamos elucidar.
- A **utilidade** é a razão da existência das organizações, o fator primário que lhe fornece sentido e relevância. O papel das empresas na sociedade é uma parte integrante da prática de gestão bem-sucedida e da construção sustentável de negócios, visando a prosperidade compartilhada. Todos nós fazemos parte da sociedade e, por isso, temos uma função imprescindível no seu desenvolvimento e proteção. Partindo dessa premissa, os líderes empresariais assumem a responsabilidade tanto pelos resultados financeiros de curto e longo prazo quanto pelos resultados sociais e ambientais de forma simultânea e justa. Assim, promovem uma distribuição de valor mais equitativa, por meio da defesa positiva de mudanças que sejam necessárias e pela definição de políticas no contexto empresarial, que beneficiem os stakeholders de forma abrangente.
- A **heterogeneidade** é um ingrediente para fortalecer a inovação continuada e a sustentação das organizações. Por heterogeneidade estamos nos referindo à diversidade de pensamento, de cultura, da existência do contraditório e das diferentes visões que contribuem

para intensificar a imaginação coletiva a produzir novas ideias. A heterogeneidade também diz respeito aos empreendimentos. Com o devido cuidado de não se afastar de suas capacidades centrais, a atuação em diferentes negócios ou a atuação para diferentes segmentos de mercado pode garantir recursos em momentos de baixo desempenho em algum negócio ou segmento de mercado.

A Canon tem uma interessante história de diversificação e expansão global. Criada em 1933, no Japão, com o propósito de construir câmeras de alta qualidade, ela surgiu determinada a alcançar o sonho de concorrer em um mercado dominado por produtores europeus, notadamente a Alemanha. Uma vez estabelecida, a empresa trabalhou duro para diversificar-se com a introdução da primeira câmera de raios X indireta do Japão, além de outros produtos. Na década de 1960, deu mais passos em direção à diversificação, adicionando tecnologias elétricas, físicas e químicas às suas tecnologias ópticas e de precisão. Na mesma década, entrou no mercado de equipamentos de escritórios, sendo atualmente um dos maiores players mundiais em periféricos de impressão. Para diversificar-se ao longo dos anos, a Canon encontrou maneiras de alavancar recursos e competências existentes para criar e buscar oportunidades de negócios. Dessa forma, conseguiu prosperar no mercado mantendo suas competências centrais em mecânica de precisão, ótica fina e microeletrônica. Ou seja, realizou uma diversificação importante sem comprometer a essência.

Se, por um lado, a heterogeneidade, quando bem estruturada, pode auxiliar na perenidade, por outro, ela pode ser desvalorizada pelo mercado por julgar-se que organizações "não focadas", como os conglomerados, têm o potencial de gerar menor valor do que as organizações especializadas. Os conglomerados são grupos empresariais que atuam em setores diferentes da economia, dirigidos por uma empresa controladora. No entanto, a correlação direta entre menor valor gerado e diversificação de negócios não está configurada, pois há outros fatores envolvidos. A existência de muitos grupos econômicos bem-sucedidos desatesta essa questão.

- O **ESG** é o princípio que contempla as práticas sociais, ambientais e de governança. Trata-se de um fator determinante da sustentação empresarial que faz parte das análises de risco e decisões de investimento. Os stakeholders estão cada vez mais atentos às práticas integradas de sustentabilidade das empresas e à geração de valor distribuído. O valor distribuído acontece quando todas as partes são beneficiadas, e não somente os acionistas, como defendia Milton Friedman, vencedor do Prêmio Nobel de economia em 1976. Assim, as relações duradouras e saudáveis determinam uma nova forma de capitalismo, cunhada de "capitalismo de stakeholders" pelo Fórum Econômico Mundial, que traduz o desejo da criação de valor para todos a longo prazo.

Os princípios norteadores externalizam as crenças organizacionais, a essência pela qual a empresa existe e os fundamentos que sustentam sua perenidade. De certa forma, as organizações longevas apresentam uma combinação de premissas transversais aos seus negócios que asseguram uma mentalidade e culturas fortes. Por isso, elas ganham a estabilidade necessária ao seu crescimento e à sua subsistência. Quando combinados com os fatores essenciais à longevidade, os princípios norteadores alimentam a vitalidade que as organizações necessitam para uma vida corporativa saudável. É sobre eles que vamos discorrer a partir de agora.

1.2 Os sete fatores essenciais

As melhores organizações são aquelas que conseguem perpetuar seu sucesso em um mundo sujeito a turbulências frequentes. Isso não significa que elas só têm momentos de glória. As organizações vencedoras cometem erros e enfrentam crises internas em vários instantes de seu ciclo de vida. Eles são tão comuns quanto a própria existência humana. Por outro lado, são dotadas de uma clareza institucional, de uma visão diferenciada sobre o mundo organizacional, que as coloca numa posição distinta para lidar com o futuro e, ao mesmo tempo, para demonstrar resiliência — a capacidade vital para retroagir e absorver impactos, de se recuperar face às diversidades. Estamos falando de organizações superiores, que prosperam apesar de toda a instabilidade e complexidade do ambiente em que vivem.

A complexidade crescente nas organizações dos mais diversos segmentos de mercado é uma realidade que traz desafios tanto à performance quanto à capacidade futura de sobreviver e prosperar. Nesse contexto, executivos enfrentam cotidianamente uma imensidão de variáveis gerenciais que podem prover benefícios ou depreciar valor, dependendo das decisões que são tomadas. Decisões nada mais são do que escolhas diante das muitas possibilidades que nos conferem os ambientes complexos. Por isso, é necessário conhecer os fatores que têm o maior potencial de prover resultados — no nosso caso, de fazer com que nossas organizações perdurem —, os quais denominamos de fatores essenciais e que predominaram em várias pesquisas.

Nosso estudo levou a determinar duas categorias de fatores essenciais que levam à longevidade: os clássicos e os emergentes. Fatores clássicos são aqueles já constatados em empresas duradouras e bem-sucedidas em seus setores. Já os fatores emergentes são aqueles críticos para o sucesso em ambientes dinâmicos e de grande imprevisibilidade futura, os quais passam a ser relevantes a partir de agora. Por fatores clássicos não estamos considerando os atributos de sucesso do passado que tenham probabilidade de obsolescência futura em função do contexto de um mundo turbulento. Referimo-nos aos atributos que foram comprovadamente eficazes e que continuarão a determinar diferenciais duradouros no longo prazo. Entre os fatores essenciais, apenas um pertence às duas categorias, mantendo-se como o mais relevante. É, ao mesmo tempo, um fator clássico e emergente. Trata-se da capacidade de as organizações se adaptarem no tempo para se manterem úteis e competitivas. Afirmamos que é também emergente porque a maneira que as organizações precisam ser adaptativas ganhou nova dimensão e significado. A Figura 03 apresenta os principais fatores da longevidade: os clássicos, os emergentes e o fator central.

Figura 03 • Os fatores essenciais para a longevidade corporativa

Adaptação: o fator central

O princípio darwiniano de sobrevivência das espécies que se adaptam, tão familiar para muitos de nós, é o mesmo das organizações. As melhores e mais longevas organizações utilizaram o DNA da adaptabilidade ao longo dos anos, tanto de forma reativa às circunstâncias externas como proativa, para se manterem competitivas. A adaptabilidade expande a capacidade organizacional de lidar com mudanças. Tão logo novas realidades emergiam, as organizações líderes de mercado sempre estiveram prontas para a mudança de curso, na direção de novos caminhos estratégicos. Vantagens competitivas são preservadas pela adaptação ao mercado. A capacidade de uma empresa de ajustar suas práticas de negócios e táticas competitivas em resposta à eficácia percebida de suas ações estratégicas é também um forte determinante do desempenho organizacional. E à medida que a prática da adaptação se repete, fortalece-se a robustez e a perenidade.

O mundo dos negócios nunca foi estático. Embora o ritmo e a profundidade das mudanças no passado tenham sido menores, a necessidade de realizar mudanças no ambiente profissional sempre esteve presente. No entanto, a capacidade adaptativa, que era utilizada de forma esporádica e moderada no passado, passa a ganhar desenvoltura e centralidade para se tornar mais estratégica e orientada à agilidade. No novo cenário, ela deverá prover flexibilidade nas dimensões-chave de uma empresa: estratégia, estrutura, processos, pessoas e tecnologias:

- **estratégias** adaptativas fazem o que as estratégias clássicas pouco conseguiram na prática: absorver de forma continuada as oportunidades emergentes. Em circunstâncias estáveis, a mentalidade dos executivos é naturalmente orientada a seguir planos e não a questioná-los frequentemente. Isso faz com que a adaptação ocorra em períodos pré-programados no tempo, de forma deliberada, como os eventos de planejamento estratégico a cada cinco ou mais anos. Foi dessa maneira que o fator adaptação cumpriu o seu papel de proporcionar robustez empresarial no passado. No mundo dinâmico, a adaptação como um processo no nível da estratégia permite que vantagens competitivas temporárias ocorram em série. Os momentos de reflexão são definidos em períodos mais curtos, dependendo do ritmo de mudança de cada setor, fazendo com que a mentalidade estratégica predomine de forma ativa e permanente. Pensar estrategicamente deixa de ser um esforço eventual de interrupção de rotina, realizado por ocasião de um planejamento estratégico, e passa a se tornar uma mentalidade estratégica viva, uma condição muito mais favorável e duradoura. É assim que a longevidade organizacional é assegurada neste novo contexto.

  A adaptabilidade promove resiliência e agilidade. A resiliência faz com que as organizações reajam, recuem e se adaptem para enfrentar impactos do ambiente, crises e disrupções; e a agilidade precisa da adaptação para avançar e prosperar em mercados dinâmicos. A reação oriunda da resiliência tem um papel relevante e vital, uma vez que não será possível prever amplamente todas as adversidades e eventos. E a adaptação como um processo contínuo é uma nova maneira de pensar e agir estrategicamente. Portanto, a adaptação é um fator estratégico, presente desde os tempos estáveis, e continuará sendo um elemento crítico para todos os que almejem o sucesso no futuro.

- **estruturas** organizacionais maleáveis, que se adaptam às necessidades cotidianas e circunstanciais, são planas, autônomas e centradas nos clientes. Por serem estruturalmente menos rígidas, facilitam a movimentação dos talentos para tarefas de maior prioridade em tempo hábil. As equipes são formadas em *squads* para praticar a adaptabilidade experimentando, aprendendo com os erros e evoluindo iterativamente para produzir melhores resultados.

  A cooperação entre todos é o ingrediente para que as missões sejam cumpridas. Estruturas adaptáveis dissolvem silos, descaracterizam hierarquias e orientam decisões para a criação de valor, para o que mais importa. A adaptação organizacional, em contraste com as estruturas hierárquicas clássicas, capacita as empresas a lidarem com o desafio da imprevisibilidade e aumenta a taxa de aprendizagem. Os modelos operacionais dinâmicos do tipo "hélice" ou "redes de equipes", encontrados em estruturas adaptáveis, permitem que os recursos se movam com as mudanças de forma autônoma. Assim, as pessoas com funções críticas, que estão próximas do cliente, são capacitadas e empoderadas para terem voz e tomarem decisões dentro de suas atribuições.
- **processos organizacionais flexíveis** atendem a necessidades amplas. Em ambientes dinâmicos, as empresas devem promover a adaptabilidade por incentivar os funcionários e as equipes a desafiarem os processos existentes em vez de só seguir normas. Os processos existem para se adaptar às necessidades do negócio, e não o contrário. Especialmente no setor de serviços, a adaptação personalizada tem se tornado uma demanda recorrente. Rotinas que garantem que a necessidade individual de cada cliente seja antecipada passam a ser um diferencial relevante no mercado. A adaptabilidade de processos, ao se tornar uma prática, assim como sua melhoria constante, atrai clientes e aumenta a percepção de valor por parte dos stakeholders, fortalecendo marcas.
- **pessoas e equipes autônomas orientadas ao propósito** adaptam-se regularmente na busca de melhores resultados. O propósito relevante inspira indivíduos a atuarem unidos, por verem sentido em tudo o que fazem, e desejam assim prosperar. Por meio de formas colaborativas de trabalho e de abertura para compor diferentes grupos a qualquer momento, pessoas de alto desempenho focam na aprendizagem e inovação na busca de resultados. A necessidade de coordenação é

otimizada em ambientes adaptativos, e os papéis de liderança são distribuídos nos times. A liderança adaptativa é uma capacidade comum, que permite navegar por incertezas, crises, disrupções e mudanças.

A liderança adaptativa compartilhada por todos faz com que a cooperação com pessoas de dentro e de fora da organização seja a alavanca para a criação de valor; não a posição, o cargo ou a atribuição de função. Por vezes, orquestrando stakeholders ou contribuindo para o sucesso de uma missão, o espírito da cooperação é a virtude dominante. Os desafios são o maior fator motivacional, e os erros, um trampolim para o crescimento. É dessa forma que os papéis coexistem e entregam resultados; eles não são feitos para delimitar ou demarcar responsabilidades. Em ambientes de contínuas mudanças, as descrições de cargo se tornam pouco efetivas, pois é impraticável e inútil redefini-las regularmente. A maneira eficaz é permitir que as funções se adaptem à tarefa ou ao objetivo em questão e alcancem o futuro desejado.

- Finalmente, a **tecnologia** existe para viabilizar todas as necessidades de adaptação. Plataformas tecnológicas são adquiridas e utilizadas para a melhor adequação às necessidades de negócio. Dessa forma, elas podem aumentar a produtividade, a colaboração e o engajamento dos talentos e das equipes em uma arquitetura organizacional adaptativa e preparada para o que vier.

1.2.1 Os Fatores Clássicos

Ambidestria: o maior desafio

A melhoria de eficiência não deve acontecer à custa do aumento da fragilidade estrutural. O foco excessivo no curto prazo afeta o desempenho futuro e pode comprometer a saúde da organização como um todo. A ambidestria nas organizações, que é a capacidade de explorar as competências existentes (*exploitation*, do inglês) na busca de eficiência, enquanto simultaneamente são exploradas novas oportunidades (*exploration*, do inglês), tem se mostrado desafiadora na prática, uma vez que apenas 2% das empresas no mundo a exercem de forma eficaz, segundo o Boston Consulting Group. A Amazon e a Toyota estão entre essas empresas.

Saber lidar, ao mesmo tempo, com o curto e longo prazo, com eficiência e inovação, com competição e colaboração são paradoxos inerentes a esse relevante fator de longevidade. Apesar de contraditórios, os atributos paradoxais precisam ser praticados em harmonia. O excesso em qualquer lado pode se tornar uma armadilha. Dessa forma, a ênfase excessiva em inovação pode ser prejudicial, podendo resultar em descapitalização do valor criado. Nessa situação, a empresa simplesmente não consegue obter resultados operacionais pela inovação e continua na busca perpétua de inovações. Já a ênfase excessiva em eficiência pode afetar o futuro de uma organização, impedindo a renovação e seus processos de transformação. Portanto, os dois lados são importantes, e o posicionamento nos extremos é uma armadilha que precisa ser impedida. Organizações ambidestras estão habitualmente no quartil mais alto de geração de resultados e de capitalização de mercado.

A ambidestria organizacional pode acontecer de três formas:

- **temporal**, quando *exploration* e *exploitation* ocorrem um após outro. É muito comum surgir uma nova empresa por um processo de inovação (*exploration*) que, num segundo momento, focará o desempenho (*exploitation*) para o crescimento contínuo. No entanto, essa forma pode comprometer a sustentação do crescimento, caso não seja transformada nas formas seguintes. Sua utilização é, portanto, temporária.
- **estrutural**, quando uma empresa possui uma cultura forte a ponto de impedir mudanças rumo à maior transformação, como a orientada ao controle, muito comum em bancos, governos e em algumas indústrias que precisam se renovar. Nessa situação, a melhor opção é criar estruturas separadas para que a inovação não seja compelida pelo ambiente de operação. Pode-se criar uma área ou empresa composta de várias startups para isolar a cultura de inovação (cultura adocrática) da influência da cultura centrada em procedimentos e monitoramento (cultura hierárquica).
- **contextual**, quando se pode conviver com a dualidade em uma mesma estrutura, explorando capacidades atuais e futuras sincronicamente.

Uma organização ambidestra apresenta ambidestria organizacional, seja de forma estrutural ou contextual, e ambidestria estratégica. A ambidestria estratégica possibilita simultaneamente que uma empresa expanda seus negócios centrais e cresça em novos horizontes estratégicos por meio da atuação em novos negócios, diferentes direcionamentos ou em modelos de negócio ainda inexplorados. A Petrobras é uma empresa com performance elevada em suas operações e excelência em inovação em determinadas áreas, como o pioneirismo na liderança tecnológica em águas profundas e ultraprofundas. A empresa tem priorizado o desenvolvimento de soluções disruptivas em baixo carbono e pretende ampliar suas práticas dinâmicas para se diferenciar no mercado de forma contextual. Para isso, investe no desenvolvimento da capacidade de toda a equipe gestora, nos diversos níveis, em estratégia ambidestra, uma competência que tive a oportunidade de ministrar na empresa. A ampliação desse conhecimento, que se utilizou de recursos de ambidestria existentes na estratégia ágil, tem sido realizada pela incorporação aos processos de formulação estratégica da empresa. Com a determinação habitual, certamente a Petrobras entregará ainda maior valor futuro à sociedade, assegurando sua longevidade pela distinção.

Orientação ao cliente: a melhor intenção

Os clientes são "órgãos" vitais em qualquer instituição, a razão pela qual os negócios existem e o pilar de sua sustentação no longo prazo. Empresas longevas são construídas em torno das necessidades, das expectativas e dos desejos de seus clientes, não em função do seu próprio negócio. Elas veem cada interação como uma oportunidade para melhorar a vida de seus clientes e seu relacionamento com eles. No entanto, a forma como se relacionam dependerá do foco estratégico. As organizações que possuem estratégias centradas em processos oferecem excelência operacional a seus clientes, em plenitude e sem quaisquer aborrecimentos. Aquelas cujo foco está orientado a produtos oferecem qualidade superior, atendimento premium e inovação continuada. E as que optam pela maior proximidade proveem atenção personalizada e até um leque amplo de soluções para atendê-los plenamente. A orientação aos clientes está presente em todas as organizações centenárias, que ensinam seus colaboradores a bem servi-los para alcançar patamares superiores de satisfação.

Assim, a orientação ao cliente é uma abordagem que prioriza os esforços da empresa em prover o que tem valor para eles, oferendo as melhores experiências mesmo em tempos turbulentos. Em um mundo dinâmico, atributos de valor podem sofrer mudanças ao longo do tempo. Por isso, é preciso, de maneira sistemática e frequente, coletar dados e transformá-los em conhecimento relevante. Conhecer sobre o cliente é um ativo das empresas longevas, que fazem disso um instrumento para a criação de valor superior no mercado.

No contexto atual, o conhecimento é suportado por tecnologias que proveem a inteligência imprescindível para a adaptação e a centralidade no cliente. A tecnologia permite que grandes volumes de informação sejam utilizados para responder às necessidades de forma personalizada. Além disso, a centralidade no cliente, uma evolução do conceito de foco, fortalece os vínculos para que relacionamentos de longo prazo sejam estabelecidos por meio de práticas impactantes. Empresas centradas no cliente colocam o cliente no cerne da empresa e reorientam todo o seu modelo operacional em torno dele. Elas cultivam o valor vitalício ao se posicionarem como parceiras na jornada completa de seus clientes. Assim, a despeito das muitas definições sobre o tema na literatura, pode-se concluir que uma organização centrada no cliente é aquela que se concentra na adaptação sistemática e contínua de sua estratégia, da arquitetura interna e de suas ofertas para entregar valor superior de forma constante. É assim que esse fator continuará sendo essencial para a longevidade das organizações em seu mercado.

A Shopify, uma empresa B2B no setor de e-commerce, é referência em inovação e em centralidade no cliente. Ela se transformou em um dos principais apoiadores de pequenas empresas, abastecendo mais de 1 milhão de lojas e gerando mais de US$300 bilhões em impacto econômico anual em todo o mundo. A Shopify se especializou em criar ferramentas para empreendedores e em proporcionar a melhor experiência do cliente. Seu êxito se deve predominantemente a algumas razões. A avaliação de seus funcionários mostra que o ambiente é desafiador e compensador, mantido por meio de uma atmosfera de trabalho engajadora e positiva. A empresa tem uma central de autosserviço para os clientes, garantindo uma experiência de atendimento ágil, correta e útil na percepção deles. Possui iniciativas para auxiliá-los na expansão de seus próprios negócios, com orientações em boas práticas de gestão. Além disso, a empresa desenvolveu uma plataforma para interação entre os clientes, para que eles possam aprender e crescer juntos. Por meio dessa plataforma, eles podem se comunicar e colaborar. Assim, aprendem mais sobre os recursos que os ajudam a se destacarem no mercado.

Liderança: o motor de mudanças

A liderança tem um papel decisivo quando o assunto é longevidade. As empresas necessitam de líderes que criem o futuro e que tenham a disciplina necessária para alcançar os objetivos que as conduzirão a patamares superiores de performance. Dentre seus vários aspectos, dois traços fundamentais em quem a exerce são: credibilidade e relacionamento. Fundamentalmente, a credibilidade é obtida ao longo do tempo pelo conhecimento adquirido, pela experiência vivida e pela integridade. O relacionamento é a capacidade que um líder tem de conviver bem com os outros, o que pressupõe a existência de confiança. Portanto, pode-se afirmar que essas características são intrínsecas, uma vez que definem o conceito de liderança e não distinguem a liderança capaz de interferir na duração das organizações.

Há outras características relacionadas à liderança que não interferem na vitalidade e permanência das empresas. Embora a personalidade de cada líder e seu perfil de tomada de decisão influenciem as decisões e os comportamentos, não há evidências que os relacionem com a perenidade. Alguns são carismáticos, outros são introvertidos, o que pode indicar, por exemplo, a adequação a determinados segmentos de negócio e a momentos específicos no ciclo de vida das empresas. Por outro lado, existem elementos comuns àqueles que têm sucesso perante os desafios que enfrentam para manter as organizações sempre saudáveis. O desempenho da liderança que possui habilidades e práticas é o que fará a diferença nesse contexto. São elas que examinaremos (Figura 04).

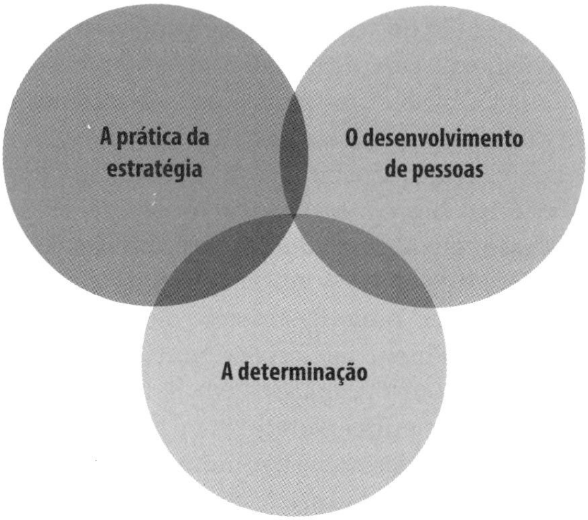

Figura 04 • O desempenho da liderança para a longevidade organizacional

A principal característica de liderança nesse contexto é uma habilidade: *determinação*. Líderes que asseguram vida longa para as organizações são apaixonados pelo que fazem e mantêm um grau de determinação distinto, muito mais elevado do que os níveis naturais de adequação e conformidade. O impulso e a persistência mostram a determinação de uma pessoa que se diferencia. Líderes eficazes chegam a ultrapassar limites, são ousados quando se deparam com obstáculos e têm a capacidade de perseverar através deles. Também demonstram iniciativa sendo proativos, estando dispostos a fazer o que for necessário e ir além, mesmo sem serem instruídos a fazê-lo. A General Electric tem sido repetidas vezes classificada entre as melhores empresas do mundo em liderança. Sua ênfase no capital humano tem permanecido há décadas. Essa ênfase fica clara pelo apoio que dá ao desenvolvimento de líderes empresariais inspiradores. Programas contínuos de habilidades em liderança são realizados em diversas regiões. Sua Universidade Corporativa proporciona aos colaboradores a oportunidade de identificar seu potencial, apoiando assim o crescimento pessoal e profissional de forma ampla, incluindo parceiros e jovens talentos no mercado.

A liderança efetiva é também aquela que pratica a *estratégia* da organização. O que importa é a prática, não sua simples comunicação, porque é por meio dela que o exemplo é transmitido. A visão orienta quanto à ambição e a dinâmica futura, e as escolhas estratégicas definem o foco e a direção, que pode ser ajustada ao longo do tempo. A direção a ser seguida demonstra então que foram feitas escolhas, que elas foram selecionadas e estão priorizadas. Um bom líder sabe tomar decisões precisas, focando poucas prioridades para ter sucesso e dizendo "não" a muitas ideias boas que não são as mais importantes. Do contrário, a empresa poderá enfrentar dificuldades no futuro. É quase inaceitável, mas a prática comum é evitar fazer escolhas e acolher tudo, na ilusão de não estar correndo os riscos inerentes à decisão.

Por fim, a liderança será eficaz ao adotar o *desenvolvimento* contínuo de seus colaboradores. Seja pela comunicação frequente, por comunidades de prática ou pelo incentivo à programas formais, a liderança que sistematicamente promove o desenvolvimento aumenta as chances de manter a empresa sempre à frente do mercado. A comunicação é um instrumento de desenvolvimento que também engaja. Líderes eficazes se comunicam bem com todos, ao passo que promovem a aprendizagem no dia a dia. O bom líder também ensina, sendo um *coach* na realidade empresarial, porque tem consciência de que as organizações que aprendem evoluem de forma consistente. O desenvolvimento é a engrenagem necessária para que as organizações que precisam crescer alcancem níveis de excelência, mantendo-se competitivas no mercado. O Estudo de Caso 1.1 demonstra que os fatores de longevidade foram determinantes para a longevidade da Stora Enso.

Estudo de Caso 1.1
A liderança global de uma empresa longeva

Reconhecida como uma das empresas mais antigas do mundo em atividade, a Stora Enso é uma fabricante sueco-finlandesa de papel e celulose com atuação global. Embora a empresa tenha surgido em 1998 da união de duas empresas tradicionais (a sueca Stora com a finlandesa Enso), a história da Stora remonta a 1288. A Stora Enso é o exemplo de uma firma que sobreviveu e prosperou adaptando-se ao ambiente desafiador dos mercados em que tem atuado. O negócio original foi o de mineração de cobre, mas ela entrou em outros negócios ao longo do tempo. Do cobre, migrou para silvicultura, fundição de ferro, energia hidrelétrica para, finalmente, atuar em papel, celulose e embalagens. A empresa é líder em bioeconomia, desenvolvendo e produzindo soluções baseadas em madeira e biomassa para uma variedade de indústrias e aplicações, em estreita colaboração com seus parceiros. Com as maiores florestas privadas do mundo, a Stora Enso tem cerca de 22 mil funcionários e está listada nas bolsas de valores de Helsinque e Estocolmo. Seus clientes, cada vez mais conscientes das vantagens de produtos circulares e sustentáveis, permanecem fiéis à empresa, que tem uma orientação ecológica consolidada e centralidade no que o mercado necessita.

Em 2006, a empresa reforçou sua ambidestria para sobreviver em um ambiente em mudança drástica (urbanização, crescimento populacional, digitalização, impulso para a consciência ecológica e sustentabilidade). O primeiro passo foi inspirar as pessoas para fortalecer a capacidade de inovação interna. A empresa precisava se transformar para lidar com os novos desafios sem comprometer os negócios existentes. Dessa forma, mudou a estrutura para acrescentar uma rede orientada a projetos em sua organização de processos, incentivando a ambidestria contextual de forma ampla. Empresas duradouras são resilientes e mantêm sua capacidade de adaptação em todas as escalas de tempo e nas turbulências do mundo dos negócios.

A Stora Enso tem consciência de que negócios resilientes, adaptáveis e sustentáveis são fundamentais para o sucesso de sua estratégia. Por isso, ela mantém sua capacidade adaptativa em uma cultura de servir a seus stakeholders. Tem uma agenda social, ambiental e econômica focada nos direitos humanos, que visa a contribuição integral à sociedade. O seu propósito é: "Faça o bem às pessoas e ao planeta. Substitua materiais não renováveis por produtos renováveis." A consistência de suas ações é assegurada pelos objetivos estratégicos, que traduzem sua intenção. Neles, a maior ênfase está na reconstrução e na contribuição climática positiva dentro dos limites planetários, em vez de somente minimizar impactos.

A Stora Enso investe em ações estratégicas para a criação de valor a longo prazo, e o crescimento sustentável continua a ser central em tudo o que faz. Essa determinação é apoiada por uma agenda de segurança e de desenvolvimento de pessoas, pela abordagem proativa e flexível à colaboração com o cliente e pela conduta de transparência e honestidade. "Somos direcionados por valores, o que nos dá uma vantagem competitiva num período em que o interesse dos clientes e funcionários à ética nos negócios está aumentando. Ajuda-nos igualmente a construir confiança não somente dentro da Stora Enso, mas também junto aos stakeholders externos." Essas definições fazem parte de seu código, que está presente na prática organizacional. O Código Stora Enso detalha a abordagem em relação a práticas éticas de negócios, direitos humanos e trabalhistas, além dos valores que regem a organização e que são aplicados onde quer que a empresa opere.

A Stora Enso evolui continuamente e tem a capacidade e a plataforma de matéria-prima para fazer com que seu negócio se torne verdadeiramente uma parte integrante da revolução verde, um legado que passará para as futuras gerações.

1.2.2 Os Fatores Emergentes

Colaboração: para criar valor superior

Os complexos desafios do novo ambiente de negócios passam pela compreensão de fatores que vão além da competição exercida por uma única empresa, das disputas e da lógica perversa de mercado onde a vitória de um lado representa a perda do outro. Responder de forma inteligente a esse novo mundo exigirá decisões voltadas à complementariedade de esforços e a capacidades que produzirão melhores resultados. Assim como na natureza, as conexões entre múltiplos atores sugerem uma convergência em torno da cooperação e da ação coletiva como princípios para a evolução. No lugar de depender de uma abordagem de comando e controle, predominantes nas hierarquias tradicionais, e da rivalidade de mercado, as empresas deveriam buscar a colaboração ganha-ganha interna, entre parceiros, stakeholders externos e até com seus concorrentes.

A colaboração passa a ser um atributo para a longevidade por dois motivos principais: as disrupções setoriais emergentes e a maior entrega de valor. A disrupção na realidade atual manifesta-se tanto em modelos de negócio quanto na ascensão das formas de colaboração em redes. Os modelos de negócio disruptivos surgem a partir das possibilidades que novas tecnologias, como inteligência artificial, *analytics* e blockchain, viabilizaram. Modelos da economia compartilhada (também conhecidos por *crowd economy*) são uma dessas possibilidades e estão presentes em alguns setores. A economia compartilhada é um conceito que gera valor a partir da preferência de indivíduos em alugar bens ou tomá-los emprestados em vez de comprá-los. Esse tipo de compartilhamento é também conhecido como consumo colaborativo, e é operacionalizado por meio de aplicativos. Na China, a empresa DiDi opera diversos serviços de transporte por aplicativo e detém mais de 80% do mercado local. Ela é a maior plataforma de transporte por aplicativo do mundo. No Brasil, a DiDi adquiriu a 99Taxi. Os modelos de negócio dessas empresas dependem essencialmente de estreita colaboração entre muitos parceiros para ser realizada.

De forma análoga, as redes e os ecossistemas também dependem de colaboração para a oferta de produtos e serviços aos clientes. Os ecossistemas são estruturas organizacionais baseadas em redes colaborativas que entregam valor elevado ao mercado. Nele, diversas empresas colaboram entre si para inovar, desenvolver conhecimento, estruturar comunidades ou entregar soluções que não conseguiriam oferecer sozinhas. Em um ecossistema, o todo é maior do que a soma das partes, e sua vantagem competitiva tende a ser longeva não só pelos resultados, mas também pelo pioneirismo daqueles que adotam essa arquitetura nos negócios.

As fronteiras claramente definidas entre empresas estão desaparecendo, e a colaboração será fluida e variada entre diferentes atores num futuro que já chegou. A competição individual, que continuará existindo, não será a única forma de obter sucesso sustentado. As organizações terão que saber quais serão os aspectos que poderão abordar de forma autônoma e quais exigirão cooperação para atender às necessidades dos clientes em toda a extensão. A tendência é de expressivo crescimento das modalidades de colaboração entre as organizações no mundo.

Assim, a longevidade organizacional dependerá cada vez mais da colaboração e da reciprocidade em suas diferentes formas de estruturação, que vão desde modelos de negócio baseados em arranjos cooperativos até alianças, redes e ecossistemas. Essa será uma necessidade crescente para atender às demandas dos clientes que, cada vez mais, precisam de soluções completas para sua plena atuação nos mercados. As jornadas dos clientes certamente serão repensadas e reformuladas. E sua estratégia de crescimento estará apoiada por movimentos coletivos de uma forma que antes não seria possível.

Gestão de incertezas: para estar na vanguarda

> *"O real risco é ter certeza sobre qualquer coisa."*
>
> SANDY THOMAS, FORESIGHT, GOVERNO DO REINO UNIDO PARA A CIÊNCIA

O pensamento linear, que, por décadas, regeu o desenvolvimento do conhecimento em escolas de negócios, consultorias e na vida dos executivos, encontra dois inimigos ferozes em seu caminho: a elevada incerteza sobre o futuro e a frágil relação de causa e efeito no mundo atual. A lógica básica do que conhecemos como cadeia linear se torna não linear. Consequentemente, isso muda a forma como tomamos decisões. A não linearidade conduz o processo de decisão à obscuridade e ao maior risco. Tomar decisões na incerteza é também contracognitivo, mas muitos terão que aprender a praticá-lo.

O nível de imprevisibilidade futura global está num patamar sem precedentes na história. É o que mostra o site que calcula o índice mundial de incerteza (World Uncertainty Index). Os relatórios nacionais da Economist Intelligence Unit são utilizados para o cálculo desse índice que afeta países e suas organizações. O aumento da incerteza global pode ser visto na Figura 05. As implicações dessa nova realidade são muitas, e as abordaremos em diversos momentos neste livro. Como ocorre com frequência na ciência da administração, há desvantagens e vantagens nessa situação, e algumas aparentes limitações podem ser transformadas em vantagens, dependendo da perspectiva adotada.

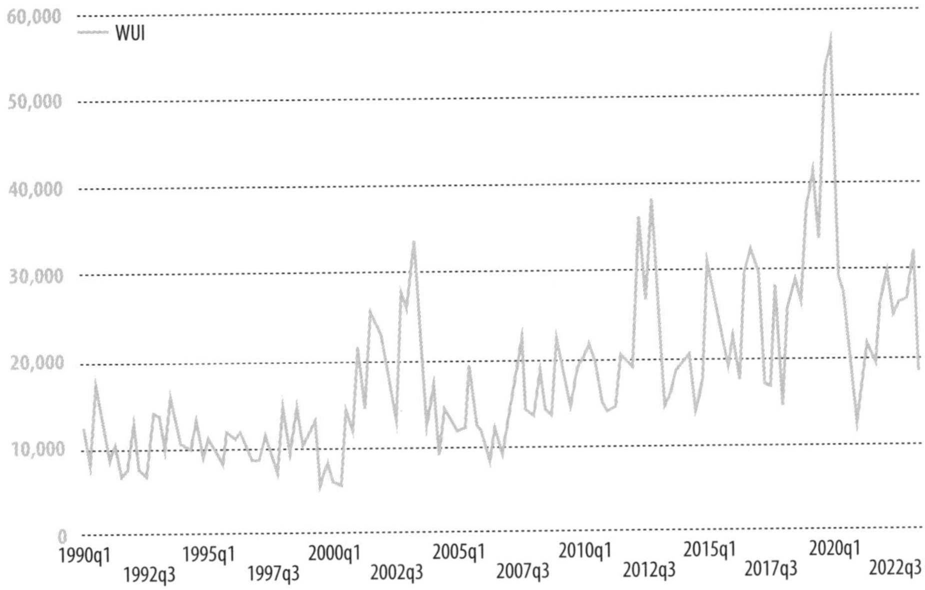

Figura 05 • O índice de incerteza global ao longo do tempo (https://worlduncertaintyindex.com/)

Dentre os efeitos adversos, a paralisia é um problema comum. Cenários incertos levam executivos a evitar decisões em prol do menor risco, embora não tomar decisões seja, eventualmente, uma decisão arriscada. Os investimentos podem ser reduzidos, adiados ou cancelados, e a tendência a uma mentalidade de esperar para ver o que acontece pode prevalecer. Outro efeito indesejado é a busca da previsão. Apesar de não haver resposta para certas questões, é possível cair na tentação de ter uma resposta única. A necessidade de planejar, de se preparar para o que está por vir, leva a tentativas cada vez mais complexas de previsão. Essa, provavelmente, é uma forma de negação, mas seus custos, por vezes, sobrepõem-se aos ganhos. Em um mundo imprevisível, tentar estar certo pode fazer com que executivos se percam. Finalmente, existe o ato danoso de se perder a visão. A visão de futuro na incerteza não é convicção, mas orienta a organização para uma direção desejada. E a direção pode ser ajustada à medida que a dinâmica de mercado vai ficando mais clara.

O outro lado da incerteza é seu potencial de gerar vantagens (Figura 06). Líderes visionários constroem vantagens na incerteza ao explorarem oportunidades estratégicas. As oportunidades inerentes à competitividade em ambientes incertos são: a resiliência, a antecipação e a criação do futuro.

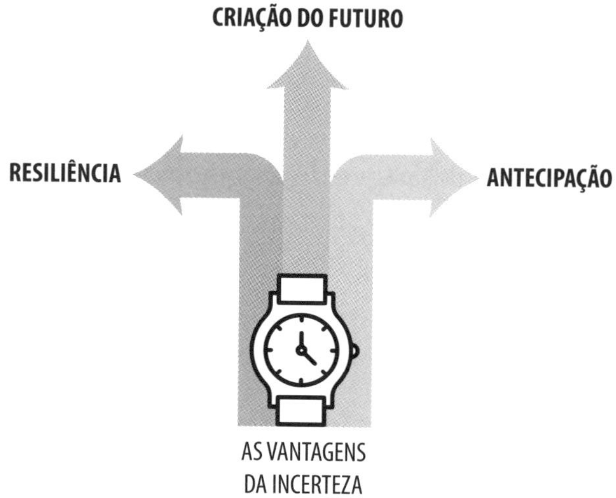

Figura 06 • As vantagens oriundas dos ambientes de incerteza

A RESILIÊNCIA

Nos tempos atuais, a resiliência organizacional tem sido um assunto de interesse crescente por sua capacidade crítica de lidar com impactos externos e de prover performance corporativa. Pesquisadores têm usado esse conceito para desenvolver princípios de como fazer negócios e tomar decisões estratégicas em momentos de instabilidade. No entanto, há quem argumente que a resiliência não tem apelo estratégico por ser de natureza reativa. Ações reativas não representam fundamentalmente o pensamento estratégico, uma vez que a estratégia é sobre o futuro e é fruto de reflexão, imaginação e proatividade no mercado. A definição de resiliência é também controversa devido à sua aplicação em diferentes instâncias. No nível operacional, a resiliência pode ser definida como a capacidade de uma organização se adaptar rapidamente a ambientes em mudança. Entretanto, significa também a capacidade de resistir a ameaças ou mudanças imprevisíveis, como os movimentos estratégicos de outras empresas, para emergir mais forte no ambiente competitivo em sequência. Em um mundo de incertezas, as organizações sofrerão impactos inesperados devido a crises, recessões, disrupções setoriais, ameaças iminentes da competição e transtornos oriundos do macroambiente, como tensões geopolíticas, mudanças tecnológicas, econômicas e sociais. O dinamismo dos mercados e a alta incerteza dificultam a previsão de crises. Portanto, nesse contexto, a resiliência é um componente estratégico vital, pois visa manter a vantagem competitiva e a geração de valor. E as mudanças e rupturas também podem impulsionar o desenvolvimento das empresas.

As melhores organizações criarão resiliência antes de qualquer crise para se manterem ainda mais competitivas no pós-crise, atuando estrategicamente melhor do que seus pares menos resilientes. O novo contexto competitivo exige liderar a resiliência organizacional em toda a sua extensão. A construção de resiliência para suportar a estratégia de longo prazo passa por desenvolver capacidades multifuncionais e pela melhoria da gestão em várias áreas. As capacidades de gerir crises, resolver problemas, administrar a performance financeira, utilizar a inteligência de dados e fortalecer práticas dinâmicas para renovação são essenciais para enfrentar momentos difíceis de adversidade e restrição.

A ANTECIPAÇÃO

A capacidade visionária e o pioneirismo sempre foram diferenciais elevados no campo da estratégia. Apesar dos riscos envolvidos em circunstâncias incertas, as empresas que conseguem visualizar o futuro com antecedência e executar mudanças antes de seus concorrentes obtêm vantagens sustentáveis por mais tempo. A antecipação é a capacidade de olhar para o futuro, ver o que outros não veem e desenvolver estratégias de negócios que serão executadas antes de qualquer outra iniciativa no mercado, respondendo a um ambiente imprevisível e potencialmente volátil.

A antecipação estratégica aproveita as vantagens inerentes à incerteza de forma proativa. Organizações longevas utilizam mecanismos que fornecem insumos para explorar oportunidades e estão sempre preparadas para agir antecipadamente. A preparação significa estar pronto para qualquer efeito futuro. É dessa forma que elas se organizam para explorar as incertezas em todos os níveis. São três os níveis de incerteza a serem considerados na busca pela antecipação, desconsiderando as incertezas com maior probabilidade de previsão. As informações previsíveis, embora sujeitas a pequenas variações, como dados demográficos de mercado, não entram nessa classificação, tampouco as informações de certeza presumida, como o valor presente líquido de investimentos.

Vamos então entender melhor os níveis, que se apresentam na forma crescente de incerteza.

- **Nível 1: Futuros Alternativos.** É quando existe a possibilidade de traçar cenários discretos em função das informações que se possui. Por exemplo, uma nova regulamentação está transitando na Câmara dos Deputados e poderá afetar seus negócios. Existe um nível de incerteza, uma vez que não é possível determinar o resultado final. Mas é razoável trabalhar com diferentes possibilidades e atribuir probabilidades e alternativas a elas. O método de Análise de Cenários, que é utilizado na estratégia clássica para descrever possíveis futuros, é um exemplo de análise aplicável no primeiro nível de incerteza. Há também algumas técnicas e recursos auxiliares que podem ser utilizados para a antecipação nesse contexto, como a inteligência de dados, a identificação de sinais fracos, os sinais primários de mudanças disruptivas, as análises setoriais e a análise de tendências PESTEL (Políticas, Econômicas, Sociais, Tecnológicas, Ambientais e Legais, acrônimo em inglês), utilizado para classificar as tendências.

- **Nível 2: Amplo Espectro.** Nessa situação, há muitas possibilidades futuras, com uma ampla gama de resultados possíveis. O nível de incerteza se torna bastante elevado. As tendências no macro ambiente organizacional são vistas como obscuras, o que torna as apostas em cenários pouco profícuas. Por exemplo, existe a chance de haver rompimento em determinado setor, mas são muitas as variáveis em jogo: geografia, legislação, modelos de negócio, tecnologias utilizadas, produtos, serviços, canais, necessidade de capital, entre outros. Os dados e informações disponíveis nesse nível são incertos, não são tendências e tampouco sinalizam qualquer direção. No entanto, esse grau de incerteza precisa ser explorado, porque é a realidade de mercados turbulentos. É dele que poderão surgir ideias antecipatórias, e é concebível buscar informações ambíguas e ainda imprecisas. As empresas que possuem inteligência competitiva analisam boatos sobre movimentos da concorrência que estão nesse ponto de imprecisão. Outro exemplo de fontes de informação sem garantia de aplicação direta está no trabalho dos pesquisadores. As empresas podem fazer parcerias com Universidades e/ou terem acesso às bases de dados de revistas acadêmicas para se familiarizarem com as pesquisas que estão sendo publicadas. As tendências talvez ainda não estejam configuradas no momento da pesquisa, mas é factível fazer apostas e acompanhar evoluções. Antes da pandemia da Covid-19 havia um número significativo de pesquisas publicadas sobre os riscos do surgimento de variantes da família dos coronavírus.

- **Nível 3: Casualidade Total.** São eventos raros, sem base de previsão, quando não é possível estabelecer ações. É um nível de incerteza sem utilidade para as organizações. O tsunami ocorrido no oceano Índico, em 26 de dezembro de 2004, que levou à morte 227 mil pessoas em 14 países, foi uma eventualidade que ninguém conseguiu imaginar.

As técnicas para a gestão de incertezas são importantes também para que o trabalho seja qualificado e sejam evitados vieses cognitivos. Há pessoas que tendem a abraçar informações que reforçam suas crenças preexistentes, mesmo de forma inconsciente. Essas situações podem distorcer ou inviabilizar os processos de análise.

A CRIAÇÃO DO FUTURO

O ganhador do Prêmio Nobel de Física de 1971, Dennis Gabor, já dizia que o futuro não pode ser previsto, mas pode ser inventado. Agora que a imprevisibilidade alcança níveis jamais vistos, a possibilidade de criar o futuro passa a ser o foco e abre uma janela de oportunidades. Com o movimento de transformação digital e o uso de tecnologias exponenciais, há possibilidades concretas de criação de modelos de negócio disruptivos em alguns setores. Em ambientes voláteis, organizações longevas gerenciam as incertezas de dentro para fora, moldando o futuro. A incerteza é um estímulo para a reinvenção dos negócios e para a inovação estratégica, capaz de alterar o jogo competitivo mesmo naqueles aparentemente estáveis.

A Dupont, empresa química na área de produtos especiais, fundada em 1802 nos Estados Unidos, tem seu propósito centrado na "inovação para prosperar". Os produtos desenvolvidos pela empresa têm mudado a vida de seus consumidores, como o teflon, usado como revestimento antiaderente para panelas e frigideiras, mas também como aditivo empregado em tintas, tapetes, móveis domésticos e roupas. A Lycra, o Kevlar, a borracha sintética Neoprene e o nylon estão entre as invenções dos cientistas da empresa que mudaram o futuro. Ali, a inovação aberta e baseada na ciência é parte integrante da estratégia de negócios. A Dupont avança sua cultura de inovação por meio da saúde organizacional em três diferentes *drivers*: orientação externa, propensão a riscos e aceleração. A orientação externa incentiva a empresa a importar ideias e melhores práticas vindas de fora da organização, a entender e antecipar as necessidades dos clientes e a adquirir e utilizar informações sobre concorrentes para fundamentar as decisões de negócios. Ela também assume altos riscos ao incentivar novas maneiras de enxergar o mercado e de recompensar o comportamento que promove grandes apostas. E a aceleração é garantida pela direção e estratégia claras de como vencer, pela definição de objetivos claros, pela atribuição de papéis e pelo compartilhamento de aprendizagem a todo o momento. Com o *mindset* de inovação disruptiva, a Dupont alterou o funcionamento de seu setor estabelecendo padrões, criando demanda ou buscando controlar a direção do mercado.

As empresas com estratégias de inovação proativas tendem a ser fortemente orientadas para a pesquisa, para o empreendedorismo e o pioneirismo. Elas não esperam o futuro chegar e não caem na armadilha da liderança com base apenas no alto desempenho e na capacidade em vigor. As organizações que desejam uma vida longa têm na incerteza uma oportunidade de se reinventar e de descobrir um futuro novo, mais próspero, promissor e bem-sucedido.

Muitas tendências no macroambiente organizacional podem ser vistas como obscuras, o que torna as apostas em cenários menos profícuas. Em diversos setores da economia, o planejamento de longo prazo tem se tornado um recurso acessório, de menor utilidade prática, uma vez que a predição não é mais viável.

Agilidade: a resposta ao mundo turbulento

Enquanto diferentes empresas perceberam a necessidade de se tornarem ágeis, apenas algumas tomaram iniciativas no passado recente e conseguiram fazê-lo. Certas crenças e desafios enraizados têm impedido a transformação de parte delas. A dificuldade de priorizar necessidades de curto prazo em harmonia com objetivos de longo prazo e a orientação de abordá-las por meio de métodos já conhecidos e testados são exemplos conhecidos de desafios e crenças. Concentrar-se no curto prazo pode obscurecer a visão estratégica, e o uso de métodos que funcionaram no passado não necessariamente garantirão o futuro. Ram Charan, consultor empresarial reconhecido internacionalmente, afirma que os modelos de estratégia e gestão atuais falham quando se trata de dar às empresas uma vantagem competitiva na economia digital de hoje. Para ser bem-sucedido em um mundo turbulento, novos conhecimentos e mecanismos serão necessários para lidar com os efeitos da imprevisibilidade, da dinâmica externa e da complexidade crescente.

A resposta a esses novos desafios pode ser resumida em uma única palavra: agilidade. A agilidade será efetiva se for abordada em todos os níveis, de forma integrada. As vantagens competitivas não surgem mais exclusivamente de um bom posicionamento, de planos para um futuro esperado ou da capacidade de entregar boas ofertas. Em sua maior parte, a lógica competitiva vigente terá que ser reinventada, uma vez que a evolução das estratégias se valeu por décadas de abordagens preditivas que são ineficazes na incerteza profunda. O imperativo da agilidade será demandado pelas organizações de uma forma abrangente, das startups às empresas de grande porte, dos setores de ciclos longos aos mais dinâmicos, dos menos aos mais protegidos, porque esse é o atributo capaz de prepará-las consistentemente para o ambiente competitivo dos negócios no futuro.

Uma organização ágil é aquela que incorpora a agilidade em sua integralidade. A Figura 07 apresenta as três dimensões da agilidade presentes em uma organização ágil: a agilidade corporativa, a agilidade estratégica e a agilidade organizacional. As três dimensões são suportadas por uma nova mentalidade que, quando internalizada, viabiliza a existência de uma cultura ágil.

A agilidade corporativa é exercida predominantemente pelo Conselho de Administração, que deve introduzir os fundamentos da agilidade às suas reflexões, aconselhamentos e decisões. O exercício da governança corporativa segue essa mesma perspectiva.

A agilidade estratégica se faz presente quando a estratégia ágil é adotada ou mesmo quando uma estratégia híbrida é a opção. Uma estratégia híbrida possui elementos de agilidade em harmonia com as análises estratégicas clássicas. A execução da estratégia tem que seguir esses mesmos pressupostos, de forma a garantir que o raciocínio estratégico se mantenha a partir da tradução por meio de objetivos. E uma vez iniciada a implementação da estratégia, é preciso gerenciá-la. A gestão de uma estratégia, nesse contexto, permite que haja adaptação contínua ao mundo dinâmico, pois mudanças certamente acontecerão. Tanto a estratégia como os projetos estratégicos podem sofrer adaptações ao longo de seu percurso. Assim, os macroprocessos de formulação, execução e gestão da estratégia são moldados para atender à agilidade estratégica.

A terceira dimensão de uma organização ágil é a agilidade organizacional. A agilidade organizacional contempla a estrutura, os processos, as pessoas e as tecnologias, ou seja, os componentes que interagem entre si para conduzir a ação organizacional no mercado. Esse conjunto representa a performance gerencial e operacional e o melhoramento contínuo de sua prática. Nesse domínio, a agilidade organizacional pode ser definida como a adoção de fortes práticas dinâmicas e estáveis. As práticas dinâmicas permitem que a organização se reinvente, inove e evolua, enquanto as práticas estáveis promovem a confiabilidade e a robustez da operação. Práticas estáveis contemplam os processos que não precisam mudar frequentemente e que suportam a operação e a complexidade do crescimento. As duas práticas, apesar de sua dualidade, são complementares e têm na adaptabilidade sua força motriz.

A agilidade não pode ser confundida com a velocidade, que é uma situação usualmente indesejável na realidade empresarial. Para melhor entender as diferenças, é possível fazer uma analogia com o mundo dos esportes. Uma corrida de 100 metros é um esporte de pura velocidade, enquanto o basquete é um jogo que demanda agilidade. No basquete, é preciso ter destreza, ficar por vezes parado, quicando a bola e observando a dinâmica dos jogadores adversários para avançar no melhor tempo e fazer a cesta. Os conceitos podem confundir, porque velocidade e agilidade exigem senso de urgência. Sem senso de urgência, um time de basquete inevitavelmente perderá o jogo. O que interessa é o resultado no melhor tempo, não necessariamente no menor prazo. Um projeto de mudança cultural, por exemplo, exigirá um ritmo prolongado de mudanças no tempo para ser efetivo, mas sabe-se que esse é o ritmo adequado, capaz de gerar benefícios da mudança. A correria só prejudicará.

No entanto, por vezes, uma organização poderá ser surpreendida por mudanças repentinas no ambiente externo que as afetarão desfavoravelmente. Nessa situação, talvez seja preciso realizar mudanças em um curto espaço de tempo para sobreviver. É uma conjuntura típica de enfrentamento da velocidade, ou seja, uma condição adversa e desafiadora que precisa ser encarada. É uma reação a um impacto indesejado, e a velocidade é mandatória. Mas a melhor situação é estar preparado para as incertezas, onde a agilidade é o triunfo a se alcançar.

Figura 07 • As dimensões da agilidade em uma organização ágil

O próximo capítulo foi reservado para demonstrar a aplicação da agilidade corporativa, cabendo aos capítulos seguintes a explicitação da agilidade estratégica e de uma visão avançada sobre a gestão de mudanças. Vamos então compreender como a terceira dimensão de uma organização ágil, a agilidade organizacional, pode ser implementada e quais são os principais aspectos que devem ser adotados para seu êxito. Uma particularidade que não pode passar despercebida é que cada organização é única e se encontra em determinado nível de maturidade sobre o tema. Apenas por esses dois aspectos, seria ilusório acreditar que uma solução única atenderá a todos os casos.

1.3 O desenvolvimento da Agilidade Organizacional

Há diferentes maneiras de implementar a agilidade organizacional em uma empresa ou instituição. Alguns aproveitam a oportunidade de formulação da estratégia ágil para estender a prática e disseminar seus fundamentos por toda a organização. Esse é particularmente um momento potencializador, uma vez que várias pessoas participam do processo. Tenho observado também que algumas empresas começam utilizando métodos ágeis em projetos e, a partir dessa experiência, ampliam a utilização de seus fundamentos para as práticas de trabalho em *squads*, criando formas singulares de trabalho, adaptando processos e estruturas. Há também exemplos de iniciativas de transformação digital que conduziram às práticas da agilidade em diferentes níveis e perspectivas. O importante é avançar. Por isso, é preciso estar atento a qualquer coalizão positiva que possa ser um ponto focal para o início. Outra opção que pode estar conjugada com as demais é começar, intencionalmente, com uma iniciativa de melhoria da agilidade organizacional. É essa a opção que será demonstrada aqui, como um processo genérico, embora consistente, para que seja possível avançar e fazer as devidas adequações às realidades que se apresentarem. A Figura 08 mostra cinco etapas para a implementação da agilidade organizacional.

Figura 08 • As etapas de implementação da agilidade organizacional

A primeira etapa é a de avaliação da agilidade organizacional por meio de um instrumento de *assessment*. Recomenda-se a aplicação nas principais áreas da organização para um diagnóstico mais preciso da situação atual. O resultado deverá apontar os *gaps* da empresa e os elementos de agilidade deficitários, além do nível geral de maturidade. De posse do conhecimento sobre a realidade vigente, é possível definir o plano do projeto de agilidade em ondas iterativas, como em um método ágil.

A etapa seguinte é a direção dos esforços de mudança, que deve ser anunciada e liderada pelo CEO, uma vez que a transformação diz respeito a toda a organização. Num terceiro momento, ou concomitantemente, a liderança é engajada no processo de transformação. Por "liderança" entende-se o grupo gestor da companhia. Os gestores estarão a cargo da execução das mudanças em suas respectivas áreas de responsabilidade.

A quarta etapa consiste na implementação completa das mudanças definidas, sustentada posteriormente pela manutenção do senso de urgência que a iniciativa requer. A etapa de sustentação visa assegurar que o que foi implementado será mantido e aperfeiçoado continuamente.

A quarta etapa (de mudança) contempla a definição e execução de melhorias em todo o modelo de gestão da empresa. Isso inclui a transição das áreas funcionais e centrais para a agilidade, avançando na maturidade dos principais elementos de gestão — cultura, pessoas, tecnologia, processos e estrutura (Figura 09) — de acordo com a estratégia pretendida.

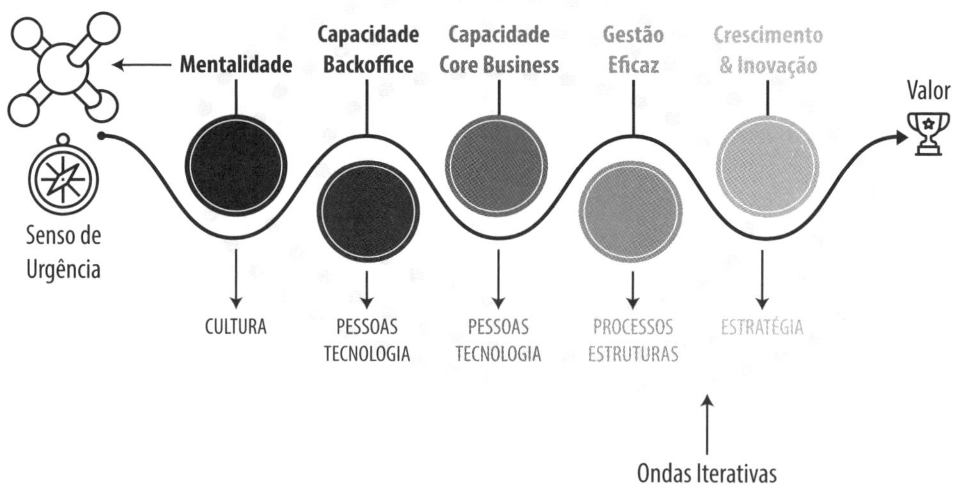

Figura 09 • O processo iterativo de mudança do modelo de gestão

O processo de mudança é iterativo, uma vez que envolve a descoberta e a aprendizagem a todo o momento. A recomendação é começar pela mudança de mentalidade, enfatizando o senso de urgência. A mentalidade estratégica da agilidade, tema explorado em maior detalhe no Capítulo 3, é diferente da mentalidade estratégica clássica e está centrada em pensamentos divergentes da lógica tradicional estabelecida na maioria das organizações. Auxiliar os colaboradores a mudarem de mentalidade pode ser o primeiro passo para uma mudança cultural bem-sucedida. A mudança de mentalidade pode preparar as pessoas para serem mais eficazes em aprender com os erros e se adaptar às transformações necessárias. O desenvolvimento de uma nova mentalidade é também uma maneira de prover segurança psicológica e de aumentar o engajamento.

Outro passo importante é o desenvolvimento de capacidades nas funções de *backoffice* e do *core business*. A agilidade requer que novas capacidades sejam desenvolvidas para o uso de métodos ágeis de desenvolvimento de projetos, trabalho em times, melhoria de processos e gestão adaptativa, entre outros. As capacidades orientadas à agilidade dependem também do uso apropriado de recursos de tecnologia. A tecnologia pode reduzir erros e prover celeridade aos processos gerenciais e operacionais.

Com pessoas capacitadas e a tecnologia em uso, é possível alcançar novos patamares de maturidade em gestão. Uma gestão eficaz abrange a excelência em processos e estruturas organizacionais dinâmicas. A excelência em processos inclui as melhores práticas gerenciais e operacionais, sistemas de gestão eficazes e sistemas de informação integrados. A metodologia de gestão de processos do negócio (BPM – Business Process Management) pode ser uma boa aliada na busca da agilidade em processos. As organizações devem ser capazes de responder à dinâmica de mercado com presteza e eficácia — e melhorar as operações à medida que evoluem. A essa metodologia, quando aplicável, devem ser incorporadas ferramentas digitais para o gerenciamento inteligente de processos de negócios e automação, visando impulsionar a melhoria contínua.

Já a estrutura (design) das organizações precisa também favorecer a agilidade. Apesar de a maioria das organizações ainda adotar estruturas hierárquicas, onde decisões morosas e responsabilidades restritas imperam, há espaço para a flexibilização, responsividade e melhoria das decisões no trabalho quando as estruturas evoluem dos feudos para uma orientação voltada à criação de valor. As estruturas organizacionais dinâmicas, mais ativas e flexíveis, onde é permitido movimentar-se ao ritmo das mudanças ao seu redor, proporcionam fluidez horizontal e melhor experiência aos clientes em um mundo volátil.

Nesse momento da transformação, é possível constatar o avanço da agilidade nos diversos níveis, estando a empresa preparada para crescer de forma consistente e sustentada por meio de sua estratégia. O crescimento sustentado em um mundo volátil dependerá da prática simultânea da inovação para que processos, produtos e serviços, assim como modelos de negócios sejam adaptados regularmente. O crescimento também dependerá de uma gestão eficaz, com processos robustos, estabilizados e com nível de erro ínfimo, para que se possa enfrentar a complexidade característica deste momento. Portanto, a estratégia dependerá integralmente da agilidade, ou seja, das fortes práticas dinâmicas e estáveis, para cumprir a missão de garantir o futuro da organização. O resultado desse processo iterativo é a criação de valor para todos os stakeholders.

1.4 A organização do livro

A partir da reflexão sobre as bases da longevidade sobre as quais se apoiaram as organizações até agora, apesar das dificuldades impostas por todas as crises, e sobre os demonstráveis fatores que adicionalmente sustentarão as organizações no futuro, aprofundaremos nossos conhecimentos no segundo grupo: os fatores emergentes da agilidade, a gestão de incertezas, a colaboração e a adaptação. Os quatro fatores interagem de forma harmônica para a constituição de uma organização ágil. A compreensão sobre o significado, os benefícios e as práticas de uma organização ágil é o propósito central do livro. Neste capítulo, abordamos a longevidade organizacional. No próximo, trataremos da agilidade corporativa. Os Capítulos de 3 a 6 são dedicados à agilidade estratégica, e o capítulo final à gestão de mudanças para o sucesso em um mundo turbulento. A Figura 10 ilustra a organização dos capítulos.

O **Capítulo 2 – Governança Corporativa em um mundo de incertezas** trata do desafio da incorporação da agilidade corporativa nas atividades do Conselho e na Governança Corporativa. Por meio de uma declaração de princípios na forma de manifesto, que podem ser parcial ou integralmente adotados, é feita uma provocação aos Conselhos de Administração para que se tornem ágeis. São dez princípios que abrangem desde a adequação ao mundo de incertezas até o fortalecimento do senso de urgência sensato, aquele que é adequado a cada instância e responsabilidade. Nesse contexto, são também propostas adequações nas dimensões de governança.

O papel do Conselho na estratégia é um outro assunto explorado, o qual tem sido um objeto de discussão em diversos fóruns. Sendo a estratégia a principal referência organizacional sobre o futuro, os Conselhos têm importantes atribuições quanto à consistência e aplicação. A parte final é dedicada à avaliação de desempenho do CEO, onde é apresentado um modelo que se propõe a avaliar a sua contribuição e seus relacionamentos institucionais.

Figura 10 • Capítulos do livro

O **Capítulo 3 – Estratégia Competitiva na atualidade** mostra um panorama bem abrangente dos modelos de estratégia que passam a vigorar no mundo, partindo da compreensão da composição da mentalidade estratégica da agilidade, que explica a razão pela qual os pressupostos mudaram. Os modelos de estratégia são então apresentados e elucidados, e é feita uma comparação entre os dois principais modelos: o da estratégia clássica e o da estratégia ágil. A estratégia clássica, desenvolvida e aplicada no mundo dos negócios desde a década de 1960, e a estratégia ágil, que começa a receber maior atenção nos últimos anos, são confrontadas por meio de suas principais diferenças. Os dois outros modelos são derivados deles: o modelo híbrido e o da estratégia resiliente.

O capítulo também aborda a relação que existe entre estratégia, estrutura e cultura e apresenta os principais macroprocessos que podem ser derivados das estratégias, como a reestruturação organizacional, os planos de negócio, a estratégia de um ecossistema, a análise de risco e a própria execução da estratégia. A parte final é dedicada à gestão estratégica adaptativa com sua aplicação em níveis de maturidade.

O **Capítulo 4 – Estratégia Ágil: Propósito e descoberta de oportunidades** compreende as duas primeiras camadas da estratégia ágil como um projeto, que se inicia com a definição da equipe e de sua organização, para que a gestão seja efetiva. A lógica inovativa subjacente à estratégia ágil é também explorada nesse primeiro momento. Uma diferença marcante em relação à estratégia clássica é o método empregado, que tem semelhança com as técnicas de ideação e criação.

A primeira camada da estratégia ágil é o propósito. Nesse item, a ênfase está no processo de definição de um propósito relevante, que traga sentido para as pessoas, e nos objetivos de cada componente que pode formar uma declaração. A segunda camada é a exploração de oportunidades externas e internas à organização. O capítulo descreve todas as formas de exploração de oportunidades estratégicas, utilizando-se de exemplos práticos para a boa formulação de uma estratégia competitiva. As explorações externas contemplam tendências e incertezas futuras no nível do macroambiente e das perspectivas setoriais. Ainda no contexto externo, são analisadas as influências dos stakeholders, visando a exploração de oportunidades mediante relacionamentos. A exploração interna é também demonstrada, contemplando a fundamentação das capacidades distintivas e sua aplicação. Na parte final de exploração de oportunidades internas, são demonstradas as possibilidades de criação de estruturas de valor, partindo-se das estruturas verticais, cadeias de valor e redes de valor colaborativas à estruturação de plataformas e ecossistemas de soluções. As oportunidades para a criação de novos negócios e a decisão por sua implementação são também objeto de análise.

O **Capítulo 5 – A Estratégia Ágil: O direcionamento estratégico** retrata, de forma pormenorizada, como devem ser feitas as principais escolhas para definir uma composição única de valor ao mercado. Os quatro elementos do direcionamento estratégico são explicados e ilustrados para que sua prática seja implementada de maneira assertiva. Os elementos são: diferencial de mercado; campo de atuação; definições para crescimento e inovação; e modelo de negócio. Sobre o diferencial de mercado, que é o coração da estratégia, cada vetor estratégico é demonstrado, bem como sua estrutura particular. Os vetores Processo e Custo, Produto e Serviço e Proximidade têm estruturas distintas, e compreendê-lo é central para a definição da estratégia de cada negócio. Como um processo iterativo, os campos de atuação são demonstrados em relação às decisões de crescimento e inovação.

O quarto elemento do direcionamento, o modelo de negócio, é comparado com as ondas de inovação que proporcionaram o desenvolvimento de novas tecnologias e as disrupções oriundas desses avanços. As possibilidades de disrupção em modelos de negócios são apresentadas e exemplificadas para que as organizações possam avaliar se há a oportunidade de apropriação desses modelos em suas realidades. O plano de negócios e a gestão de riscos estratégicos, os macroprocessos derivados da estratégia são então detalhados na forma de conteúdo e método. A parte final é reservada às recomendações sobre como definir uma narrativa estratégica.

O **Capítulo 6 – Gestão da Vitalidade Organizacional** traz uma perspectiva histórica sobre o desenvolvimento dos sistemas de gestão da performance a partir da criação da Gestão por Objetivos, de Peter Drucker, para elucidar os avanços nessa área de conhecimento. A partir desse entendimento, são demonstrados os fundamentos do Sistema de Gestão da Vitalidade Organizacional (CV2), que adota alguns princípios evolutivos de modelos anteriores e incorpora os conceitos da agilidade estratégica. Esse sistema de performance tem conexão integral com a estratégia ágil, o que facilita e assegura a integridade de sua tradução em objetivos, embora possa ser utilizado para qualquer modelo de estratégia. De forma prática, exemplifica-se como os objetivos são definidos em um instrumento (template de uma página), chamado Guia.

O capítulo aborda também o processo completo de execução de uma estratégia, incluindo a definição de métricas, o desdobramento, a indicação dos projetos estratégicos e as etapas de gestão do portfólio. A gestão do portfólio contempla a triagem, a seleção, a priorização e o balanceamento dos projetos estratégicos. A parte final é reservada às orientações sobre o desenvolvimento de um *roadmap* da estratégia para o período de sua implementação.

O **Capítulo 7 – A experiência ativa e inclusiva de mudança** apresenta formas não convencionais de se lidar com a gestão de mudanças, sobretudo quando se trata de mudanças estratégicas em um mundo turbulento. A aplicação dos princípios de agilidade em gestão de mudanças é demonstrada em associação com as características das pessoas adaptativas, que são propensas a enxergar mudanças como vantagens. A partir desses conceitos, são discutidas as diferenças entre a gestão de mudanças tradicional e a gestão ativa de mudanças. A parte central do capítulo é a proposta da jornada da gestão ativa de mudanças, composta por quatro fases: prevenção, reforço pela liderança, exclusão de barreiras e, por fim, superação das resistências remanescentes.

Para a fase de prevenção, sugere-se a utilização do modelo LEAD2C, que contempla as principais variáveis de gestão de mudança, com foco no engajamento pelo diálogo. A força do diálogo engajador é então contextualizada para aumentar a consciência sobre seu potencial de transformação. A parte final é dedicada ao processo estruturado de mudança cultural, geralmente necessário quando se pretende adotar uma cultura ágil que possa suportar as transformações para o novo mundo, e às armadilhas que podem estar no caminho daqueles que pretendem, genuinamente, avançar.

REFERÊNCIAS

AGHINA, Wouter; HANDSCOM, Christopher; SALO, Olli; THAKER, Shail. The Impact of Agility: How to Shape Your Organization to Compete. *McKinsey Quarterly*, 25 de maio de 2021.

AHMAD, S.; OMAR, R.; QUOQUAB, F. Corporate Sustainable Longevity: Scale Development and Validation. *SAGE Open*, 2019. DOI: 10.1177/2158244018822379.

ATLURI, Venkat; DIET, Miklos; SCHWA, David. As Sector Borders Dissolve, New Business Ecosystems Emerge. 2017. Disponível em: https://www.mckinsey.com/business-functions/strategy-and-corporate-finance/our-insights/as-sector-borders-dissolve-new-business-ecosystems-emerge.

COLLINS, Jim; LAZIER, William. *Be 2.0 (Beyond Entrepreneurship 2.0): Turning Your Business Into an Enduring Great Company*. Edição em inglês. São Paulo: Portfolio, 2020.

DELOITTE. *Enterprise Adaptability: Designing Organizations Around Our Best Impulses*. 2021. Rahnema, Amir et al.

FURR, Nathan; FURR, Susannah Harmon. The Upside of Uncertainty: A Guide to Finding Possibility in the Unknown. *Harvard Business Review Press*, 19 de julho de 2022.

GOEDHART, M.; KOLLER, T. The Value of Value Creation. *McKinsey Quarterly*, 2020.

HAANAES, Knut; REEVES, Martin; WURLOD, Jules. The 2% Company. *BCG*, 2018.

HILL, A.; MELLON, L.; GODDARD, J. *How Winning Organizations Last 100 Years*. Harvard Business Review, Harvard Business School Publishing Corporation, 2018.

JELASSI, Tawfik; AVAGYAN, Karine; PERRINJAQUET, Michelle; HÄGGSTRÖM, Lars; MAY, Feena. Leading in Turbulent Times. *IMD*, maio de 2017.

LIESHOUT, Johannes W.F.C. van; VELDEN, Jeroen M. van der; BLOMME, Robert J.; PETERS, Pascale. The Interrelatedness of Organizational Ambidexterity, Dynamic Capabilities and Open Innovation: A Conceptual Model Towards a Competitive Advantage. Nyenrode Business University, Breukelen, Países Baixos. *European Journal of Management Studies*, 2021.

O'REILLY, C. A.; TUSHMAN, M. L. *Lead and Disrupt: How to Solve the Innovator's Dilemma*. Stanford Business Books, 2016.

RAMABHADRAN, Srinivasan. Innovation: *Making Choices – Bringing the Innovation Strategy to Life*. 10 de junho de 2016. Curtin University, Perth, Austrália.

STATISTA. Average Company Lifespan of S&P 500 Companies 1965-2030. Disponível em: https://www.statista.com/statistics/1259275/average-company-lifespan/. Acesso em: 27 de agosto de 2021.

02

Governança Corporativa em um mundo de incertezas

"Nem tudo o que conta pode ser contado e nem tudo o que pode ser contado conta."
WILLIAM BRUCE CAMERON.

A palavra "governança" remonta do século XV e tem origem no verbo grego *kubernaein* (kubernáo), que significa "dirigir". Já a governança corporativa, que adquiriu aceitação geral apenas na década de 1990, é um tipo específico associado às organizações corporativas, sendo composta de políticas, processos e leis que orientam a maneira pela qual as pessoas dirigem e controlam uma empresa. Ela deve retratar como uma organização é governada para o benefício de seus stakeholders. Mais especificamente, o termo é usado para definir como o Conselho e as partes diretamente relacionadas dirigem uma corporação e as regras aplicadas a essa tarefa. E, para o entendimento integral do que é governança corporativa, é preciso clarificar sua finalidade central: proporcionar o sucesso de longo prazo da empresa. Numa economia de mercado, a governança corporativa é essencial para que decisões eficazes garantam um futuro promissor.

Nas últimas décadas, essa área de conhecimento vem sendo objeto de maior atenção por parte da comunidade acadêmica e empresarial por sua relevância e os riscos associados. Esse interesse retrata uma realidade: o papel essencial que o Conselho de Administração, principal órgão do sistema de governança, exerce na tomada de decisões estratégicas, na relação entre proprietários, Conselhos, diretoria executiva e órgãos de controle e na criação de valor no longo prazo. São nítidos os avanços em relação a estruturas de propriedade, melhores práticas, supervisão da gestão, avaliação e desempenho de executivos. Um Conselho de Administração é organizado mediante a combinação de profunda experiência profissional com competências diversificadas sobre administração e negócios, o que lhe confere a capacidade de orientar as organizações de forma consistente sobre os rumos que elas devem tomar. Além disso, a melhor governança se caracteriza por decisões aprimoradas, maior resiliência a crises repentinas e confiança por parte de todos os stakeholders, sendo este último um ativo de valor inestimável. Uma organização governada proporciona maiores retornos, atratividade de talentos e capacidade de investimentos.

Por outro lado, a avaliação de desempenho da governança ainda é um desafio. Algumas metas da governança corporativa são de difícil mensuração, como os indicadores preditivos de sucesso no longo prazo. Embora uma das principais missões de um Conselho seja cuidar do futuro da organização, percebe-se que sua atuação, no que tange a questões estratégicas, ainda precisa avançar. Entre muitas razões, uma menor dedicação a esses aspectos pode estar relacionada à própria dificuldade de mensuração e, consequentemente, de controle. Mas as maiores evidências estão na sua origem. Sendo o Conselho, por característica inata, um órgão orientado à conformidade e avaliação, sua capacidade imaginativa, quando não estimulada, pode obscurecer-se, o que é um sinal de alerta importante. A harmonia na dualidade entre o controle e a criação é difícil de praticar quando uma dimensão é muito evidenciada.

Os desafios do que está por vir são profundos, por vezes enigmáticos e não prognosticáveis em sua maioria. Se o futuro sempre foi desafiador, com a crescente imprevisibilidade nos mais variados setores da economia, seu entendimento torna-se ainda mais crítico na batalha contínua pela sobrevivência no mercado, na maximização dos retornos sobre os investimentos e na própria proteção do patrimônio empresarial. Por isso, é preciso manter a mentalidade estratégica ativa, alerta às incertezas e às tendências do macroambiente e do setor econômico, assim como aos movimentos e interesses dos stakeholders. A visão externa à organização é a fonte primária de reflexão sobre o futuro, o que, em sintonia com a idealização, pode produzir valor.

Com as últimas crises globais, os escândalos e o colapso de grandes corporações, os Conselhos de Administração foram considerados deficientes, e sua restauração tornou-se imprescindível. Na verdade, a pressão sobre o Conselho de Administração para assumir um papel maior tem sido considerada há décadas. E as mudanças que vêm acontecendo desde então tendem a evoluir, uma vez que as regulamentações definidas após o impacto econômico global de 2008 não têm sido suficiente. Além das crises externas e internas às organizações, observa-se que a composição dos Conselhos vem sendo alterada com a entrada de investidores institucionais e ativistas de fundos de hedge.

E a nova composição traz novos desafios à governança. O distanciamento entre Conselho e acionistas, uma situação comum em muitas empresas no passado recente, está deixando de existir, porque os investidores, que agora detêm participações expressivas, são ativistas e sempre foram defensores de uma gestão primorosa. Há clara interferência de investidores nos Conselhos, o que vem causando impacto nas decisões estratégicas. Os maiores investidores globais, como a BlackRock e a Vanguard, têm poder no mundo dos negócios e contam com o aconselhamento das principais consultorias de gestão. O estudo da BlackRock pode ser visto no Caso 2.1.

Para dar ênfase à diferenciação estratégica, as melhores empresas no novo mundo competitivo estão indo além da abordagem formal de governança corporativa exigida de um Conselho. Empresas como Nestlé, Danone, Infosys, Unilever e IKEA estão evoluindo seus Conselhos, rumo à maior agilidade estratégica, de diferentes maneiras. O Conselho da Nestlé aprovou o Net Zero Roadmap, um de seus movimentos estratégicos, numa abordagem pioneira para alinhar os interesses dos acionistas e dos stakeholders. A Danone publica em seu site que "a governança é vital para uma boa gestão, e seu papel é estratégico, garantindo não apenas o cumprimento regulatório, mas também a vitalidade do modelo de negócios, sua visão e suas ambições". A Infosys exige, na composição do Conselho, perfis com experiência em estratégia para criar reconhecimento e patrimônio da marca e melhorar a reputação da empresa. Além disso, como guia de governança corporativa, ela determina que a implementação de metas ESG esteja totalmente integrada à estratégia da companhia. Na Unilever, o Conselho de Administração é o responsável pela direção estratégica futura e é ele que divulga sua expansão. E na IKEA, os acionistas, o Conselho de Administração e os executivos trabalham alinhados para pensar e desenvolver a empresa no longo prazo. Seu modelo de governança destaca o lucro como fonte de recursos para criar impacto positivo nas pessoas, na sociedade e no planeta.

A Electrolux é outra referência que se destaca em agilidade estratégica no Conselho de Administração. Sua estratégia global, chamada de Plano do Conselho, é integralmente formulada pelo *board* global para que todas as regiões possam, a partir dela, se orientar estrategicamente, elaborar estratégias regionais e executá-las de forma alinhada aos movimentos corporativos. O Conselho de Administração define os movimentos estratégicos de longo prazo, estabelece metas de crescimento de acordo com análises acerca do ambiente competitivo e do mercado, avalia cenários e modelos de negócio e estabelece os diferenciais estratégicos considerando as tecnologias digitais, a experiência de seus clientes e a sustentabilidade de seus negócios. Depois que a estratégia do Conselho é desdobrada nas regiões e os planos de execução são consolidados na matriz, a empresa divulga na internet seus objetivos estratégicos e sua proposição de valor por meio do documento público

"Electrolux: How We Create Value", onde destaca que a "abordagem ágil" é uma prioridade corporativa.

Muitas empresas afetadas por este mundo turbulento e disruptivo estão listadas na bolsa, operam sob a estreita supervisão dos diversos reguladores e têm seguido regras rígidas de transparência e processos restritos de regulamentação. Mas essas medidas não foram capazes de prover aos Conselhos a governança de longo prazo e o desenvolvimento de estratégias que criassem valor sustentável em um mundo volátil. Por isso, o papel do Conselho tem que ser revisto para acomodar as competências que a conjuntura impõe sobre o mundo corporativo. São essas competências e mudanças nas dimensões da governança corporativa que discutiremos neste capítulo.

Caso 2.1
Os princípios da agilidade na governança

A BlackRock, uma companhia multinacional estadunidense sediada em Nova York, é uma das principais empresas globais em soluções em investimentos. Ela foi fundada em 1988 por oito pessoas que decidiram criar uma empresa de gestão de ativos financeiros. Dentre eles, Larry Fink, CEO e presidente da empresa, considerado um dos melhores líderes do mundo pela revista *Fortune*. Em 2023, a empresa de investimentos já contava com mais de 19 mil colaboradores em 36 países, administrando mais de US$9 trilhões em recursos. Seus clientes são, principalmente, fundos de aposentadoria, seguradoras, governos, investidores individuais e investidores corporativos.

A empresa é referência em governança como fiduciária de seus clientes e tem obtido os melhores retornos ajustados ao risco dentro das diretrizes de investimento estabelecidos por eles. Há anos, ela detém a ação de serviços financeiros com melhor desempenho no S&P500. Sua tarefa crítica é avaliar incertezas e identificar tendências de curto e longo prazo na economia global que possam afetar os investimentos dos seus clientes. A empresa se desafia constantemente a pensar sobre a volatilidade futura dos mercados e em como construir a partir das crises. A busca de oportunidades em meio ao deslocamento dos mercados e às disrupções dos setores é garantida por uma rotina de explorar as oportunidades, tanto pelos conselheiros quanto pelos executivos.

O Conselho da BlackRock desempenha um papel crucial no sucesso a longo prazo da empresa. Os conselheiros revisam periodicamente a estratégia, e avaliam riscos e oportunidades para os negócios existentes. O maior negócio está relacionado com a aposentadoria. Os produtos e serviços oferecidos nesse contexto estão sob análise permanente da governança, porque a incerteza futura pode afetá-los de diversas maneiras. Se as pessoas se sentirem inseguras quanto ao futuro, encontrarão outras formas de garantir a aposentadoria, já que esse é um ato de esperança e otimismo. Se não houver confiança no longo prazo e na integridade das instituições financeiras, o negócio poderá se romper.

O Conselho também faz alertas importantes sobre aprendizagem e construção a partir de adversidades e mudanças. Há muita coesão entre seus membros, e a cooperação na forma de uma equipe diversificada estimula a preservação dos valores e de sua cultura. Existe forte correlação entre os retornos de ações das empresas e a adequação de sua cultura e seus valores. Por isso, a preocupação imediata no pós-Covid foi retornar os trabalhos presenciais. O propósito foi garantir sinergia para que os diferenciais de unidade e força construtiva não se fragmentassem.

A capacidade do Conselho e dos altos executivos é o que suporta o sucesso futuro. Para mantê-la vibrante e atualizada, mudanças organizacionais e de liderança são feitas a cada poucos anos. Eles acreditam que essas mudanças trazem grandes benefícios para os clientes, os acionistas e os próprios líderes. As mudanças visam manter as pessoas sempre desenvolvidas, mais conectadas, e estimulam um novo pensamento, ajudando a antecipar as necessidades do mercado. Todos os novos conselheiros têm que participar de um programa de orientação, que deve ser realizado em até três meses a partir da data de eleição. Essa orientação inclui apresentações da alta administração para familiarizar os novos diretores com os planos estratégicos da BlackRock. Os diretores são incentivados a frequentar cursos de educação continuada da empresa ou patrocinados por universidades, bolsas de valores ou outras organizações que têm programas relacionados ao desempenho de suas funções como membros do Conselho ou de comitês prioritários. Diversidade de experiência, perspectiva global, conectividade e antecipação estratégica são as ênfases mais estimuladas. Na visão deles, as empresas que não entenderem o cenário em mudança e a diversidade de capital disponível não permanecerão competitivas diante de empresas menores e mais ágeis.

Dessa forma, o Conselho da BlackRock se mantém verdadeiramente estratégico para manter sua posição de liderança no mercado. A organização está sempre empenhada em evoluir a governança corporativa ao longo do tempo para refletir a amplitude dos negócios globais e, para isso, procura diretores com uma combinação diversificada de experiência e qualificações. E a orientação estratégica é a premissa-chave. A BlackRock, em pronunciamento conjunto com seus maiores concorrentes, a Vanguard e a State Street, pediu publicamente que os Conselhos se envolvessem profundamente na discussão de suas estratégias. O resultado desse ato gerou engajamento diferenciado dos Conselhos na estratégia. Por exemplo, somente uma minoria ainda acredita que os riscos estratégicos de disrupção devam ser analisados por um comitê específico em vez de pelo Conselho de Administração.

A BlackRock é uma organização centrada no futuro pela própria natureza de suas atividades. Ela entende que sua longevidade está relacionada à capacidade de gerar novos negócios em um mundo de alta volatilidade e incerteza. Por isso, é possível enxergá-la como uma organização do amanhã, que poderá iluminar o caminho para os demais. Seu sucesso é, sem dúvida, um sinal importante para as organizações estabelecidas.

2.1 O Manifesto do Conselho Ágil

> *Governar com agilidade é uma melhor prática emergente e um pré-requisito para os Conselhos abordarem eficazmente a incerteza.*
>
> Membro de Conselho de Administração

O Conselho de Administração como estrutura central da governança corporativa tem que ser referência de agilidade em um mundo de rápidas e impactantes mudanças. A facilidade com que as empresas se adaptam às mudanças em seus respectivos ambientes depende das diretrizes, aconselhamento e orientação que recebem. Não pode haver dissonância em quesitos de natureza estratégica. O desenvolvimento organizacional e as mudanças estratégicas exigem liderança ativa, com a credibilidade que só seu exemplo outorga. Assim, a agilidade precisa ser estimulada e praticada desde o topo. Com a aceleração das crises, os Conselhos têm aprendido que a capacidade de tomar decisões inteligentes precisa melhorar para corresponder ao ambiente volátil. No entanto, é preciso ter consciência de que o ritmo de um Conselho será sempre bem diferente do ritmo da direção executiva. No Conselho, as deliberações devem ser tomadas em colegiado e da forma mais segura, o que consome tempo. E o tempo de dedicação de um Conselho é exíguo. Na diretoria executiva há dedicação e maior domínio dos fatos, o que torna as decisões relativamente mais céleres.

O Manifesto do Conselho Ágil é uma declaração de princípios que visa alertar sobre a relevância estratégica da agilidade para as organizações contemporâneas e sobre o papel do Conselho nesse contexto. Conselhos passivos terão sua contribuição limitada no contexto organizacional atual, que precisa ser ativo. Há um longo caminho a ser trilhado para a evolução dos Conselhos nesse sentido. Estamos no início de uma jornada cuja intenção é a criação de hábitos que possam distinguir ainda mais as notáveis funções da governança corporativa. O alerta é providencial, porque o mundo dinâmico não pode esperar.

A Figura 01 apresenta os dez princípios de um Conselho Ágil. Alguns deles estão diretamente relacionados às dimensões de governança que são apresentadas na sequência desta seção.

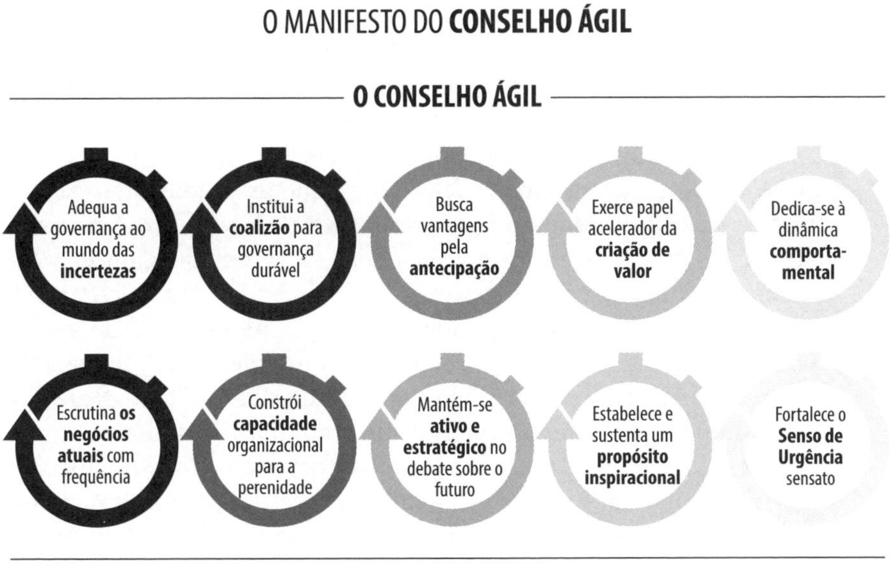

Figura 01 • O Manifesto do Conselho Ágil

Um Conselho Ágil:

- **Adequa a governança a um mundo de incertezas.** O ambiente corrente dos negócios está sujeito a impactos imprevisíveis frequentes. Os modelos de governança tradicionais podem se tornar ineficazes se mantiverem restritamente seus princípios estáveis e preditivos. Ignorar incertezas e pretender fazer previsões primorosas é ingênuo. As decisões serão melhores se a incerteza for incorporada com precisão no pensamento dos conselheiros e nos cálculos de valor esperado. Essa mudança de pensamento não é trivial, exigindo adaptação, experimentação e prática. O Conselho terá que adotar uma postura exploratória e prospectiva para lidar com incertezas futuras de forma eficaz e, ao mesmo tempo, com a complexidade dos negócios vigentes. Nesse sentido, vale relembrar que uma organização ágil é aquela que possui práticas dinâmicas e práticas estáveis fortes. O mundo de incertezas só será governado quando o equilíbrio dessas práticas prevalecer.

- **Escrutina os negócios atuais com frequência.** A investigação permanente dos negócios atuais é absolutamente necessária em um mundo dinâmico. O questionamento firme sobre o valor gerado pelos negócios e sobre a validade de se investir neles é uma tarefa cotidiana nos Conselhos Ágeis. Produtos e serviços do tipo "vaca leiteira", que geram muito lucro e têm grande participação em mercados quase saturados, serão menos duráveis e precisarão ser renovados ou substituídos proativamente. A volatilidade de mercado não pode ser maior do que a agilidade interna de mudança nas empresas.
- **Institui a coalizão para uma governança durável.** Os Conselhos compostos por diretores competentes, mas individualistas, não entregarão o valor que se espera deles. Para que as mudanças sejam efetivas, é preciso unidade e força construtiva. A coalizão é necessária para a discussão sobre os temas mais relevantes do Conselho, que podem ir de um risco iminente a um movimento estratégico grande e arriscado. A sabedoria e a ponderação *per se* não são suficientes para a necessidade de se avançar. O engajamento coletivo é que faz a diferença. A dinâmica do Conselho depende de sua atuação eficaz como uma equipe de indivíduos que possam trabalhar bem juntos.
- **Constrói capacidade organizacional para o futuro.** A capacidade organizacional é a base da vitalidade durável. Ela é o motor necessário para sustentar os movimentos estratégicos e deve estar presente em todos os níveis. Um Conselho Ágil mantém sua capacidade distintiva pela educação continuada, pelo conhecimento sobre o mercado e sobre os avanços em gestão, tecnologia e negócios. Assim, para o valor intrínseco de um Conselho prevalecer, é preciso que esteja atualizado e à frente das questões sobre o futuro. Essa é sua responsabilidade indelegável. É a cultura da aprendizagem que fortalece o processo decisório e protege a empresa da extinção. Em um mundo que exige perspicácia, prontidão, vivacidade e iniciativa, a sabedoria não revigorada pode reduzir o valor. A prontidão para mudanças estratégicas e redirecionamentos, a capacidade central de um Conselho Ágil, depende do talento de diretores alertas e bem-informados. Por

isso, as capacidades dinâmicas de um Conselho serão efetivas se forem permanentes.

- **Busca vantagens pela antecipação.** O Conselho Ágil esforça-se na busca permanente do pioneirismo de mercado pela antecipação. As vantagens competitivas dos primeiros, quando bem-posicionadas e implementadas, são maiores por gerarem valor superior por mais tempo. A antecipação estratégica é um verdadeiro tesouro num mundo turbulento e de competição acirrada. A moldagem de um setor, a criação de um modelo disruptivo ou qualquer composição única de valor são formas de se antecipar, de ser pioneiro e de "beber água limpa" por maiores períodos, mesmo em ambientes dinâmicos. Um Conselho astuto age e cria novos mercados a seu favor em estreita parceria com o CEO. Um conselheiro é, acima de tudo, um estrategista qualificado.
- **Mantém-se ativo e estratégico no debate sobre o futuro.** Agilidade no Conselho significa ser verdadeiramente estratégico a todo momento. Embora a tarefa de cuidar do futuro da organização seja a essência de um Conselho, a prática tem mostrado que a supervisão, o controle, a conformidade e o oportunismo têm prevalecido. Diretores ágeis debatem sobre o futuro e buscam oportunidades externas por sua experiência e pelos relacionamentos construídos ao longo de sua jornada profissional. A mentalidade estratégica viva é uma competência que um conselheiro não pode negligenciar, pois ela exerce um impacto profundo na evolução de longo prazo da empresa. A estratégia é do CEO, mas os Conselhos devem fornecer o senso de direção estratégica, devem governar e recomendar adaptações na estratégia sempre que a dinâmica externa assim demandar. A chave para garantir o futuro de uma empresa e moldar sua direção estratégica está em cultivar mentes estratégicas entre os conselheiros e a diretoria executiva.
- **Exerce o papel acelerador da criação de valor.** A criação de valor compartilhado entre os stakeholders é a finalidade de uma empresa. O Conselho deve resguardar a entrega de valor visando a harmonia entre os diversos atores e a perenidade. Isso é feito tanto aumentando o desempenho quanto a vitalidade futura de uma empresa. Por vezes, o Conselho deverá indicar caminhos alternativos, propor ideias e desafiar a diretoria executiva para melhorar sua agilidade. Suas decisões impactam no uso do caixa e na capacidade da organização de gerar retorno sobre o capital investido, além de afetar as expectativas dos credores quanto aos riscos que assumem ao confiar seus recursos. O presidente do Conselho é o responsável por liderar a diretoria rumo à criação de valor e à própria disrupção quando necessário. E cada diretor do Conselho deve prestar contas das decisões que levaram à

criação de valor. Conselhos que vão além dos mecanismos reguladores da governança inovam com diversidade e criam valor. Em tempos desafiadores, com uma necessidade mais urgente de se diferenciar e ter sucesso, a opção das empresas tem que ser a inovação no nível do Conselho.

- **Estabelece e sustenta um propósito inspiracional.** A princípio pode parecer surpreendente atribuir ao propósito a promoção da agilidade, embora seja nítido que o Conselho tem plena responsabilidade sobre ele. O propósito é uma âncora para as organizações que formulam suas estratégias. As organizações que querem mobilizar e transformar os negócios com agilidade devem contar com a clareza do propósito porque ele ilumina a direção futura, inspira e energiza as pessoas dando sentido ao trabalho coletivo. Colocar o propósito no centro da governança ajuda também a alinhar melhor os diferentes stakeholders e dá à empresa um senso de orientação. Não há mais dúvidas de que o propósito tem uma correlação direta com o desempenho. Um propósito bem declarado facilitará a comunicação e os processos de mudança e poderá até moldar empresas e setores.
- **Dedica-se à dinâmica comportamental.** As responsabilidades fiduciárias de um conselheiro são amplas e críticas. No entanto, o comportamento de seus membros é o fator-chave de sua eficácia e afeta o desempenho de uma organização. Ele é mais importante do que a estrutura e as regras. O comportamento tem o poder transformador de criar colegiados decisórios que influenciam o crescimento e a longevidade das organizações. Um diretor que compartilha conhecimentos valiosos sobre os negócios está fortalecendo o time e enriquecendo seu papel. A agilidade está presente no comportamento quando há independência para questionar, explorar e debater profundamente as questões sobre o futuro. O comportamento construtivo se estabelece quando cada diretor assume a responsabilidade de alertar sobre os vieses dos demais e sobre toda a contribuição, estando aberto a receber feedback dos demais. As melhores decisões coletivas advêm da forma transparente, colaborativa e propositiva de atuação.
- **Fortalece o senso de urgência sensato.** A agilidade pressupõe urgência responsável. É sabido que um profissional que corre uma maratona não precisa de velocidade, mas de resistência. No entanto, a resistência sem a urgência não o fará campeão, tornando-se lentidão. Um Conselho lento perderá as melhores oportunidades. A urgência tem que prevalecer sobre a governança que não faz acontecer, que espera para ver. Diretores sábios e ponderados podem ser úteis para mitigar riscos, manter a operação e proteger a empresa de alguma ação

externa. Mas a criação de valor acontece quando há determinação em prosperar, com um senso de urgência que é sensato por saber qual é o melhor momento para vencer.

Os dez princípios do Manifesto do Conselho Ágil estão orientados à dinâmica que um Conselho de Administração deve incorporar com propriedade para que o futuro da organização seja promissor. Eles também representam a estabilidade necessária para essa evolução. O desafio não é sair da estabilidade para a dinâmica, porque os dois são necessários à agilidade, como bem sabemos. É sair do passivo e burocrático para a proatividade necessária a um Conselho verdadeiramente ágil num mundo passível de disrupção e turbulências constantes.

Na próxima seção, a perspectiva da agilidade será analisada nas principais dimensões da governança corporativa.

2.2 A busca da agilidade nas dimensões de governança

Agilidade corporativa é a capacidade que a liderança do Conselho deve buscar como base para a adequação da governança e a criação de valor no novo contexto de turbulência. As atribuições de um Conselho estão relacionadas a várias esferas organizacionais. São muitas as suas responsabilidades, abrangendo da estratégia e ideologia até a inovação, gestão de pessoas, controles, auditoria, riscos e desempenho. E elas tendem a aumentar, sobretudo em razão da maior frequência de eventos adversos, da crescente complexidade no mundo dos negócios e da volatilidade. Para lidar com os novos desafios, os conselheiros terão que se dedicar mais às empresas e, ao mesmo tempo, incluir a agilidade de forma transversal às suas atividades. Nesse sentido, algumas dimensões da governança precisam ser adaptadas e revisadas regularmente para assegurar sua real contribuição. Por vezes, conselheiros deverão ser capazes de mudar as regras do jogo para permanecerem à frente de seus concorrentes e obterem vantagens para suas empresas e acionistas.

A Figura 02 ilustra a relação entre agilidade corporativa e agilidade organizacional. A agilidade corporativa, uma demanda real para a boa governança corporativa, é a arte de lidar com a dinâmica dos mercados, a capacidade de orientar a organização para o aumento de sua vitalidade e de fornecer as diretrizes para que os executivos saibam tomar decisões em tempos incertos. Já a agilidade organizacional, como descrito no capítulo anterior, é a capacidade das organizações de serem simultaneamente dinâmicas e estáveis.

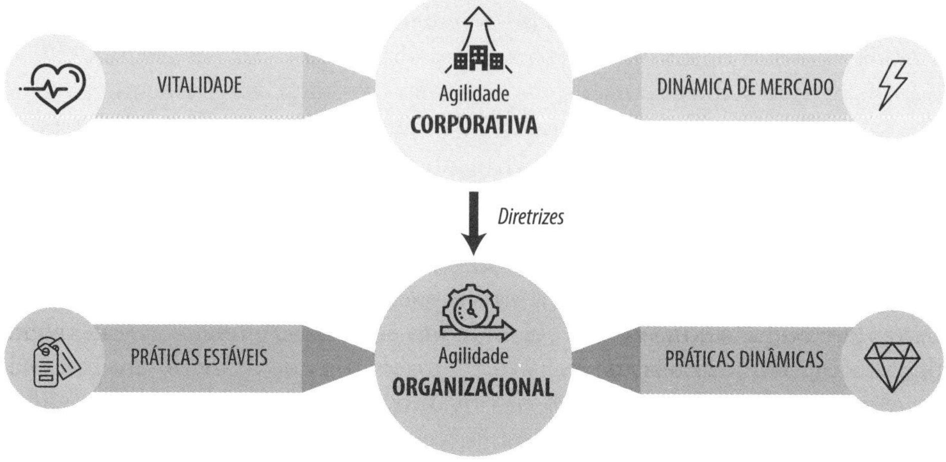

Figura 02 • Agilidade Corporativa e Agilidade Organizacional

Governar com agilidade é, portanto, uma prática emergente para direcionar, de forma eficiente, as incertezas cada vez mais presentes nas empresas e no macroambiente. Contudo, quais dimensões da governança poderão promover ou dificultar a agilidade? As pesquisas sobre formas de governança que interferem nas mudanças no ambiente de negócios são recentes e, certamente, serão objeto de estudo intenso nos próximos anos. No entanto, os achados demonstram que a agilidade da organização ou dos próprios diretores do Conselho podem estar comprometidos em função do seu restrito desenvolvimento de capacidades. É preciso ter vigilância para que os Conselhos não se tornem passivos e se restrinjam a funções coexistentes de natureza normativa, conformidade e controle. A Figura 03 ilustra as dimensões que merecem atenção.

Um Conselho de Administração tem como função primária maximizar o retorno dos investimentos, proteger o patrimônio dos acionistas e agregar valor a eles, a seus stakeholders e ao mercado. Ele é igualmente responsável pela perenidade dos negócios e longevidade da organização, atuando por meio de avaliações e decisões, pelas orientações à diretoria executiva e pelo monitoramento do desempenho e dos resultados organizacionais. Depois dos sócios, o Conselho de Administração é a instância superior de uma empresa ou instituição e, por isso, tem atribuições amplas quanto ao desempenho e ao seu futuro. As oito dimensões da Figura 03 dão um panorama sobre as principais dimensões da governança que os diretores do Conselho devem estar atentos para que sua missão seja desempenhada no novo contexto.

Com um olhar focado no aumento de agilidade corporativa e organizacional, cada dimensão será explorada em maior profundidade a seguir.

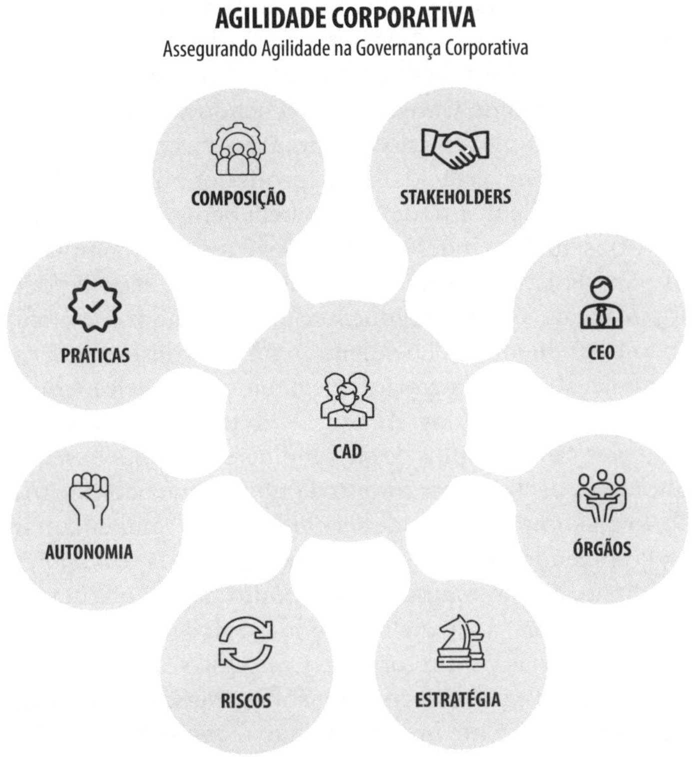

Figura 03 • As dimensões da governança que se beneficiam da agilidade

A COMPOSIÇÃO

O Conselho de Administração que possui uma composição equilibrada de perfis e harmonia em sua diretoria agirá com a devida celeridade. Os perfis podem se distinguir por diversidade, representatividade, competência e experiência, e as interações saudáveis de seus membros determinam sua eficácia. Harmonia não significa homogeneidade de pensamento, mas sim a existência de um conflito construtivo e de abertura ao contraditório, para que as decisões sejam melhores e em tempo. As diferentes visões sobre uma mesma realidade farão com que as questões sejam tratadas de forma integral e sistêmica.

A diversidade favorece o desempenho, de acordo com inúmeras pesquisas sobre o tema, além de ser inclusiva. No entanto, a realidade dos Conselhos ainda está distante da diversidade. No Brasil, ainda há mais homogeneidade do que heterogeneidade nos Conselhos. A menor diversidade étnica e de gênero constata-se pela predominância de homens brancos e ex-executivos. Embora haja um crescimento do contingente de mulheres nas empresas em todo o mundo, sua presença nos Conselhos ainda é escassa. E a presença de diferentes etnias é menor ainda, sobretudo em empresas familiares, que privilegiam a participação de parentes em detrimento da atuação profissional de conselheiros independentes. Não obstante, observa-se que o esforço de empresas familiares na profissionalização de seus membros vem crescendo, e mudanças na composição de Conselhos vêm sendo realizadas gradativamente. Esse é um movimento necessário e salutar, pois as famílias devem ser profissionalizadas na mesma velocidade da profissionalização. A participação de consultores independentes pode trazer benefícios reais à governança das organizações. Conselheiros independentes devem ser contemplados de forma proporcional para assegurar os interesses de todos os stakeholders e o olhar externo à organização. Nesse movimento, é recomendável evitar na composição um único conselheiro independente para não desfavorecer o ambiente produtivo e balanceado de discussão colegiada. Além deles, conselheiros representantes podem ser incluídos. Acionistas minoritários, investidores, colaboradores e clientes são exemplos de stakeholders que podem ser representantes para melhorar as decisões no âmbito da governança corporativa.

O equilíbrio na composição pode ser evidenciado também quando há pessoas que são empreendedoras e estrategistas de um lado e supervisoras do outro. No cotidiano, elas tomam decisões de alto risco e orientam o corpo dirigente na execução da estratégia e na condução dos negócios da companhia. Para isso, as competências de diretores do Conselho se dividem entre elaborar estratégias corporativas e o conhecimento sobre negócios, finanças, mercado, legislação e gestão. Igualmente importante são a competência sobre gestão de capital, as habilidades interpessoais para se relacionar com stakeholders, a facilidade para a tomada de decisão conjunta e a predisposição para manter um diálogo de elevada contribuição. E as empresas que atuam em ambientes de rápida mudança devem procurar conselheiros que as orientem no campo da agilidade organizacional. Não se pode abrir mão também de que os diretores tenham competências digitais. Por outro lado, o tamanho do Conselho afeta a agilidade. A composição deve ser aquela com o menor número de membros, desde que atenda aos requisitos de diversidade e representatividade.

Por fim, a experiência dos conselheiros em diferentes áreas de atuação faz a diferença no conjunto. Os conselheiros devem ter uma alta qualificação e uma reputada vivência no mundo organizacional. Nesse particular, a preferência tem sido contratar conselheiros que tenham sido executivos. Certamente, essa é uma boa opção, mas a agilidade corporativa pode ficar comprometida se o ex-executivo não tiver consciência plena de que seu papel agora é outro e que a celeridade é diferente pelas razões que apresentamos na seção anterior. É preciso estar preparado para tomar decisões de forma colegiada, para engajar-se no diálogo, promover amplas discussões e ouvir diferentes perspectivas, diferentes histórias. Todos têm voz, precisam expressar suas opiniões e exercer o direito de influenciar os demais. A riqueza do conhecimento está na pluralidade e na sabedoria do grupo. Um Conselho Ágil tem consciência do tempo de uma decisão segura e de qualidade. Na maioria das vezes, os executivos tomam decisões de forma autônoma e de acordo com sua própria visão, favorecendo a rapidez nas resoluções. O desafio é desaprender os hábitos de decisão como executivo para aprender a alcançar o saber, que é coletivo.

O Presidente do Conselho, como par dos demais diretores, também deve corresponder a esses requisitos na composição, mas ele pode influenciar decisivamente a agilidade corporativa como presidente. Não sendo hierarquicamente superior aos demais conselheiros, ele pode ter o papel de um orquestrador. Afinal, é o guardião da agilidade. Por isso, deve garantir que os conselheiros entrem preparados para as reuniões, deem suas melhores contribuições e participem com orientação positiva, transparência, além de debater com responsabilidade e equidade. O presidente é o facilitador, para que as discussões aconteçam na profundidade e tempo necessários.

O foco na agilidade pela COMPOSIÇÃO

Os perfis para a agilidade em um conselho resultarão em maior capacidade para a priorização de questões estratégicas e foco no cliente e nos demais stakeholders de forma oportuna. Essa deve ser sua orientação primária. No conjunto, a composição da diretoria do conselho, com a diversidade, as experiências e as competências requeridas, fará com que os resultados e o momento das decisões sejam mais efetivos. Um componente central dessa equação é a habilidade para o trabalho produtivo. Não basta ter a composição ideal e as competências para a agilidade. A dinâmica do grupo pode prover agilidade, uma vez que tudo depende da qualidade das interações em ambientes de decisões colegiadas. A eficácia dessa dimensão dependerá de como as práticas são realizadas, tema do nosso próximo assunto.

Disfuncionalidades na COMPOSIÇÃO:

Os indícios de desequilíbrio na composição surgem se as ações dos conselheiros se limitarem ao curto prazo, se pessoas criativas e inovadoras tiverem sua participação inibida, se poucos debates acontecerem e se houver uma concentração das análises em determinada área de conhecimento, como a financeira.

AS PRÁTICAS

A dimensão "**PRÁTICAS**" abrange a forma de funcionamento das reuniões, sua dinâmica e o comportamento dos conselheiros no dia a dia. A forma como os membros interagem entre si e com o CEO, assim como a relação com a gestão da empresa, determinam a eficiência do uso do conhecimento coletivo que possuem. É essencial que o ambiente de trabalho de um Conselho seja cooperativo ao relacionar-se com a diretoria executiva e se baseie em confiança, sensatez e maturidade, respeitando-se o limite das responsabilidades. A governança reina quando há unidade, coesão sobre um ponto de vista distinto e complementariedade entre os membros e com as demais partes. A carência desses requisitos pode levar a vácuos de poder e à falta de foco por parte do CEO. Um CEO que não vê unidade em seus conselheiros talvez precise fazer suas próprias escolhas ou tente atender a todos, o que seria um desastre.

Os diretores de Conselho comungam o entendimento de suas responsabilidades e do mandato que exercem, atuando com decisões compartilhadas. Com essa mentalidade, as conversas fluem naturalmente, todos têm vez e voz e as deliberações acontecem com maior sintonia, embora a falta de consenso não impeça as resoluções. Um *chairman* muito voltado a consenso pode perder a agilidade. De forma análoga, decisões apressadas podem ser perigosas. O diálogo é a força vital dos grupos onde o propósito comum se sobrepõe às questões de poder. Por outro lado, o confronto também existe, pois trata-se de um recurso poderoso para o escrutínio das informações apresentadas, para o contraponto e para a análise de dualidades que muitas situações paradoxais exigem. O confronto de ideias, os questionamentos e os debates rigorosos sobre incertezas fazem parte da dinâmica construtiva, principalmente em setores com maior imprevisibilidade. Um Conselho fraco pode enfraquecer a atuação de um CEO ou transformá-lo no porta-voz apenas de boas notícias, ao rejeitar a realidade. Seguindo o espírito de equipe, seus membros devem praticar a honestidade intelectual, explicitarem fragilidades e não se excederem na força de seus argumentos. Um grupo efetivo mantém suas relações por meio de um processo virtuoso de confiança e franqueza.

Outro aspecto que as práticas precisam contemplar para que a organização tenha agilidade corporativa é o discernimento do que é relevante. Saúde financeira, performance e exercício da liderança são temas do cotidiano dos Conselhos. E para que essas análises sejam efetivas no breve tempo de que se dispõe, é preciso planejar as reuniões e ter a inteligência de dados. O plano de cada reunião é elaborado pelo secretário e contém a pauta com os tempos previstos. Uma reunião mal planejada pode render muito pouco. É preciso estar atento ao planejamento. A diretoria executiva pode solicitar a inclusão de temas, mas o plano é de responsabilidade do CAD. As informações, por sua vez, serão apresentadas de forma assertiva, organizada e inteligível. A disponibilidade de informações confiáveis e valiosas é a base de muitas decisões. A reunião será produtiva se todos receberem as mesmas informações antecipadamente e puderem analisá-las sem precisar consultar outras áreas fornecedoras de informação. É inconcebível que a baixa qualidade informacional continue sendo uma causa recorrente de ineficácia da diretoria, que usará seu tempo e energia procurando entender a origem e o significado dos dados. Quer seja por falta ou por excesso de informação, isso, infelizmente, ainda é uma realidade que precisa mudar.

O foco na agilidade pelas PRÁTICAS

As práticas dos conselhos serão efetivas se suas dinâmicas forem sadias. Munida da inteligência de dados, do sentimento de ser uma unidade coesa, do diálogo aberto instituído e dos debates sobre o que é relevante, será possível fortalecer a resiliência e abrir o caminho para a adaptabilidade e para a exploração de novas oportunidades. As práticas ágeis são o mecanismo indutor da ação institucional.

Há Conselhos que gastam a maior parte do seu precioso tempo discutindo sobre informações do mês anterior, principalmente as financeiras. Na verdade, costuma haver demasiada discussão sobre resultados financeiros, operações e compliance. Isso não significa que essa análise seja desnecessária ou menos importante. O CAD deve supervisionar as práticas de maneira diligente, aconselhando os gestores. Mas costuma sobrar muito pouco tempo para discutir o futuro da organização, a estratégia, os processos sucessórios, as tendências e incertezas externas, a vitalidade e longevidade da organização. Dessa forma, as contribuições mais efetivas ficam à deriva, frustrando aqueles que pretendiam dar contribuições de maior valor. Um mecanismo direcionador, como colocar nos primeiros momentos da pauta os assuntos estratégicos, seguido pelos temas de rotina, pode alavancar a prioridade, que, assim como a adaptabilidade, é um componente importante da agilidade.

Disfuncionalidades nas **PRÁTICAS**:

As práticas podem estar distorcidas quando há foco em processos operacionais, conselheiros com pouca participação, incapacidade de escuta e inadequada habilidade comportamental nas discussões. Um sintoma de risco é o comportamento frequente de um Conselho que só aplaude ou tem um comportamento predominantemente passivo. O Presidente do CAD tem um papel destacado no que se refere à dinâmica do grupo. Cabe a ele conduzir as reuniões e fazer com que as práticas sejam efetivas.

A AUTONOMIA

A autonomia trata da descentralização e do empoderamento da diretoria executiva, assim como da gestão da organização. Mais do que prover autonomia, é preciso saber o que se pode perder com sua falta. A excessiva centralização na tomada de decisão pelo Conselho pode produzir letargia e minar a energia do CEO, dos executivos e dos colaboradores. Ao contrário, a responsabilização pelo empoderamento é uma ação motivadora e dá agilidade nas pontas, fazendo com que uma organização responda prontamente às mudanças no ambiente externo. É por isso que um Conselho não deve interferir na gestão, e sim saber analisá-la e, sobretudo, estimular a diretoria executiva a empoderar seus líderes em prol da agilidade. A autonomia não implica em desgoverno e pode bem conviver, simultaneamente, com o controle e a liberdade de ação. É dessa forma que o livre-arbítrio se torna parte da solução.

A autonomia também deve mitigar os efeitos da hierarquia e estimular os processos para a integração horizontal. A excelência operacional, a inexistência de silos, de sombreamento de atividades e de burocracia não são opcionais em ambientes dinâmicos, são imperativos. Os mecanismos de incentivo e as métricas devem estar a serviço do resultado final e do espírito de equipe. A agilidade se concretiza nas mudanças por meio de redes de pessoas que se movimentam em função de um propósito e da confiança que lhes é assegurada, sem heroísmos. O triunfo de heróis não pode se sobrepor à fluidez das equipes multifuncionais. Equipes dinâmicas, recursos mutáveis e capacidade multidisciplinar são componentes de uma organização cuja autonomia é um atributo regular.

O foco da agilidade na AUTONOMIA

O empoderamento de equipes autônomas não encontra barreiras para a entrega de serviços superiores. A autonomia confere responsabilidade e pressupõe flexibilidade de coordenação e ação. Nessa situação, aumentam as chances de entregas pela agilidade, com precisão e um elevado valor na percepção dos clientes. A essência da autonomia está na integração horizontal da empresa e na força que a motivação pela descentralização pode proporcionar.

Cabe então ao Conselho de Administração confiar e delegar as ações de execução à diretoria executiva, orientar os dirigentes para que exerçam sua função de forma produtiva e utilizar os mecanismos adequados de controle, principalmente quanto às práticas de gestão de pessoas e ao trabalho em equipe. Esses mecanismos incluem conhecer as pautas da diretoria executiva, acompanhar os indicadores de excelência operacional e cobrar o CEO para exercer agilidade na gestão dos talentos da companhia.

Disfuncionalidades na **AUTONOMIA**:

Existem poucos sintomas preditivos claros quando se trata de autonomia, mas algumas consequências não exclusivas podem ser monitoradas. É preciso estar atento às causas do baixo desempenho e às realizações da empresa, sobretudo quanto à inovação. A ausência de más notícias pela diretoria executiva deve acender um alerta e a perda de talentos e um clima organizacional em declínio merecem toda a atenção.

OS RISCOS

Na dimensão "**RISCOS**" são analisados os processos que podem exigir a intervenção do Conselho: a probabilidade de ocorrência de riscos elevados e as situações de conflito. Trata-se de atividades que demandam tomada de decisão imediata; do contrário, podem resultar em danos para a organização. Não há espaço para a morosidade quando é necessário acionar mecanismos de proteção.

Cabe ao Conselho cobrar que a diretoria executiva apresente, de forma antecipada, sistematizada e contínua, os riscos aos quais os negócios estão sujeitos. Nessa atividade, a responsabilidade dos acionistas passa por definir o nível de tolerância a riscos e aqueles que serão supervisionados pelo Conselho de Administração. As principais fontes de risco são as estratégicas, como as inovações de alto impacto, as disrupções no setor, as grandes apostas incertas e as iniciativas de alta complexidade, mas também eventos de consequência reputacional ou legal. Esse é o foco da supervisão dos riscos quando se trata de governança. A agilidade no que tange a riscos está na capacidade de adaptação do gerenciamento de risco para que as respostas às mudanças no mercado ou para que as necessidades dos clientes aconteçam a contento, de forma tempestiva. O monitoramento dos riscos é uma atividade regular, frequente. Assim, será possível antecipar e se preparar para mudanças que possam produzir

O foco na agilidade quanto aos RISCOS

Os conflitos e as ameaças são eventos incertos, mas previsíveis, em algumas situações conhecidas, como as sobreposições de papéis e poder que há em empresas com controle familiar. Já os riscos estratégicos têm fontes conhecidas, como a probabilidade de novos entrantes no mercado. A maior agilidade está na antecipação de respostas aos riscos, na mentalidade estratégica sempre ativa e na prevenção por meio de mecanismos formais acordados. Esses procedimentos facilitam a tomada de decisão, profissionalizam e melhoram a gestão, evitam disputas prolongadas e aumentam a geração de valor para todas as partes.

benefícios no longo prazo. A organização como um todo deve ser capaz de ajustar sua direção a qualquer momento se a análise de riscos assim sinalizar.

Já os conflitos internos ocorrem habitualmente entre as instâncias da propriedade, do Conselho e a direção estratégica, quando há interesses divergentes. Os mecanismos para lidar com essas situações devem responder pronta e eficazmente aos anseios das partes. Isso se faz por meio de regras de funcionamento, papéis e padrões de comportamento que visam fortalecer a missão e o propósito maior da organização. Para ser ágil, a gestão de conflitos deve se adiantar às reações e resistências com medidas preventivas. O diálogo frequente e o engajamento de stakeholders são recursos preventivos valiosos. E, à medida que as incertezas surgem, é preciso reforçar os compromissos e papéis acordados.

Disfuncionalidades na gestão de **RISCOS** e **CONFLITOS**:

As intercorrências organizacionais exigem prontidão. Se há espera de reunião para que se tomem decisões sobre riscos ou uma dependência de informações precisas para se decidir, pode estar ocorrendo algum desajuste. Os pedidos por mais informação às vezes são um escudo para não decidir, para a postergação. Na maioria das vezes, inexistem informações completas, pois o Conselho trata de questões ambíguas.

A ESTRATÉGIA

A dimensão "**ESTRATÉGIA**" é a que mais poderá se beneficiar da agilidade. A estratégia trata do futuro da organização e essa é uma atribuição central do Conselho de Administração e da diretoria executiva. Há dois níveis de estratégia: o da estratégia corporativa e o da estratégia dos negócios. Geralmente, o Conselho de Administração é o responsável pela elaboração da estratégia corporativa e a diretoria executiva pela formulação das estratégias dos negócios. Nessa divisão de atribuições, cabe ainda ao CAD orientar sobre a direção dos negócios, recomendar oportunidades, homologar as estratégias dos negócios e monitorar sua execução.

A tradicional visão de longo prazo como caminho determinístico abre espaço para movimentos e ajustes de um portfólio de negócios e investimentos que precisa se manter balanceado e em sintonia com as mudanças no ambiente externo. Ou seja, há um novo contexto e uma lógica diferente de competição da qual a governança corporativa deverá se apropriar. As incertezas no ambiente de negócios e sua dinâmica afetam também as estratégias corporativas, apesar de sua maior estabilidade, previsão e orientação de longo prazo.

Os produtos e negócios são afetados pela volatilidade crescente, fazendo com que as vantagens competitivas tenham ciclos de vida de menor duração.

Portanto, para se manterem competitivas no mercado, as organizações terão que se amoldar periodicamente e possuir estratégias com menor tempo de duração. Como consequência, os ganhos de eficiência e escala terão também ciclos menores. Por isso, a depender da maior ou menor dinâmica do setor, as empresas precisarão tanto de estratégia quanto de processos de execução mais dinâmicos. Outro fator relevante para a agilidade é o aumento das variáveis críticas de análise estratégica no contexto empresarial. A competição em ecossistemas, a criação de valor para a sociedade e para o planeta, modelos de negócio disruptivos e tecnologias exponenciais são exemplos de novos elementos estratégicos que geram vantagens competitivas. Portanto, eles passam a ser objeto de análise na diretoria executiva e no Conselho, que precisa estar próximo dessa realidade. Caso contrário, ela terá dificuldade de acompanhar a dinâmica dos mercados e não exercerá adequadamente seu papel.

O foco na agilidade pela ESTRATÉGIA

A estratégia corporativa visa manter a dinâmica e a estabilidade de uma empresa para fomentar a agilidade. A estabilidade serve de guia no enfrentamento da complexidade, do crescimento e das questões difíceis e desafiadoras. O dinamismo é estimulado pela definição de movimentos estratégicos grandes e arriscados, muitas vezes inovadores. No nível dos negócios, a agilidade acontece pelo propósito inspirador, pela exploração de oportunidades de uma forma abrangente e por uma direção singular clara. Na gestão da estratégia, a agilidade é mantida pela competência em lidar com os maiores desafios da execução e pela possibilidade de adaptação constante e oportuna.

Em ambientes dinâmicos, a execução da estratégia e sua gestão são ainda mais essenciais para o alcance dos objetivos estratégicos. O Conselho verificará se foram providos os recursos que garantem a implementação bem-sucedida das iniciativas estratégicas, acompanhará seu desempenho e realocará os investimentos conforme necessário. Ter os recursos financeiros para que os investimentos aconteçam é básico. Mas é imprescindível garantir capacidades necessárias à execução, como competências, tecnologias, equipamentos e instalações. A estratégia corporativa será explorada em mais detalhes na próxima seção deste capítulo (2.3), e a estratégia ágil está descrita nos Capítulos 4 e 5.

Disfuncionalidades na **ESTRATÉGIA**:

Perante a alta imprevisibilidade sobre o futuro, a volatilidade e a necessidade de se fazer escolhas consistentes, desvios são passíveis de acontecer. A insegurança psicológica para tomar decisões difíceis, a harmonia aparente, o conflito de prioridades ou a falta delas, a paralisia e até a defesa de interesses que não favorecem o todo são disfunções típicas da presença da incerteza sobre o futuro nas organizações.

OS ÓRGÃOS

Esta é a dimensão que se refere especificamente aos comitês do Conselho de Administração e à sua relação com os executivos. Os comitês têm como objetivo primário apoiar o Conselho em suas deliberações ao se aprofundarem em análises e estudos sobre os assuntos estipulados. Dessa forma, eles são instrumentos diretos para o aumento da agilidade corporativa. Outros órgãos de governança, como o Conselho de Família, por exemplo, não serão objeto de análise neste tópico, uma vez que estamos focando órgãos que têm relação direta com as funções executivas. As situações específicas que podem ser tratadas na forma de comitês incluem a própria estratégia dos negócios, recursos humanos, finanças, tecnologias, riscos, entre outros. Um comitê de governança corporativa pode ser criado para tratar até mesmo da governança do próprio Conselho, gestão de riscos, compliance e remuneração. Os comitês são formados por membros do Conselho com a participação de profissionais da empresa. Essa prática aproxima a governança da realidade empresarial, facilitando as decisões sem, contudo, haver interferência na rotina organizacional.

Os comitês serão ágeis se funcionarem em estruturas baseadas em times multifuncionais, de forma similar ao que foi recomendado para o funcionamento do Conselho. Os comitês são formados por pessoas de diferentes áreas para resolverem problemas à medida que eles surgem, com responsabilidade de ponta a ponta. As organizações que aderiram à agilidade organizacional por meio de equipes sinérgicas foram as que mais se desenvolveram.

O foco da agilidade nos COMITÊS

A formação acertada dos comitês acelera e eleva a qualidade dos trabalhos do CAD. A ênfase deve estar na composição complementar, na competência técnica e gerencial e na habilidade de trabalho em equipe. Nesse contexto, é importante assegurar que a motivação esteja presente e que os recursos necessários estejam disponíveis. O componente final para a agilidade é a dedicação. Um tempo razoável de dedicação às tarefas, evitando-se o conflito com rotinas, é o ingrediente para uma ação diligente.

O mercado digital é um exemplo concreto dessa realidade, uma vez que sua origem se deu por equipes integradas pela cooperação. Os comitês são especialmente eficazes quando o desafio requer unidade e adaptação. Nessa condição, os benefícios das equipes vão desde a economia de tempo e custo, passando pela experiência proporcionada pela diversidade de conhecimento, até a viabilização do crescimento no mercado. A natureza dos comitês é a coesão para o alcance de metas comuns.

Disfuncionalidades nos **ÓRGÃOS**:

A falta de ritmo nos trabalhos realizados pelos comitês é o principal sintoma de risco. A partir dele, outros tantos podem derivar. Um comitê é como um time de projeto que tem o objetivo comum de entregar algum produto ou resultado. Por isso, ele precisa ter método e *accountability* antes de tudo. A ausência de um clima de confiança, onde as pessoas não expressam aberta e prontamente suas opiniões, a falta de transparência nas relações para lidar com conflitos e deficiências, e a falta de comprometimento são disfuncionalidades que podem tornar as tarefas menos atraentes e produtivas, comprometendo o resultado.

CEOs

O Conselho de Administração é o responsável pela contratação, pela gestão do desempenho do CEO e por sua sucessão ao longo da vida de uma empresa. As organizações enfrentam diferentes desafios a cada momento de seu ciclo de vida, assim como no setor em que atuam. Quando os diretores do Conselho identificam claramente o momento da empresa, seu grau de maturidade e os desafios para os próximos anos, o caminho está traçado para determinar o perfil mais adequado para dirigi-la. A partir desse ponto, decide-se pela continuidade do CEO atual ou inicia-se a busca por um novo CEO, que pode estar dentro da própria empresa. Pesquisas recentes mostram que as chances de se identificar um CEO de nível excepcional fora da empresa é duas vezes maior do que dentro. No entanto, os melhores líderes são desconhecidos no mercado, porque estão dentro da própria empresa e devem ser priorizados no processo. A procura por um talento dentro de casa para a sucessão do CEO não pode ser jamais desconsiderada.

Tanto na contratação quanto na avaliação de desempenho do CEO, é essencial que atributos de resiliência e agilidade estejam presentes. A prontidão e a flexibilidade organizacional decorrentes desses dois atributos são condições necessárias em qualquer momento, uma vez que as pessoas, a amplitude e as práticas da empresa evoluirão. A avaliação do CEO é um processo delicado, uma vez que estamos lidando com a pessoa com a maior possibilidade de determinar o resultado da organização. Se realizada de forma colaborativa e participativa, permitindo-se percepções de julgamento, as chances de a

> **O foco da agilidade na relação com o CEO**
>
> A agilidade na contratação, avaliação e sucessão do CEO está centrada nas contribuições que ele é capaz de entregar e no valor intrínseco do relacionamento com todas as partes. Nesses campos de atuação, as capacidades de adaptação estratégica, de resiliência, de inovação e de criação de valor merecem maior atenção.

avaliação ser bem-sucedida aumentarão. Pelo significado dessa avaliação e pela escassez da literatura no contexto de alta imprevisibilidade, a segunda parte deste capítulo é dedicada a essa temática.

O CEO sempre terá um papel relevante nas reuniões do Conselho, uma vez que é ele quem detém o conhecimento sobre a performance geral da empresa. No entanto, ele não deve utilizar o tempo da reunião para apresentar números sobre o desempenho. Para maior agilidade, as informações deverão ser enviadas previamente aos conselheiros, e o papel do CEO será explanar e solucionar eventuais dúvidas. As informações enviadas não podem ser excessivas, a ponto de ninguém conseguir avaliar, tampouco insuficientes para a análise.

Disfuncionalidades na relação com o **CEO**:

As decisões mais difíceis do CAD envolvem a contratação e a demissão de um CEO. Entre esses dois momentos está a avaliação, sujeita à subjetividade e à emoção, com consequente e natural incerteza por parte dos conselheiros. Um CEO que permanece numa organização por muito tempo cria vínculos arraigados, que desafiam a isenção e a neutralidade de conselheiros. Os dilemas entre capacitar e demitir, alinhar o perfil do CEO com a cultura organizacional e o momento da empresa são questões difíceis e nem sempre tangíveis. A complexidade e a incerteza sempre existirão. No entanto, a protelação pode ser um mecanismo inconsciente e nefasto, uma disfuncionalidade perigosa. A estrita transparência entre os conselheiros e o CEO, por mais árdua que seja, é muito positiva quando prevalece o respeito e a independência. É na empresa que deve estar o foco e é necessário agir quando chegar a hora, um preceito fundamental da agilidade corporativa.

STAKEHOLDERS

A dimensão "STAKEHOLDERS" contempla as principais relações externas do CAD e da diretoria executiva. Um Conselho atento a questões externas que interferem na dinâmica organizacional busca, de forma sistemática, compreender as expectativas de sócios, investidores, acionistas e financiadores e os interesses da sociedade no contexto empresarial preponderantemente.

Há investidores que não dominam a dinâmica empresarial por estarem distantes, mas que possuem conhecimento apurado sobre o mercado e a concorrência. Suas manifestações, de qualquer natureza, precisam ser acolhidas e analisadas pelo Conselho. Quando estruturadas, as áreas de relação com os investidores podem suprir o Conselho com informações sobre as necessidades e preocupações das partes relacionadas, sobretudo quando se trata de acionistas minoritários.

O Conselho precisa certificar-se de que a diretoria executiva atende aos interessados externos de forma cuidadosa e, quando necessário orientá-la nesse sentido. A transparência e as informações precisas garantem o conforto dos diversos públicos em relação à companhia. Relatórios públicos sobre responsabilidade social e ambiental, política de dividendos, investimentos e desinvestimentos, além de direção estratégica são alguns dos tópicos de interesse do público mais alheio ao dia a dia da instituição. A boa comunicação externa é um instrumento poderoso para dar transparência às atividades empresariais, proporcionando um clima de confiança que melhora a imagem e a reputação institucional.

> **O foco da agilidade na relação com STAKEHOLDERS**
>
> A construção de relações de confiança é o fator chave para a criação de valor duradouro. Um conselho é ágil quando consegue manter relações positivas com stakeholders-chave, assim gerando benefícios para todas as partes. A agilidade tem que existir também na responsividade, que deve ser célere. A prontidão no atendimento de forma precisa deve predominar nas relações, mesmo que a resolução de uma solicitação possa demandar mais tempo. Se as esperas forem gerenciadas, a percepção de agilidade por parte dos stakeholders permanecerá elevada.

Em um mundo complexo, os investidores ativistas que circulam em muitas empresas podem ser ameaças em determinados momentos. Um Conselho próximo, que envolve os acionistas e compreende suas preocupações, consegue lidar com os relacionamentos de forma positiva. O Conselho deve compreender e acompanhar a relação entre a diretoria executiva e os parceiros da organização e envolver acionistas e stakeholders críticos nas decisões de longo prazo sob sua atribuição.

Para ter agilidade na relação com os stakeholders é preciso estruturar as práticas que sustentam os diversos interesses, mapear e balancear influências, além de gerenciar as expectativas de diferentes stakeholders, que, às vezes, têm interesses próprios e conflitantes. Nas práticas, devem estar contidos os princípios da informação clara e aberta, da prestação de contas, da conformidade (responsabilidade corporativa) e do tratamento justo e igualitário a todos. Além das medidas informacionais, as boas práticas incluem o planejamento e a condução assertiva das reuniões de sócios ou da assembleia de sócios e a de acionistas.

Disfuncionalidades na relação com **STAKEHOLDERS**:

Quando há desequilíbrio na criação de valor para os acionistas e os demais stakeholders, há uma anomalia na governança. O manifesto divulgado pelo Fórum Econômico Mundial, no âmbito do capitalismo de stakeholders, destaca a declaração de que o modelo centrado apenas nos acionistas não atende à realidade do século atual. Cada stakeholder é essencial para o desempenho e a perenidade dos negócios. As exigências por maior atenção, o clima hostil na relação com stakeholders externos, os sinais de desconfiança e as divergências são sinais do grau de disfuncionalidade em relações que precisam ser reconciliadas.

As dimensões de governança corporativa ajustadas aos novos desafios empresariais conduzirão a melhores decisões e à efetividade. A agilidade no Conselho de Administração trará resiliência nos momentos difíceis e adaptabilidade em um mundo em mudança. Os Conselhos também têm que exercer sua liderança de forma antecipada e adaptativa, mantendo suas responsabilidades de supervisão, aconselhamento e sinalização da visão de longo prazo.

As dimensões da governança que envolvem a agilidade podem ser o instrumento complementar de avaliação da performance do próprio Conselho. Para isso, basta incluir questões-chave para avaliar o grau de coesão e coerência do grupo e as decisões e contribuições coletivas que estão gerando resultados efetivos. No nível individual, é preciso verificar, adicionalmente, se as contribuições esperadas por cada membro, com base em sua *expertise*, experiência, imparcialidade e capacidade de escuta ativa, são satisfatórias e adequadas. O exercício de avaliação integral do CAD, quanto ao desempenho, é uma forma de certificar-se de que a agilidade corporativa está acontecendo, mantendo assim a organização saudável, no caminho da longevidade.

2.3 O papel do Conselho na estratégia

A participação do Conselho de Administração na estratégia e suas responsabilidades têm sido um assunto controverso por algumas razões. Uma delas se relaciona à duplicidade de papéis. Há Conselhos que têm executivos da empresa como membros e existem diretorias executivas com diretores do Conselho, embora essa não seja uma prática recomendável. Há também muitos Conselhos que se concentram exclusivamente na agregação de valor por meio das perspectivas operacionais, financeiras e legais dos negócios.

A realidade tem demonstrado que existem desde os que acreditam que a formulação da estratégia é de total responsabilidade da diretoria executiva, cabendo ao Conselho a sua homologação, até os que creem que essa é a função primária dos diretores do Conselho. E há quem defenda que essa tarefa é de todos, pois a missão de ambos é igual: proteger o patrimônio, aumentar o valor da empresa no longo prazo e maximizar o retorno dos investimentos.

Mas a resposta a essa questão não pode estar nos extremos. Como não permitir que os conselheiros elaborem algo relacionado à sua função de zelar pelo futuro? Ou como dar liberdade para que o CEO e seus diretores formulem a estratégia se são eles os executivos e os tomadores de decisão sobre a gestão? É possível operacionalizar a formulação da estratégia com todos se os tempos de dedicação são tão diferentes?

A expressão "noses in, fingers out" tem sido muito utilizada para referir-se à função e aos limites do Conselho de Administração. Esse mantra é interessante porque alerta para que o conselheiro não interfira nas funções executivas (fingers out), sobretudo na gestão, embora deva acompanhar de perto o que acontece na organização (noses in). Entretanto, é uma expressão simples demais, que pode levar a interpretações equivocadas. Seu significado não pode deixar de lado dimensões cruciais da governança do Conselho, como a análise estratégica e a liderança na especificação dos resultados organizacionais esperados, pois suas responsabilidades são estratégicas e generativas, além de fiduciárias. O "farejar" coisas ruins (riscos) não restringe o valor de longo prazo que o Conselho entrega; "farejar" uma estratégia definida pode ser insuficiente. O Conselho não pode ser somente o homologador do assunto mais importante de toda a empresa.

A responsabilidade pela estratégia é do Conselho e da Diretoria Executiva, com níveis de contribuição diferentes. A sua formulação é um projeto com início, meio e fim, e sua execução é realizada por meio de vários projetos. Portanto, é necessário ter líderes com capacidade para gerenciá-los. O maior interessado no sucesso da estratégia é o CEO da empresa, porque ele responderá pelos negócios por ser essa sua atribuição central. A responsabilidade pela formulação e sua execução lhe dá atribuição integral, de ponta a ponta, que é a melhor prática empresarial. Mantendo a lógica de realização de um trabalho temporário, é necessário que a formulação tenha um *sponsor*. A sugestão é ter o Presidente do Conselho nesse papel, que também poderá contribuir no processo, o que reforça o senso de propriedade e a coalizão.

Quanto ao escopo das partes, a boa prática é delimitar a responsabilidade do Conselho à estratégia corporativa, às orientações para a formulação das estratégias de negócio e sua homologação. Essa é a divisão mais usual, sujeita a eventuais ajustes pelas especificidades de cada organização. O Conselho de Administração, ao zelar pela perenidade da empresa, assegura agilidade pela estabilidade e dinâmica no longo prazo, na forma das definições institucionais que compõem uma estratégia corporativa. A estabilidade é necessária para resguardar os aspectos perduráveis, relevantes para lidar com a complexidade, o crescimento e a longevidade. A dinâmica da organização é necessária para antecipar e adaptar-se às mudanças externas, promover a inovação estratégica e garantir uma melhoria sustentável. Também cabe ao Conselho traduzir os interesses e expectativas dos acionistas, recomendar oportunidades estratégicas e compartilhar a visão dos conselheiros sobre o futuro. A Figura 04, apresenta as definições institucionais de uma estratégia corporativa, definidas e mantidas pelo Conselho de Administração.

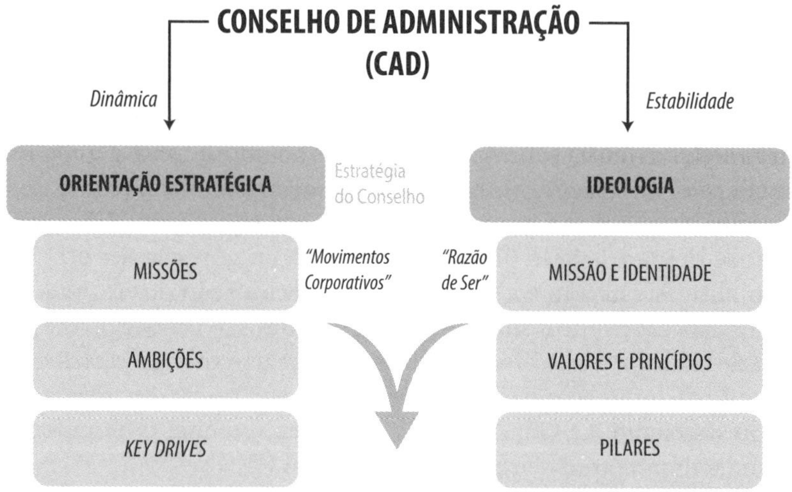

Figura 04 • As Definições Institucionais de uma Estratégia Corporativa

A estabilidade é representada pela ideologia, pelo alcance que uma empresa tem no mercado, seu posicionamento institucional e seu papel na sociedade. Os atributos mais comuns dessa representação são sua missão e/ou identidade, os valores e princípios e os pilares da estratégia corporativa. A missão é a razão de ser, o motivo pela qual uma organização existe. Uma missão pode incluir o propósito, se esse for um elemento mais estável no campo de atuação da empresa, ou o propósito pode ser enunciado à parte, compondo a estratégia dos negócios. Uma boa definição de identidade procura explicitar o caráter da organização por meio de atributos centrais, aqueles que refletem sua história, suas raízes e o que a distingue das demais no mercado. Os valores e princípios são as crenças compartilhadas pela empresa entre seus parceiros e colaboradores, demonstrando o dia a dia de suas atividades, o comportamento organizacional esperado. Os valores praticados são o principal fator de definição da cultura. Ainda sobre a ideologia, algumas organizações costumam definir pilares, os campos de esforço nos quais a empresa precisará se concentrar ao definir estratégias, o foco organizacional e os desafios futuros. Eles são também chamados de "campos de batalha a vencer" e são muito convenientes para a comunicação com diferentes públicos. A Amazon, por exemplo, iniciou suas atividades com três pilares — a maior variedade de produtos, melhor preço e entrega rápida —, que, com o tempo, foram internalizados e depois adaptados a novas realidades.

A dinâmica das organizações é representada nas definições institucionais pela orientação estratégica de longo prazo, conhecida também como Estratégia do Conselho (*Board Strategy*). Especialmente útil para empresas que têm mais de um negócio ou filiais em outros países, trata-se de um conjunto de decisões estratégicas essenciais acordadas com os acionistas. Caracteriza-se como um plano, cujos atributos mais comuns são os movimentos estratégicos, as ambições e os principais motivadores (*Key Drivers*). Os grandes movimentos (globais, no caso de empresas internacionais) envolvem alto risco, investimentos e/ou desinvestimentos significativos e são decididos em comum acordo com os sócios ou acionistas majoritários, o representante dos acionistas minoritários e os investidores. São exemplos de movimentos estratégicos corporativos:

- As decisões prévias de crescimento inorgânico (fusões e aquisições, contratos e licenciamentos de longo prazo e quaisquer tipos de alianças estratégicas);
- As necessidades de desmobilização de alto custo;
- A opção por internacionalizar ou exportar produtos e serviços;
- A descontinuidade de negócios, participações ou presença em determinados países/regiões;
- A decisão pela atuação em redes ou ecossistemas de negócios que envolvam alto risco ou investimento;
- As apostas de desenvolvimento de novos negócios e/ou de uma nova arquitetura de marcas;
- A mudança de vetor estratégico ou ênfase em certo posicionamento.

Em setores de maior previsibilidade, é possível também definir a visão de longo prazo como mais um elemento dinâmico do plano, uma vez que há uma estabilidade preditiva razoável. Há também empresas que, mesmo estando em ambientes sujeitos a maior dinâmica, optam por definir uma visão. Essa é uma escolha pertinente, pois indica uma direção futura, sujeita a adaptações e que dá sentido aos movimentos.

As ambições se referem às metas de toda a organização no longo prazo, as quais podem ser detalhadas por negócio ou por ano. São exemplos de ambições o crescimento do volume de vendas líquidas e as projeções dos indicadores de performance econômico-financeira, como o EBIT.

Já os *Key Drivers*, ou motivadores principais, são fatores que afetam a organização. Um *Key Driver* tem um grande impacto sobre o bom desempenho dos negócios e faz com que as ambições sejam alcançadas. Por exemplo, a ambição de crescimento do volume de vendas pode incluir fatores-chave, como o crescimento estável do mercado, a defesa de participação no mercado (*market share*), o lançamento de novas marcas, o impulso das vendas diretas, a exploração de um novo mercado em certo país ou mesmo a eficácia de precificação.

A partir dessas definições, o Conselho pode, de forma complementar, estabelecer diretrizes institucionais para o curto, médio e longo prazo a partir da compreensão que detém sobre tendências e incertezas externas, a relação com stakeholders externos e o conhecimento sobre os negócios. Esse modelo de orientação estratégica atende plenamente grandes organizações e organizações globais. No caso de organizações de médio porte, com menor complexidade organizacional e poucos negócios, a estrutura que estamos propondo pode ser a simplificada. O escopo de orientação estratégica pode ser reduzido, com menos componentes ou mesmo substituído por uma pequena lista de diretrizes, mantendo-se a ideologia com uma missão e valores, que são os pilares básicos da estabilidade corporativa.

Uma vez definida e divulgada a estratégia corporativa, inicia-se a formulação da estratégia dos negócios. O CEO então lidera o processo de formulação que, quando concluído, é apresentado ao Conselho para sua homologação. A etapa seguinte é a de planejamento da execução, que começa com a tradução em objetivos e metas e termina com a definição dos projetos estratégicos e a estimativa de investimento. O Conselho fará o monitoramento da execução para se certificar de que os objetivos estratégicos serão alcançados. É uma combinação conveniente e prática: o CEO e a diretoria executiva fazem escolhas estratégicas a partir das orientações institucionais fornecidas pelo CAD.

Entretanto, essa divisão de responsabilidades pode não funcionar a contento se os diretores do Conselho não avaliarem com acuidade a estratégia formulada e liderada pelo CEO. Esse deve ser um processo contributivo, nunca regimentar. O ideal seria ter o Conselho engajado durante o processo de formulação das estratégias de negócios, atuando na definição de opções estratégicas, na composição de valor para os negócios e na definição de metas; mas isso nem sempre é possível por causa de sua limitada presença na organização. As crises de 2008 e de 2020 mostraram claramente que as empresas de maior sucesso após o período de recessão foram aquelas que tinham o Conselho e a diretoria executiva como coautores das estratégias. Com a crescente complexidade e importância da estratégia, exige-se cada vez mais que os Conselhos se dediquem com maior intensidade ao tema. Outra maneira viável de envolver os diretores do Conselho é fazer entrevistas individuais para receber contribuições e certificar-se de que as decisões estejam acordadas. Uma sessão final, com a presença dos conselheiros para a consolidação das contribuições, pode apropriar o valor advindo do conhecimento coletivo. Basta reservar o tempo compatível para que as análises não sejam superficiais.

Acredito que os tempos de estratégias "de gabinete", restritas ao C Level, e de estratégias engavetadas estejam no passado. Os demais stakeholders não podem permanecer distantes do futuro da empresa; muito menos o Conselho. Ele é o principal guia da governança corporativa, devendo estar sempre ativo e receptivo a contribuições.

2.4 A avaliação de desempenho do CEO

Os processos de avaliação de desempenho profissional têm tido enormes avanços nas últimas décadas, a despeito das disfuncionalidades que ainda acontecem quanto à melhor forma de determinar métricas e da subjetividade inerente a algumas perspectivas de análise. Instrumentos de avaliação vêm sendo utilizados em todos os níveis, apesar do menor progresso quanto ao desenvolvimento de conhecimento sobre o principal papel na gestão das organizações, o do CEO. Ele é, sem dúvida, o maior responsável pelos resultados da empresa na qual serve. Nenhum cargo de liderança tem impacto superior ao dele no sucesso da organização. O CEO também é o mais poderoso, o mais bem remunerado e, em geral, o mais influente colaborador. Por isso, as expectativas do Conselho de Administração quanto a seu desempenho costumam ser altas. Entretanto, apenas três de cada cinco CEOs estão à altura do que se espera deles nos primeiros dezoito meses, embora essas expectativas acabem sendo atendidas se considerarmos o tempo de permanência, uma vez que os Conselhos mantêm seus CEOs nas empresas por mais tempo. Isso é o que revela uma pesquisa recente da SpencerStuart realizada com empresas que fazem parte da S&P 500 nos Estados Unidos. O ciclo de permanência médio está em 8,9 anos.

As diferenças entre os modelos existentes nas organizações para mensurar o desempenho do executivo evidenciam a menor maturidade sobre as variáveis de análise. O critério de avaliação da performance de CEOs mais utilizado é o valor gerado pelo CEO, especificamente o resultado financeiro, embora a maioria dos diretores de Conselho acredite que, de uma forma geral, existe um balanceamento entre os indicadores financeiros e os não financeiros.

No entanto, os resultados financeiros são influenciados por fatores que não estão sob controle do CEO. Por exemplo, há três anos, o Conselho de uma companhia autorizou um alto investimento em P&D por concordar com a diretoria executiva de que o portfólio de produtos e serviços ficaria obsoleto em alguns anos. Os colaboradores foram envolvidos num processo de geração de ideias e, ao final, foram escolhidas as iniciativas que demonstravam potencial técnico e de mercado. Nesse mesmo ano, os resultados foram aquém das metas, reduzidos inclusive pelos custos de desenvolvimento dessas iniciativas. Os resultados insatisfatórios persistiram nos anos seguintes, levando à substituição do CEO. No entanto, no primeiro ano do novo CEO, as metas que haviam sido acordadas com os acionistas foram superadas de forma extraordinária, resultando na distribuição de incentivos, na forma de bônus, a todos os executivos. As vendas dos produtos desenvolvidos nos últimos anos se tornaram a maior fonte de receita e lucro da empresa. Pode parecer inusitado, mas essa é uma situação rotineira nas organizações. Não há muita clareza de causa e efeito nas avaliações quando se utilizam critérios financeiros, de P&D e de mercado. Especificamente, as empresas não têm feito esse tipo de análise com regularidade, o que tem levado a premiações e/ou penalidades injustas.

A avaliação de um CEO pode incluir resultados financeiros se houver um nível de maturidade organizacional que permita a apuração fidedigna de resultados dos projetos no tempo, isolando-se os efeitos de outras variáveis sobre esses resultados. Ou seja, em alguns casos, é possível determinar causalidades, embora às vezes esse possa ser um trabalho dispendioso, complexo e incompleto. Por isso, a recomendação é concentrar-se nos aspectos que são diretamente controlados pelo CEO. O método de avaliação de excelência de CEOs desenvolvido pela McKinsey considera que 45% é a fatia que o CEO domina. Os 55% não controláveis são a receita, a dívida e os investimentos em P&D (30%) e as tendências setoriais e demográficas (25%).

CEOs com um claro discernimento de suas funções e responsabilidades concentram seus esforços em dois campos de desempenho: o de contribuição e o de relacionamento (Figura 05). O equilíbrio entre esses dois campos é o que torna um CEO eficaz, capaz de entregar alto valor para a organização e para seus stakeholders. Com elevado nível de contribuição, esses CEOs lideram a formulação de uma estratégia vencedora, são capazes de implementá-la com sucesso e garantem que a operação esteja alinhada com as decisões estratégicas e a entrega de resultados. Sua maior contribuição é a construção de um legado para a empresa e para a sociedade. Eles são igualmente eficazes em manter relacionamentos saudáveis com o Conselho, os clientes, os parceiros, as entidades externas e os colaboradores. Para isso, demonstram integridade e costumam levar uma vida plena no âmbito pessoal.

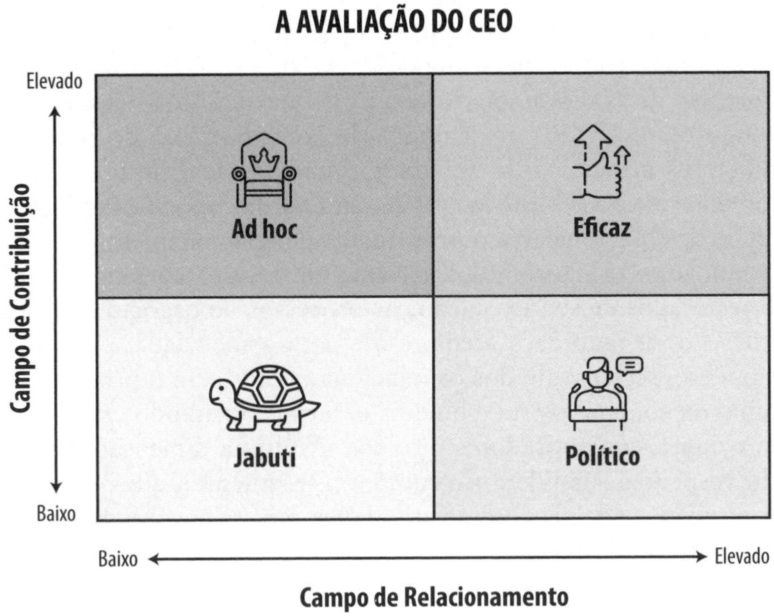

Figura 05 • O perfil absoluto do CEO Eficaz

Os CEOs que possuem baixa contribuição relacional e se concentram exclusivamente na entrega resultados (Ad hoc) são geralmente solitários, propensos a fazer mudanças difíceis e com finalidade definida, como os processos de turnaround, necessários em momentos de recuperação radical de valor. Com uma vulnerável aparência de segurança, evitam relações que possam expô-los, mantendo-se reservados. Diante de condições adversas, costumam se comportar de forma insensível e, por vezes, impositiva para conseguir resultados com base na advertência ou coação. O seu legado se restringe aos resultados econômico-financeiros gerados e a entregas restritamente inevitáveis na área social. São perfis de comando, com baixa empatia, que têm dificuldade de permanecer por mais tempo nas empresas. Já os CEOs com baixa contribuição e alto relacionamento são percebidos como pessoas que possuem certo carisma, mas que podem perder sua credibilidade como líderes se não entregarem os resultados que se espera deles. Assim, são vistos como políticos, no sentido desfavorável da palavra, por terem credibilidade duvidosa. As organizações que dependem preponderantemente de relações políticas costumam contratar CEOs com esse perfil, garantindo uma liderança quase paralela e complementar para sustentar resultados na operação. Por último, o CEO Jabuti, cada vez mais raro em empresas profissionalizadas, é aquele totalmente dependente, porque sem contribuições significativas e relacionamentos sólidos, só se mantém no cargo porque alguém com alto poder provavelmente está mantendo-o nesse lugar.

Um modelo de avaliação efetivo é aquele que analisa a liderança do CEO equilibrando os resultados nos campos da contribuição e do relacionamento ao adotar os princípios da agilidade organizacional de forma sistêmica. A Figura 06 apresenta o Modelo CORE, com oito campos de avaliação, sendo quatro deles de contribuição e outros quatro de relacionamento. Nos campos de contribuição, serão apreciados a estratégia formulada para os próximos anos, os resultados de sua execução, os processos de negócio e de suporte e a construção do legado para a empresa e para a sociedade. Nos campos de relacionamento, serão avaliados os relacionamentos com o próprio Conselho de Administração, com os stakeholders externos, incluindo clientes e consumidores, e com os colaboradores internos. A última dimensão de relacionamento diz respeito à sua liderança como um ser integral, que harmoniza seus vínculos afetivos e sociais com as atividades profissionais para garantir um saudável equilíbrio de energia.

A AVALIAÇÃO DE CEOS

O Modelo Core

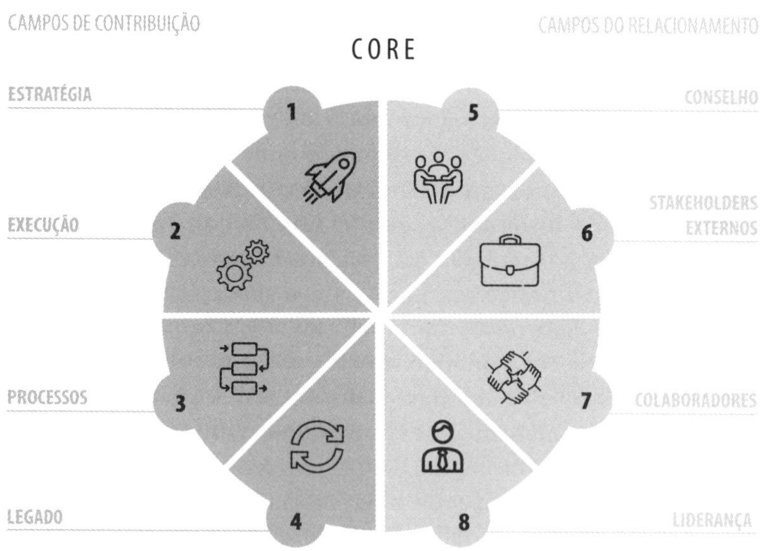

Figura 06 • O Modelo CORE de Avaliação de CEOs

Cada campo de avaliação contém três direcionadores-chave. Esses direcionadores são os itens pelos quais o CEO será avaliado. Os três direcionadores representam o respectivo campo por serem os mais relevantes estatisticamente. Eles devem atender à maioria das empresas que querem prover maior consistência ao processo. No entanto, outros direcionadores-chave poderão ser acrescentados se forem mais representativos para determinados setores ou segmentos de atuação em certo momento. Como exemplo, a entrada de certa empresa em novo negócio poderá representar uma vantagem competitiva elevada se ela adquirir competência em engenharia óptica. No entanto, as capacidades distintivas de uma organização, relacionadas com o campo "estratégia", não são avaliadas no Modelo CORE. Nesse caso, deve-se acrescentar esse direcionador — de aquisição da competência em engenharia óptica — na avaliação por sua relevância estratégica específica, e o resultado do campo de avaliação deverá ser ajustado, uma vez que passará a ter quatro direcionadores-chave.

Vamos agora compreender melhor o Modelo CORE explorando os campos de contribuição e seus direcionadores-chave.

A avaliação da estratégia

A avaliação da estratégia dos negócios considera o diferencial de mercado, a ousadia dos movimentos e o crescimento com inovação. O primeiro direcionador-chave avalia se o CEO consegue manter o diferencial estratégico no mercado e orientar a organização para a criação continuada de vantagens competitivas. Algumas informações podem subsidiar essa reflexão, como os diferenciais dos concorrentes, a percepção dos clientes sobre serviços prestados, os índices de fidelização e demais resultados obtidos com os diferenciais.

É preciso também avaliar se estão sendo realizados sistematicamente movimentos ousados por antecipação. O CEO deve fazer movimentos ousados que não sejam familiares à companhia, claramente assumindo riscos estratégicos para obter resultados superiores. Nesse quesito, há dois níveis de risco importantes: o nível de desafio que está sendo assumido e o pioneirismo no mercado. Os movimentos estratégicos antecipatórios são cruciais para que uma organização possa se estabelecer no mercado e sustentar vantagens por períodos maiores. Nesse momento, pode-se também avaliar a dimensão dos riscos e sua conformidade com a política corporativa de riscos.

Finalmente avalia-se se as bases para crescimento e inovação são consistentes e coesas em relação aos pressupostos estratégicos. Esse é um bom momento para nivelar as expectativas do Conselho e dos acionistas em relação à taxa futura de crescimento e sua possibilidade de realização. A coerência entre crescimento e inovação é outra análise importante, sobretudo quando se trata de competição em ambientes dinâmicos. A avaliação inclui os investimentos realizados, os que estão em andamento e os futuros. A inovação estratégica é vital para o futuro da organização e para garantir a agilidade organizacional e a ambidestria. Portanto, é preciso garantir que o portfólio de P&D e os novos modelos de negócio assegurem o crescimento pretendido.

A avaliação da execução

Avaliar a execução da estratégia é tão relevante quanto a própria estratégia, visando verificar se o desempenho está em conformidade com as estimativas e se os principais desafios estão sendo gerenciados a contento. Os seus direcionadores são a capacidade organizacional, a gestão de mudanças e a agilidade ao lidar com os desafios.

O processo de crescimento e inovação depende de uma gestão eficiente e das capacidades que possam suportá-los. A avaliação visa verificar se as capacidades estão sendo devidamente providas por meio do desenvolvimento de pessoas, da aquisição de talentos ou de contratação temporária para suprir todos os desafios futuros. Os recursos devem estar disponíveis no tempo certo e o clima organizacional precisa manter-se positivo. Os processos de crescimento e inovação também dependem de uma cultura propícia para que os desafios inerentes à complexidade e à singularidade estejam num ambiente onde a criação e o rigor coexistam no dia a dia.

A liderança do CEO e seu comprometimento são a essência da gestão de mudanças. É ele quem lidera com efetividade o processo de execução da estratégia, facilitando transformações e alertando quanto aos aspectos que devem ser preservados, como os valores. Os CEOs que consideram a execução como uma tarefa "abaixo deles" colocam em risco uma de suas funções mais importantes, pois uma estratégia bem formulada e não executada não tem nenhum valor.

Avaliação dos processos

Os processos representam a operação da empresa de forma ampla, incluindo seu *core* (processos centrais) e os processos de suporte aos negócios. Sua finalidade é o desempenho. Se a avaliação da estratégia e de seus processos for alta, há um forte indício de que a empresa pratica a ambidestria. Um CEO atento questiona o funcionamento dos negócios para que a melhoria contínua seja a prática corrente. Seus direcionadores são a excelência operacional, a integração horizontal e o empoderamento.

A excelência operacional não é mais uma escolha estratégica, como no passado. Em um mundo conectado pela tecnologia e de alta volatilidade, é imprescindível a excelência de ponta a ponta na composição de valor das empresas. Qualquer escolha estratégica pode ficar comprometida na ausência desse quesito. Um CEO não pode aceitar a burocracia, a dependência de heróis e a formação de silos. Na excelência operacional, todos trabalham em equipe para o resultado comum e para a melhoria contínua dos processos. Esse é o maior incentivo.

Embora a estrutura hierárquica seja uma opção a considerar em função de algumas estratégias, ela deve coexistir harmonicamente com a orientação horizontal, que deve prevalecer. A integração horizontal favorecerá a performance se reconhecer a flexibilidade como uma aliada e se estiver centrada no cliente. Abordamos um paradoxo essencial: a necessidade dos processos rígidos para a estabilidade, com a flexibilidade de adaptação necessária em um mundo dinâmico.

Diante da complexa realidade empresarial, o CEO precisa promover a autonomia com responsabilização. A centralização de decisões só se aplica em circunstâncias eventuais ou em relação ao alto risco ou alto dispêndio de recurso. O empoderamento aumenta a agilidade nas pontas onde há sinergia entre processos e equipes. É com o estímulo à tomada de decisão desconcentrada que a melhoria dos processos e a fluidez horizontal acontecem.

Avaliação do legado

O legado de um CEO é uma de suas contribuições mais nobres, pois amplia sua visão de mundo e seu nível de responsabilidade por meio de um novo modelo de liderança no século XXI. O legado do CEO abrange sua própria vida, a organização, as pessoas, o planeta e a sociedade. As entregas do CEO têm como foco a geração de valor para os stakeholders. Os direcionadores desse campo de avaliação são o impacto positivo, a liderança para o bem comum e o paradoxo entre desempenho e progresso.

O CEO precisa estar pessoalmente comprometido e engajado com o impacto positivo na sociedade, tanto no âmbito social quanto ambiental. Uma empresa deve gerar impacto positivo por meio da operação, favorecendo a comunidade local, promovendo inclusão e diversidade, e reduzindo o impacto negativo presente em alguns negócios, como os resíduos e a emissão de carbono. Uma organização responsável gera retorno financeiro, social e ambiental.

Quando um CEO age como um líder de legado, ele atua com responsabilidade em prol de servir a sociedade de forma transcendente na busca do bem comum. É hora de reorientar os esforços para aumentar a prosperidade econômica, contribuindo para um ambiente natural regenerativo saudável e melhorando o bem-estar humano. O CEO que transcende busca colaboração com diversas organizações para gerar prosperidade, atuando como um empreendedor social na busca de oportunidade para todos.

O legado será construído pela condução da empresa na busca do equilíbrio necessário entre o desempenho organizacional e o progresso da sociedade. O desempenho empresarial às custas do progresso social é insatisfatório e insustentável. A ação do líder vai exigir coragem para que ele possa atuar no desenvolvimento do sistema econômico, na maior justiça e no bem-estar. O desempenho econômico e o progresso social são a base do sucesso profissional e organizacional. O ser humano vive o significado de sua vida por meio do cuidado. Ao praticar o cuidado com os outros, as pessoas serão capazes de resgatar a própria dignidade.

Esses são os quatro campos de contribuição de um CEO. Na sequência, serão apresentados os campos de relacionamento.

Avaliação da relação com o Conselho

O convívio do Conselho com o CEO se caracteriza por uma relação aparentemente contraditória, se considerarmos que o Conselho deve apoiar o CEO e, ao mesmo tempo, manter sua independência e ceticismo, pois é ele que o avalia. Os diretores do Conselho também estão cada vez mais envolvidos com os negócios para garantir o futuro da organização. Por isso, o CEO precisa garantir um relacionamento sólido com o CAD numa convivência pautada pela parceria e sintonia plena. A maneira com que um CEO usa o Conselho pode definir a relação. Embora as definições de poder nem sempre sejam claras, a credibilidade de um CEO é construída quando ele ouve e aprende com o Conselho, mas também quando auxilia no desenvolvimento dos diretores do Conselho. Os direcionadores-chave na relação com o Conselho são a reflexão sobre o futuro, o conhecimento do Conselho sobre a organização e o desenvolvimento de suas capacidades.

O CEO deve estimular o Conselho de Administração a continuamente refletir sobre o futuro. As atas do Conselho devem reservar espaço prioritário para a reflexão estratégica e o questionamento da estratégia. Este é o principal instrumento de trabalho do CEO e da diretoria executiva, e ele precisa do conhecimento e da experiência do Conselho para fortalecê-la e mantê-la ativa. Por isso, é seu papel encorajar o Conselho a discutir as questões que mais importam. Afinal, ambos desejam o mesmo: o sucesso futuro da organização.

O relacionamento eficaz e de alto valor entre o CEO e o Conselho são as comunicações completas, francas e transparentes para que o conhecimento do Conselho sobre a organização seja elevado. O fluxo de informações deve ser livre e tempestivo. O CEO também deve expandir o relacionamento dos conselheiros aos principais executivos, além do C-level, para que eles possam conhecer melhor a empresa, entender as capacidades e ajudar a identificar futuros líderes. O relacionamento saudável entre os executivos e o Conselho tem como base a cultura da confiança.

O CEO também deve desenvolver as capacidades do Conselho. É ele quem garante essas capacidades para o exercício da governança corporativa e para o engajamento e integração de seus membros. Embora possa parecer contraditório na relação, o CEO precisa avaliar se a composição e a dinâmica do Conselho permitem que ele apoie adequadamente a diretoria executiva. A partir desse entendimento, o CEO terá condições de desenvolver as capacidades essenciais que o CAD, de forma integrada, precisará para o pleno exercício de suas funções. O presidente de Conselho é seu principal parceiro nessa ação.

A avaliação do relacionamento com stakeholders externos

Uma grande organização pode ter uma quantidade considerável de stakeholders externos, das mais variadas naturezas: sindicatos, credores, associações de classe, governo, investidores, líderes comunitários, clientes, fornecedores e muitos outros. O CEO por si só não seria capaz de lidar com todos eles. Mas a gestão de stakeholders, necessária para o estabelecimento de boas relações, é fundamental até nos momentos de crise. A gestão de stakeholders começa pelo mapeamento de todos eles, pela definição de responsabilidades de relacionamento, onde a comunicação assertiva e frequente ocupa um espaço distinto. O CEO deve gerenciar o relacionamento com as pessoas-chave e contar com a participação da diretoria executiva nesse processo. Os seus direcionadores são a gestão personalizada, o relacionamento de valor e a orquestração de parceiros.

Um CEO é bem avaliado quando gerencia e influencia stakeholders externos de forma personalizada, ao lidar com suas percepções e expectativas. Na relação direta com os stakeholders mais relevantes o CEO age proativamente na busca de oportunidades comuns, na troca de ideias, na superação de desafios que a empresa enfrenta e no entendimento das preocupações, expectativas e necessidades que eles possam ter. Especialmente em um mundo dinâmico, é preciso construir resiliência com os externos antes das crises e moldar opiniões quando necessário. Uma comunicação bem planejada pode aumentar a confiança e gerar vínculos duradouros.

No planejamento da gestão de stakeholders, deve priorizar-se o relacionamento de valor com os principais clientes e usuários. O tempo de um CEO é precioso, e os melhores clientes merecem atenção e cuidado por parte dele. Os encontros regulares com clientes estratégicos devem ser diligentemente preparados para que o valor resultante seja efetivo e percebido por eles. A eficácia do CEO na relação com os clientes está na criação de vínculos duradouros, no conhecimento que a empresa agrega aos negócios do cliente e na proposição única de valor de seu modelo de negócio, quando a relação é B2B. Nas empresas voltadas para o consumidor, o CEO deve estar próximo do executivo de marketing (CMO), direcionando os esforços para uma melhor experiência e personalização do consumidor.

A avaliação de um CEO deve incluir os relacionamentos colaborativos para a melhor geração de valor apropriado e distribuído. A performance do CEO e da própria empresa não pode ser mensurado exclusivamente por sua atuação independente. Qualquer forma de aliança ou colaboração é bem-vinda quando há potencial de ganhos mútuos. O CAD deve incentivar a formação de redes, a contribuição em ecossistemas e a própria criação de novos ecossistemas no mercado pelo pioneirismo. O relacionamento colaborativo em ecossistemas é uma das melhores respostas estratégicas em um mundo turbulento.

A avaliação do relacionamento com os colaboradores

A liderança orientada ao relacionamento com as pessoas é uma dimensão indispensável. O exemplo do CEO influenciará o comportamento dos líderes a estabelecerem relações harmoniosas em todos os níveis, provendo suporte na busca do bem-estar coletivo para que os objetivos empresariais sejam alcançados. Há evidências concretas de que a cooperação interna e um clima organizacional positivo contribuem diretamente para o desempenho. Os direcionadores da relação com os colaboradores internos são o trabalho em equipe, o conflito de ideias e a construção de resiliência corporativa.

O primeiro item de avaliação visa conferir se há incentivo explícito ao trabalho em equipe e à diversidade, combinando talentos e competências com o nível de desafio. O trabalho coletivo favorece o desenvolvimento pelo aumento da cooperação, fortalece a comunicação, melhora as habilidades de resolução de conflitos e a solução de problemas, aumenta a motivação e impulsiona a cultura da empresa. Sobretudo nesse modo de atuação, a diversidade deve ser promovida, cabendo ao CEO condenar preconceitos de quaisquer naturezas, sejam eles os mais explícitos, como os raciais e de gênero, aos cognitivos, linguísticos e culturais. A composição de equipes também deve estar atenta à combinação de competências e desafios. A alocação precisa de competências é o principal fator de sucesso na execução de estratégias.

O Conselho deve verificar se o CEO promove realocações frequentes para reter talentos, manter o dinamismo e fomentar o conflito de ideias ao mesmo tempo que revigora a cultura organizacional. A combinação de talentos com alto valor e com a divergência de pensamento resultam em oportunidades de crescimento para todos, tornando a organização mais adaptativa ao novo contexto empresarial. Essa forma de operação alinhada com os valores organizacionais fortalece a cultura organizacional, que deve ser assegurada e reforçada constantemente pelo CEO.

E, diante da imprevisibilidade crescente, é imprescindível desenvolver de forma proativa e frequente a resiliência corporativa. As organizações devem estar preparadas para novas crises. Por isso, não é mais possível abrir mão dessa relevante competência adaptativa que fará com que os impactos sejam absorvidos no curto prazo para que o pós-crise seja melhor ainda que o período anterior a ela.

A avaliação da liderança do CEO

O estilo de liderança do CEO pode criar um ciclo virtuoso ou vicioso para o futuro da empresa. E o desempenho de qualquer estilo depende da base de suporte de sua energia para realizar mudanças e manter o desempenho organizacional elevado. As decisões e comportamentos do CEO têm implicações muito mais amplas do que se pode pensar. Se ele cuida de si mesmo, será capaz de cuidar de seus colaboradores para que sejam empáticos, criativos e inspiradores. E sua relação com a empresa passa a ser saudável e produtiva. O esgotamento não pode ser o preço que se paga pelo sucesso. Os direcionadores para a avaliação da liderança do CEO são a integridade, a prática de virtudes e o seu bem-estar pessoal.

O CEO exerce sua liderança quando age com integridade, em coerência com a sintonia existente entre os valores pessoais e organizacionais. No tempo em que se desejam resultados sustentados e consistentes, o fator determinante é a combinação de valores com propósitos pessoais. A demonstração inequívoca da integridade do CEO aparece em suas ações no dia a dia, na comunicação aberta, na transparência e na franqueza que ele demonstra em suas relações com todos os níveis.

O líder efetivo de uma organização pratica as virtudes da humildade e empatia em prol do aprendizado, da inovação e compreensão do outro. Um CEO que ouve de verdade acolhe ideias, aprende e adota novidades. Com essa atitude, as inovações virão de toda parte. As duas virtudes conjugadas viabilizam o diálogo, a conversa de iguais, as comunidades de aprendizagem, a compreensão do erro honesto e a criação de novas formas de pensar e agir estrategicamente. O CEO deve combater a arrogância com seu exemplo de vida e ir além da empatia para fazer com que os outros cresçam.

O CEO mantém sua energia, sua saúde e seu bem-estar pelo equilíbrio nas dimensões pessoal, pública e profissional. É preciso estar vigilante quanto à saúde emocional e à harmonia entre a atividade profissional, as relações familiares e as pessoas próximas e o convívio social. Esse equilíbrio tem um papel determinante no exercício de uma vida saudável. O preditor mais relevante do sucesso organizacional precisa manter sua energia. A energia positiva do líder eleva os indivíduos, dá vitalidade. Um suporte que auxilia o CEO a gerenciar sua energia deve ser considerado, pois é de grande valia em seu cotidiano.

Esses são os campos de contribuição e de relacionamento recomendados para uma avaliação integral do CEO. Dependerá de cada organização incluir os resultados econômico-financeiros nessa avaliação, que estará sujeita à capacidade da organização de ter processos efetivos de gestão do portfólio de projetos de investimento que isolem os efeitos de fatores relacionados. Conforme as circunstâncias e a maturidade de cada empresa nesses quesitos, pode ser viável relacionar o desempenho com os resultados organizacionais.

A avaliação do valor apropriado

A criação de valor resultante da atuação de um CEO é consequência direta de sua contribuição para a companhia e de seus relacionamentos (Figura 07). A análise crítica dos 8 campos de desempenho e seus 24 direcionadores-chave mostrará que a geração de valor se manifestará na percepção de clientes, colaboradores, parceiros e sociedade, sendo revertida para a organização.

O valor gerado para os clientes pode ser quantificado mediante pesquisas, enquanto o valor distribuído aos parceiros, colaboradores e à sociedade pode ser avaliado combinando pesquisa e levantamento de resultados. O valor apropriado pela empresa poderá mensurar-se se houver processos de apuração dos resultados econômico-financeiros isolando os efeitos adversos.

Nem toda receita e lucro advém diretamente da atuação do CEO. A maior parte dos fatores que determina os resultados de uma empresa costuma estar fora de seu controle. Mas quanto mais tempo ele permanecer na mesma empresa, maior poderá ser sua contribuição. A Figura 08 mostra as principais circunstâncias que o CEO não controla, mas que podem afetar seu desempenho, e em quais ele contribui diretamente. Os percentuais de cada parte podem variar, pois a influência de fatores herdados tende a diminuir com o tempo. O lado esquerdo da figura apresenta os advindos da atuação do CEO que devem ser avaliados pelo Conselho. São os direcionadores-chave do Modelo CORE e os resultados econômico-financeiros que provêm de sua atuação.

A AVALIAÇÃO DE CEOS

O Modelo Core de contribuição e relacionamento

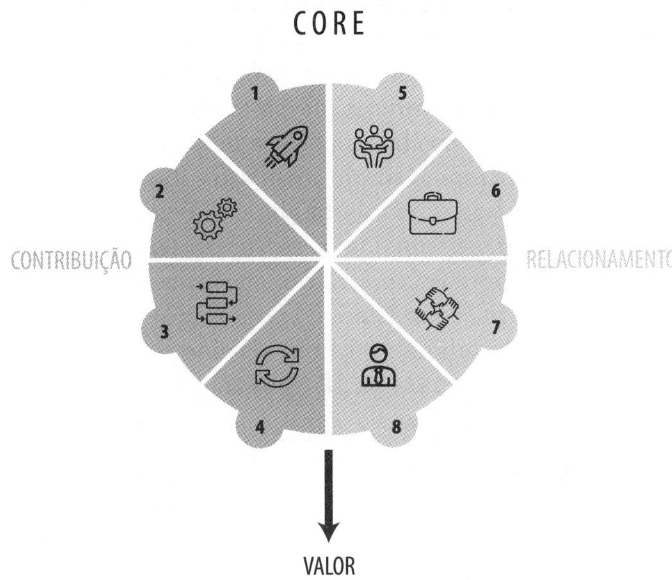

Figura 07 • O valor apropriado na avaliação do CEO

O lado direito da Figura 08 apresenta os fatores que influenciam resultados fora do controle do CEO, incluindo o ambiente externo e eventuais heranças. Os fatores de maior imprevisibilidade do ambiente externo, como as crises e recessões das mais variadas origens, as tendências macroeconômicas, jurídicas e políticas, o crescimento do PIB e as tendências e incertezas do próprio setor são alguns exemplos. Os fatores herdados também devem ser excluídos da avaliação, porque um projeto estratégico iniciado por um antecessor pode gerar resultados significativos para o novo CEO, que não teve participação na iniciativa. Da mesma forma, investimentos em P&D que possam gerar resultados ou custos se não forem bem-sucedidos, dívidas e recursos não operacionais, como doações, são exemplos de fatores herdados que devem ser desconsiderados.

Observe que a apuração do resultado econômico-financeiro gerado pelo CEO não é simples. Ela envolve o acompanhamento preciso dos resultados dos projetos no tempo, o isolamento de interferências de fatores relacionados, a retirada de fatores herdados incertos, como os investimentos em P&D anteriores, e projetos de difícil mensuração, como os investimentos em desenvolvimento de competências, para citar alguns. O trabalho minucioso de apuração desses critérios pode não se justificar na prática.

O Modelo CORE é um instrumento efetivo de avaliação se for conduzido adequadamente. Deve ser visto como um recurso auxiliar na conversa sobre o desempenho do CEO e da companhia. O diálogo entre o Conselho e o CEO é o mais importante; o Modelo CORE é um recurso auxiliar, embora indispensável. O valor apropriado deve fazer parte do modelo, se for utilizado isolando-se os fatores advindos de outras origens, e prestando-se a devida atenção às demais interferências ao resultado. A avaliação dos fatores herdados e dos fatores do ambiente externo podem ser fruto do diálogo e do bom senso entre as partes, e não necessariamente calculados. Os dois fatores mais críticos são a existência de um modelo para analisar as variáveis relevantes e o diálogo sobre o desempenho histórico e o futuro da organização.

A AVALIAÇÃO DE CEOS

Origem dos fatores que influenciam os resultados

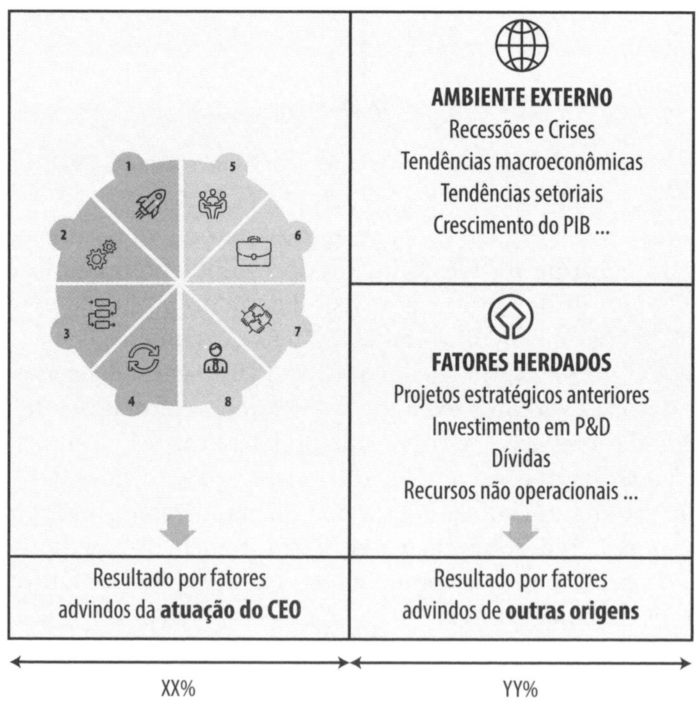

Figura 08 • Origem dos fatores que afetam os resultados

Ideias-chave do CAPÍTULO 2

- A governança corporativa é uma prática que auxilia na construção de um ambiente de confiança, na transparência e na responsabilização necessárias para promover investimento a longo prazo, estabilidade financeira e integridade empresarial, apoiando assim um crescimento mais forte e sociedades mais inclusivas. Essa é a principal função de um Conselho de Administração.
- Embora caiba ao Conselho cuidar do futuro da organização, percebe-se que sua atuação, no que tange a questões estratégicas, precisa avançar, principalmente em contextos de maior imprevisibilidade futura, uma situação que exige maior agilidade.
- Um Conselho Ágil acolhe incertezas, cria coalizões, busca vantagens pela antecipação, foca a criação de valor, dedica-se à dinâmica comportamental, escrutina os negócios com frequência, constrói capacidades duradouras, mantém-se ativo e estratégico, sustenta um propósito inspiracional e fortalece o senso de urgência sensato.
- A agilidade também pode ser potencializada nas dimensões de governança relacionadas à avaliação do Conselho de Administração, incluindo a contratação, sucessão e gestão de CEOs, a formação de comitês, a orientação estratégica, a gestão de riscos, a solução de conflitos, a descentralização, o empoderamento, as práticas e até a composição do Conselho.
- O Conselho tem um papel relevante nas definições estratégicas da organização. A divisão de responsabilidades entre o Conselho e a diretoria executiva ocorre, respectivamente, pela definição da estratégia corporativa e as estratégias dos negócios. No entanto, quanto mais engajado for um Conselho com as estratégias empresariais ou regionais, maior será sua contribuição e, consequentemente, o valor gerado.
- A avaliação do desempenho do CEO deve estar centrada nos resultados dos fatores advindos de sua atuação direta. Fatores do ambiente externo, como crises e recessões, fazem parte da análise organizacional, mas não devem perturbar a avaliação de desempenho do CEO. Da mesma forma, fatores herdados, como investimentos, P&D e projetos anteriores, devem ser excluídos. E a análise de resultados econômico-financeiros só poderá ser considerada se a maturidade em gestão for elevada para que fatores indiretos possam ser isolados.
- O instrumento de avaliação do CEO deve considerar tanto sua contribuição para a empresa quanto a eficácia de seus relacionamentos. A contribuição pode ser avaliada pela estratégia e execução, pela qualidade dos processos organizacionais e pelo legado em construção. As relações devem ser apreciadas considerando a interação com o Conselho, os stakeholders externos, os colaboradores nos diversos níveis e o estilo de liderança pessoal.

REFERÊNCIAS

ATLURI, Venkat; DIET, Miklos; SCHWA, David. As Sector Borders Dissolve, New Business Ecosystems Emerge. *McKinsey*, 2017.

CANALS, Jordi. *Boards of Directors in Disruptive Times: Improving Corporate Governance Effectiveness*. Cambridge: Cambridge University Press, 2022.

CANALS, Jordi. The Role of the Board of Directors in Corporate Transformation. *IESE*, 2022.

CHARAN, Ram. *Reinventando a governança corporativa*. Elsevier, 18 de junho de 2010.

CHARAN, Ram. Rethinking Competitive Advantage: New Rules for the Digital Age. *Currency*, 6 de abril de 2021.

DAILEY, Patrick; KOBLENTZ, Joel. Creating an Agile Board of Directors. *The European Business Review*, 18 de março de 2018.

DAILEY, Patrick R.; KOBLENTZ, Joel M. The Pursuit of Board Agility. *Corporate Board Member*, 2021.

DELOITTE; SWISS BOARD INSTITUTE. Corporate Governance 4.0: The Forward-looking Board of Directors. 2020.

DEWAR, Carolyn; KELLER, Scott; MALHOTRA, Vikram. *CEO Excellence: The Six Mindsets That Distinguish the Best Leaders from the Rest*. Nicholas Brealey Publishing, 2022.

DOZ, Yves L.; WILSON, Keeley. The Importance of Strategic Minds for Effective Governance. *INSEAD*, 10 de julho de 2023.

ELECTROLUX. How We Create Value. Setembro, 2021. Disponível em: https://www.electroluxgroup.com/wp-content/uploads/sites/2/2021/09/how-we-create-value-sep-2021.pdf. Acesso em: 06/12/2023.

FALLS, Nancy. Building an Agile Board in a Disrupted World. Disponível em: ethicalboardroom, 2021. Disponível em: https://ethicalboardroom.com/building-an-agile-board-in-a-disrupted-world/.

FURR, Nathan; FURR, Susannah Harmon. The Upside of Uncertainty: A Guide to Finding Possibility in the Unknown. *Harvard Business Review Press*, 19 de julho de 2022.

GUERRA, Sandra. *A caixa-preta da governança: Conselhos de administração por quem vive dentro deles*. 1ª edição. São Paulo: Best Business, 2021.

GUSSO, Eduardo; GIACOMETTI, Celso; SILVA, Elismar. *Governança Corporativa*. 1ª edição. Rio de Janeiro: Elsevier, 2008.

HEIDRICK & STRUGGLES. Board of the Future: Moving Toward a More Diverse, *More in Tune European Board*. 2020.

HILB, Michael; KORINE, Harry. Reinterpreting the Role of the Board of Directors, *London Business School*, 1° de agosto de 2022.

KORINE, Harry; HILB, Michael. Reinterpreting the Role of the Board of Directors. Think at London Business School, 02 de agosto de 2022. Disponível em: https://www.london.edu/think/reinterpreting-the-role-of-the-board-of-directors.

LEHN, Kenneth. Corporate Governance, Agility, and Survival. *International Journal of the Economics of Business*, vol. 25, no. 1, p. 65–72, 2018. DOI: 10.1080/13571516.2017.1396661.

LEHN, Kenneth. Corporate Governance and Corporate Agility. *Journal of Corporate Finance*, v. 66, fevereiro de 2021, p. 101929.

SAMANS, Richard; NELSON, Jane. Integrated Corporate Governance: A Practical Guide to Stakeholder Capitalism for Boards of Directors. *World Economic Forum*, 2020.

03

Estratégia Competitiva na atualidade

> *Agilidade é uma mentalidade;*
> *não é algo que uma organização faz —*
> *é algo que uma organização é.*
> McKinsey

Refletir sobre a estratégia nas organizações é falar sobre o que realmente importa. O assunto da estratégia é tido como um dos mais relevantes da administração por sua criticidade para o sucesso dos negócios. Uma estratégia bem definida orienta toda a organização quanto à direção futura, às prioridades e aos objetivos que ela deverá alcançar. A palavra estratégia tem como origem o termo "strategia", *do grego*, no sentido de plano, manobra para alcançar determinado objetivo de guerra por um líder militar. Na etimologia, "stratègós" significa: *stratos* (exército) e *ago* (liderança), o que equivale ao ofício ou comando de um general. Na transposição para uso no mundo acadêmico e empresarial, seu significado tem evoluído e alcançado novos contornos. É o caso das estratégias para ambientes competitivos. As estratégias competitivas são criadas para que as empresas tenham diferenciais no mercado, na perspectiva de permanecerem o maior tempo possível.

Os primeiros estudos sobre a estratégia começaram nos anos 1960, por Igor Ansoff, e, desde então, foram estabelecidos os fundamentos desse campo do conhecimento e desenvolvidos inúmeros instrumentos e técnicas para a análise da competição nos negócios, tanto pela academia quanto pelas principais consultorias de negócios globais. Todo o processo evolutivo no âmbito da estratégia competitiva se deu, ao longo de décadas, pelo aprimoramento do modelo clássico de estratégia, que se baseia na maior possibilidade de previsão futura. A maior evolução do conhecimento em estratégia aconteceu pela abordagem preditiva (Figura 01).

Figura 01 • As ondas de evolução da estratégia

A escola de planejamento foi a primeira onda de evolução da abordagem preditiva. Por isso, o nome “planejamento estratégico”, que faz uso de planos para serem perseguidos no longo prazo. Muitas das técnicas criadas nesse primeiro movimento são utilizadas até hoje por organizações em todo o mundo. A segunda onda da abordagem preditiva consolidou o conhecimento sobre os posicionamentos estratégicos, a parte central de uma estratégia clássica, mas também sobre a visão de recursos e a cadeia de valor na indústria. Com o conhecimento sobre estratégia competitiva consolidado nas duas primeiras ondas, surge a terceira, que focou os sistemas de performance para a tradução e o monitoramento das estratégias. Foi também nesse momento que surgiu o conceito de coopetição, inicialmente praticado em empresas de tecnologia, além dos fundamentos das estratégias orientadas a mercado e de sustentabilidade no nível das definições estratégicas. Na quarta onda, vários autores publicaram sobre os aspectos estratégicos internos das empresas, notadamente as capacidades, as competências centrais e as estratégicas. A quinta onda da abordagem preditiva ajusta a ênfase estratégica para a criação de valor e o compartilhamento. É nessa oportunidade também que começam os estudos sobre inovação aberta, tema que também fomentará mudanças na nova abordagem iniciada em meados da década de 2010.

Nesse momento, começam as pesquisas na área de estratégia e nas organizações em uma nova vertente: a imprevisibilidade futura e a elevada dinâmica de determinados mercados. Explorar conhecimentos em torno desses desafios envolvia uma abordagem estratégica peculiar até então: a abordagem adaptativa. O contexto empresarial menos preditivo trazia muitas dúvidas sobre como as organizações deveriam lidar com esses recentes fenômenos. Ao mesmo tempo que acontecia essa evolução, surgiam disrupções em negócios passíveis de volatilidade, viabilizados por tecnologias exponenciais e pelo avanço das startups, empresas novas e inovadoras no mercado. Embora as startups tenham surgido no Vale do Silício nos anos 1990, foi no século XXI que a presença delas se consolidou. De forma subsequente às novas tecnologias, e em decorrência delas, surgiram os modelos de negócio disruptivos que utilizam tecnologias para romper as formas tradicionais de competição.

A agilidade estratégica, a primeira onda da abordagem adaptativa, é a resposta das organizações ao mundo dinâmico e imprevisível. É nessa conjuntura que surge a necessidade da resiliência, das estratégias abertas, da análise de modelos de negócio disruptivos e de maior colaboração entre as organizações por meio de ecossistemas e redes colaborativas, proporcionadas pelo advento da estratégia ágil e de novos modelos de estratégia. Fica claro, a partir desse momento, o maior investimento em abordagens adaptativas e o natural declínio do desenvolvimento de técnicas de análise preditiva.

As estratégias são escolhas que as organizações fazem para manter diferenciais competitivos no mercado e assim oferecer valor a seus stakeholders. Para isso, elas refletem, exploram e analisam o futuro da sociedade, do planeta e do mundo dos negócios. A partir de então, definem uma direção, um caminho pelo qual se tornarão singulares no mercado. A estratégia é uma composição inteligente de arte, ciência, astúcia e sabedoria para a entrega de um valor futuro que, a princípio, nenhuma outra organização poderá prover.

3.1 Uma mentalidade estratégica premente

Quando exercemos determinadas tarefas por longos períodos, internalizamos comportamentos e uma mentalidade inerente difíceis de mudar. A neurociência chama esse fenômeno de neuroplasticidade dependente da experiência. Trata-se de um processo passivo no qual reforçamos os hábitos, fazendo isso até de forma inconsciente. Quanto mais conhecimentos e capacidades são adquiridos, mais os neurônios necessitarão se desenvolver para processar as relações e manter o aprendizado. Um hábito é um padrão de comportamento adquirido e seguido regularmente até se tornar quase involuntário. Muitos executivos e profissionais de gestão se desenvolveram ao longo dos anos estudando e praticando análises competitivas oriundas das estratégicas clássicas.

O modelo clássico de competição, válido para ambientes estáveis, não é suficiente para toda a complexidade existente em ambientes instáveis. O novo contexto requer uma mentalidade estratégica incomum, capaz de criar hábitos diferentes. A boa notícia vem da própria neurociência: é possível mudar hábitos ao praticar algo novo repetidamente por, ao menos, três semanas. É assim que um novo circuito neural é formado. Simplesmente pensar no novo já ajuda a construir o hábito. Aprender a fazer diferentes tipos de perguntas é o principal ingrediente do pensamento estratégico sistêmico. E com ele em mente, abrem-se muitas janelas de oportunidades e de aprendizagem.

A conjuntura intrínseca aos novos modelos de estratégia requer entender diferentes formas de pensar e agir, uma nova mentalidade. Por definição, "mentalidade" se refere a uma predisposição psicológica que uma pessoa ou grupo social tem para determinados pensamentos e padrões de comportamento, que se tornam hábitos. A mentalidade é a alma de uma organização, revelando seu jeito de ser e agir no sistema coletivo. Uma mentalidade coletiva forte pode determinar a cultura organizacional, e, por isso, ela é tão relevante.

A força competitiva do pensamento estratégico em ambientes turbulentos necessita de uma orientação e determinação centradas na agilidade. A agilidade produz diferenciais consistentes, como a inovação estratégica, uma maior capacidade dinâmica, a tomada de decisão assertiva e o discernimento sobre os melhores caminhos para a efetividade nesse contexto.

A agilidade faz parte do pensamento dos profissionais orientados ao crescimento. Uma mente orientada a crescer está aberta a ouvir ideias diferentes, a desenvolver aptidões, habilidades e capacidades, além de influenciar outros a fazer o mesmo. O mindset ágil permanece atento às necessidades de adaptação que as organizações em ambientes dinâmicos precisam ter. Crescer também exige práticas estáveis e rigorosas para lidar com a complexidade inerente a essa fase, e a agilidade também proporciona essa capacidade.

A força de trabalho ágil diferencia uma empresa no mercado, assim como a gestão da qualidade diferenciava as empresas japonesas nos anos 1970. As organizações ágeis privilegiam o patrimônio humano em detrimento de propriedades e instalações, o trabalho em equipe no lugar do heroísmo individual, a tecnologia a serviço da agilidade e práticas ágeis que distribuem valor entre stakeholders de maneira abrangente.

A mudança para uma nova mentalidade estratégica, fundamentada na agilidade, requer quatro novas maneiras de pensar e atuar que estão representadas na Figura 02. O conjunto dessas novas mentalidades é que impulsionará a mentalidade estratégica da agilidade. A mentalidade da agilidade é, portanto, a prática harmônica de pensamento e os padrões de comportamento que uma pessoa ou grupo social apresentam por meio da aprendizagem, imaginação, colaboração e resiliência na formulação e execução de uma estratégia.

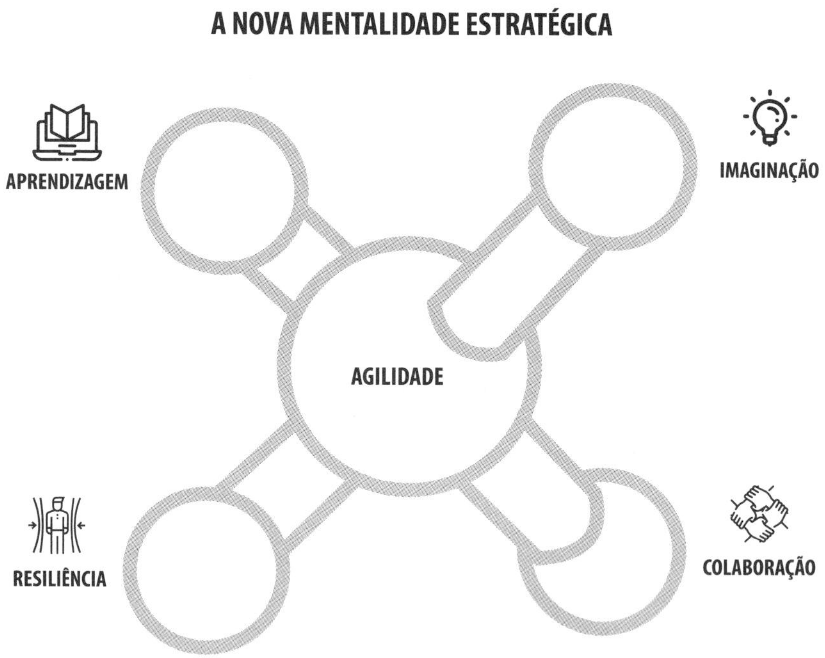

Figura 02 • A nova mentalidade: quatro formas de pensar e agir estrategicamente

O mindset de **APRENDIZAGEM**

As organizações que desenvolverem uma cultura propícia à aprendizagem continuada terão maiores diferenciais competitivos. A aprendizagem vem sendo considerada importante para os negócios há tempos, e os investimentos em capacitação de executivos são crescentes no mundo empresarial. No entanto, os processos de aprendizagem nas organizações têm sido praticados preponderantemente para atender às necessidades funcionais do negócio, como melhoria de processos, liderança e gestão de pessoas. Sob o ponto de vista da mudança estratégica, é recente o reconhecimento da aprendizagem como um componente igualmente vital.

A mentalidade estratégica focada em aprendizagem trará inúmeras vantagens às organizações em mercados competitivos e turbulentos. Quanto mais aprenderem, mais competitivas serão. O mindset de aprendizagem tem na virtude da humildade seu maior aliado. A humildade no aprendizado é o motor para se aprender cada vez mais com erros e acertos. Em ambientes dinâmicos, de alta volatilidade, a liderança bem-sucedida dedica mais tempo a explorar novos conceitos e ideias. Ou seja, tem despretensão ao pensar menos em si própria para priorizar o desenvolvimento da aprendizagem organizacional. Em um mundo de mudanças frequentes, a liderança não terá todas as respostas. Ela precisará aprender a não se restringir a crenças ou conhecimentos passados que possam limitar seu espectro de atuação. O despojamento intelectual proporciona maior aprendizagem. Essa atitude ajuda a construir confiança e facilita o aprendizado, que são aspectos-chave da liderança e do desenvolvimento humano.

A aprendizagem não se obtém com velocidade, mas com ritmo. Esse é o princípio da mentalidade orientada à aprendizagem. João Guimarães Rosa, notável diplomata e escritor mineiro da cidade de Cordisburgo, Minas Gerais, dizia que "mestre não é quem sempre ensina, mas quem de repente aprende". Essa era sua forma carinhosa de dizer que os mestres também aprendem. No mundo organizacional, talvez possamos parafrasear que os líderes são aqueles que aprendem a todo o tempo.

No contexto estratégico, a aprendizagem expande-se para abranger uma nova dimensão. Há uma grande lacuna nas empresas entre aprender para melhorar uma prática estável e aprender continuamente coisas novas no nível organizacional, as práticas dinâmicas. Os novos modelos de estratégia necessitam da inovação em seu processo de reflexão e elaboração. Além disso, as capacidades dinâmicas passam a ser componentes estratégicos distintivos das organizações. Sem o mindset de aprendizagem, as organizações perderão sua capacidade de se adaptar, de inovar, de gerenciar conhecimentos e de melhorar ininterruptamente. As empresas que aprenderem de forma ágil terão mais clientes e oportunidades, o que aumentará sua capacidade de aprender. Essa é uma lógica diferente do mundo restrito da competição. A mentalidade de aprendizagem fará a diferença.

Para cada mentalidade, vamos ilustrar o entendimento por meio de uma metáfora. As metáforas aumentam os possíveis significados das palavras, simplificam e aumentam a aquisição de conhecimento. Comecemos então pela metáfora da mentalidade da aprendizagem.

> **A metáfora da aprendizagem**: o leão, símbolo de força e poder, pode representar algumas grandes organizações que lideram o mercado. No entanto, essas empresas líderes arriscam-se a cair na armadilha do sucesso, concentrando-se em suas capacidades atuais e, assim, perdendo a capacidade de aprender. Um leão erra de sete a dez vezes antes de capturar uma presa, mas não aprende. Já a mentalidade do macaco babuíno é de aprendizagem. É curioso: erra, aprende, e desenvolve habilidades de sobrevivência e socialização constantemente. Os babuínos estabelecem linhas de comando e organizam estruturas sociais complexas para, ao mesmo tempo, aumentar a agilidade e a proteção social. A mentalidade de aprendizagem permite aos babuínos terem uma agilidade superior por desenvolverem novas práticas e se adaptarem continuamente. Assim, raramente são capturados por leões.

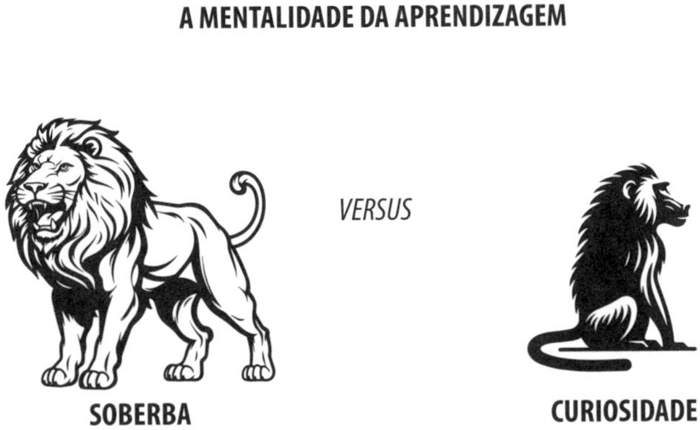

Figura 03 • A metáfora da aprendizagem

O mindset de **IMAGINAÇÃO**

O que foi estratégico no passado pode ser pouco estratégico no futuro. E a estratégia é sobre o futuro, sobre o incerto, e não uma mera extrapolação do passado. Por isso, é preciso ter imaginação estratégica, a capacidade de idealizar um futuro totalmente novo. A imaginação é uma capacidade inerentemente humana, o fruto de uma mente capaz de vislumbrar um amanhã melhor do que se tem hoje. É a imaginação que promove a inovação, a faculdade de criar o futuro. A mentalidade imaginativa é certamente o mais precioso diferencial estratégico que uma pessoa pode prover para uma organização.

Quando se torna coletivo, o pensamento orientado à imaginação não encontra oponentes no mercado e permanece raro e distintivo por muito tempo.

A imaginação estratégica nos ajuda a desafiar suposições enraizadas e rejeitar a tendência de avaliar oportunidades apenas com base em nossos sistemas e padrões atuais. Infelizmente, os modelos mentais das organizações líderes tendem a se tornar rígidos e arraigados. O lado bom é que o mindset de imaginação pode ser aprendido e desenvolvido com o tempo, tornando-se coletivo quando se estimula a colaboração interna. Fomentar a inovação por meio da imaginação aumenta a capacidade de reconhecer gatilhos e evita as armadilhas do pensamento puramente reflexivo ou factual. Cultivar a imaginação expande a capacidade de lidar com incertezas, resistir a impulsos prematuros, conceber e criar coisas novas, além de proporcionar soluções que fazem sentido.

Estamos apenas começando a compreender como as organizações podem competir pela imaginação coletiva. Mas a inspiração é um gatilho eficaz. As organizações que inspiram e incentivam seus colaboradores a imaginarem um futuro diferente fomentam a criatividade e o desejo de sempre melhorar. O propósito organizacional traz sentido e significância e contribui para inspirar pessoas das mais variadas gerações. A exposição regular de pessoas ao que não é familiar, ao desconhecido, é outra forma de valorizar e instigar a imaginação. Submeter-se à diversidade e dispor-se a um repertório amplo e rico de informações estimulam igualmente novas maneiras de idealizar o futuro. Dessa forma, as organizações podem se autodesenvolver no sentido de clarificar o valor da imaginação ao mesmo tempo que precisam preservar a sua estabilidade e sistematização.

O mindset de imaginação está focado em cultivar as habilidades mentais que sustentam esse tipo de pensamento. O pensamento imaginativo é uma maneira de estimular nossa capacidade de pensar no possível em vez de apenas no real. Foi certamente nesse sentido que Einstein considerava a imaginação mais importante do que o conhecimento.

A metáfora da imaginação: o jogo de xadrez é o símbolo da estratégia clássica e do pensamento que o sustenta. Seu fundamento se baseia na capacidade lógica de analisar todas as possibilidades futuras de movimentação do concorrente e ter respostas eficazes para todas elas. A nova mentalidade estratégica se baseia no artista, o qual, com a força da inspiração, imagina e cria um futuro diferente, único e inovador. Ao usar a imaginação para criar obras poderosas, instigantes e impactantes, artistas como Salvador Dali criaram obras surrealistas que exploravam a mente subconsciente. Em sua obra *A persistência da memória*, Dali desafia a noção de uma ordem cósmica fixa, instigando-nos a considerar uma realidade diferente, que é um dos princípios da inovação. A imaginação na arte tem o poder de transformar o mundo, assim como na realidade empresarial. A inovação estratégica não é mais uma opção, é uma necessidade. É por meio dela que acontece a agilidade pela antecipação.

Figura 04 • A metáfora da imaginação

O mindset de **COLABORAÇÃO**

O raciocínio estratégico predominante nas últimas décadas foi suportado estreitamente por barreiras de entrada, diferenciação na oferta de produtos e serviços ou por ativos e capacidades subjacentes. Nada disso é inadequado ou ineficaz. No entanto, existe um pressuposto nessa lógica: a vigência de proteção privada e o controle da concorrência. A proteção privada impõe à organização a árdua tarefa de sobreviver sozinha em um mundo caótico. E o controle da concorrência desvia a atenção da busca de oportunidades para o foco em rivalidade. Ser competitivo não é sinônimo de defesa nem tampouco de hostilidade. O privilégio da exclusividade de uma única empresa no mercado pode ter seus dias contados, pois é improvável que uma organização isolada possa oferecer todo o valor que os clientes precisam ter em um mercado complexo, sem fronteiras e suportado por tecnologias.

Na verdade, nenhuma organização é uma ilha. Ela precisa se relacionar com outras para compor uma oferta de valor diferenciada. Por meio de diferentes formas como alianças, joint-ventures, cadeias de valor, redes ou ecossistemas, as empresas têm uma possibilidade maior de gerar um valor superior, maior do que a soma de valor que cada uma pode contribuir individualmente. Nessa gama de oportunidades de parceria, os ecossistemas merecem destaque. Um ecossistema de negócios é uma comunidade econômica que pode oferecer níveis superiores de agregação e valor. Esse tipo de estrutura será explorado em maior detalhe no próximo capítulo.

O mindset de colaboração é a base de sustentação de uma economia baseada na contribuição entre muitos, uma nova fonte de vantagem competitiva capaz de moldar setores inteiros. Na colaboração, a mentalidade não é baseada no poder e na hierarquia. Em modelos colaborativos, a liderança se estabelece pela orquestração de empresas autônomas que criam e capturam valor em conjunto. É o alinhamento que promove a coesão, não o controle. E todos os parceiros comungam a liderança de forma situacional e propositiva.

A mentalidade focada na colaboração compreende o papel essencial da confiança na construção de relacionamentos duradouros e da transparência em todos os processos de integração e de interdependência. Por sua natureza oposta à rivalidade, essa mentalidade se orienta pela captura e geração de valor equilibrando os diversos atores, pela integração por meio de plataformas comuns, pelo respeito mútuo e pela coevolução ao longo do tempo. Uma mente colaborativa age para o desenvolvimento do outro e em prol do valor compartilhado. Para isso, está aberta a ouvir, aprender e lidar com as divergências que evidentemente surgirão.

A metáfora da colaboração: a lógica do fosso versus a lógica da catraca. Imagine um castelo cercado por um fosso. A mentalidade clássica está calcada na proteção que o fosso proporciona ao impedir que outros entrem em seu território. São as barreiras de entrada. Embora legítimo e aplicável, a lógica defensiva pode abrir espaço para a lógica da construção de uma catedral. A catedral simboliza a união e a abertura, mas com ingresso seletivo pela inclusão da catraca. A catraca é uma condição de entrada, nesse caso, qualquer competência que possa somar. Muitos são bem-vindos, e cada membro contribui para a entrega e captura valor. É assim que a colaboração aumenta a agilidade pela criação de valor superior no melhor tempo.

Figura 05 • A metáfora da colaboração

O mindset de **RESILIÊNCIA**

No primeiro capítulo, abordamos o papel estratégico da resiliência e avaliamos os motivos pelos quais ela ganha maior significância no mundo contemporâneo. Agora, vamos explorar a mentalidade e a cultura necessárias para agir estrategicamente por meio da resiliência. Para o Resilience Institute, possuir um mindset resiliente significa construir um alinhamento consciente e deliberado de nossos recursos físicos, emocionais, mentais e espirituais para o efetivo envolvimento com uma situação definida. Na situação dos negócios, estamos diante de impactos externos importantes.

A mentalidade de resiliência é aquela que reage em um primeiro momento dando um passo para trás para então entrar numa situação desafiadora de forma totalmente comprometida e deliberada. O recuo é necessário para a elaboração rumo a um estado calmo e positivo. Ele auxilia a gestão de curto prazo para que se tomem as providências necessárias à sustentação e sobrevivência diante de crises. E, quase que simultaneamente, a resiliência nos conduz à estratégia de longo prazo, ao que mais importa. Assim, nossa mente nos leva a termos consciência (curto prazo) sobre o momento para poder agir e ter visão de resultado sustentável (longo prazo), conseguindo, dessa forma, vencer no momento de retomada.

Ao lidar com o *gap* entre o curto e o longo prazo, o mindset resiliente se torna flexível para imaginar, criar e executar soluções inovadoras para o mercado paralelamente às ações de contingência, operação e contenção para o momento crítico. O que faz as pessoas serem resilientes é a atitude positiva, a capacidade de ver a frustração como uma forma de feedback útil, a prática das habilidades adaptativas e a aprendizagem pela experiência. Quando esse processo encontra um ambiente e uma cultura propícios, formam-se coalizões construtivas e a força estratégia do mindset de resiliência impera.

Nossa resiliência é a resposta a qualquer desafio. No mundo acelerado e em constante mudança em que vivemos, uma mentalidade resiliente oferece vantagens competitivas. A forma como as pessoas lidam com suas emoções e sua saúde psicológica determinará a força da resiliência coletiva, pois há oportunidades nas rupturas e adversidades. Se as crises forem gerenciadas de maneira estratégica será possível inspirar as pessoas a imaginarem um futuro melhor. Tornarmo-nos melhores no pós-crise é a meta central da resiliência.

A metáfora da resiliência: a rodovia versus a mola. Na visão de longo prazo, o pensamento clássico tem um caminho seguro a percorrer mediante a previsibilidade. Por isso, o planejamento é tão importante e necessário nesse contexto. A rodovia, como um *roadmap* (roteiro), com seus principais marcos, assegura a execução. No mundo imprevisível, a mola representa a resiliência necessária para absorver impactos, recuar e se adaptar às condições imprevistas que mudam os planos, mas que permite, por meio da flexibilidade, sair de situações difíceis e retornar melhor do que se estava antes. Uma mola assimila impacto e atua como um motor de impulso, viabilizando o salto para um patamar superior. Ela representa a reação e a ação. A resiliência aumenta a agilidade pelo desenvolvimento da capacidade de adaptação e de realização de resultados excepcionais diante de desafios de qualquer natureza.

Figura 06 • A metáfora da resiliência

A figura a seguir resume como cada mindset contribui para o aumento da agilidade no âmbito da estratégia de negócios.

Figura 07 • A contribuição das mentalidades para o aumento de agilidade

Concluindo, a aprendizagem aumenta a agilidade pelo desenvolvimento contínuo de melhores práticas em todos os níveis da organização, de melhoria de processos ao desenvolvimento de novos produtos e serviços a modelos de negócio e a própria estratégia. A aprendizagem constante melhora as práticas dinâmicas e estáveis. A imaginação aumenta a agilidade por meio da inovação e da antecipação, fortalecendo a dinâmica organizacional. A colaboração aumenta tempestivamente a agilidade pela criação de valor superior no mercado. Com essa mentalidade, é possível criar e participar de ecossistemas, o que gera valor adicional de forma inorgânica. Finalmente, a resiliência aumenta a agilidade pela adaptação e pela realização de resultados excepcionais diante de adversidades econômicas cada vez mais frequentes e imprevisíveis.

3.2 Os Modelos de Estratégia

A nova formação dos mercados competitivos requer a nova mentalidade estratégica. No entanto, para ser efetiva, essa mentalidade deve ser traduzida em práticas que a consolidem. O modelo clássico de estratégia é ineficaz para ambientes turbulentos, embora muitos de seus fundamentos e algumas análises competitivas ainda sejam válidas e úteis. Os novos modelos de estratégia representam uma evolução dos estudos sobre estratégia competitiva, embora tenham adotado caminhos claramente distintos por sua abordagem.

A Figura 08 representa os quatro modelos de estratégia vigentes no mundo dos negócios. O eixo X distingue as estratégias pela abordagem preditiva, situação na qual a previsibilidade futura é alta, e pela abordagem adaptativa, quando a imprevisibilidade é elevada. O eixo Y diferencia o enfoque estratégico entre proativo e reativo. Da combinação entre essas variáveis surgem quatro modelos de estratégia: a clássica, que utiliza essencialmente análises preditivas; a ágil, para mercados em situação de alta incerteza futura; a resiliente, necessária em momentos de crise; e a híbrida, em setores na situação intermediária entre ambientes estáveis e ambientes de incerteza. O gráfico apresenta ainda o quadrante de Gestão de Crise, situação em que uma empresa reage taticamente a uma adversidade previsível sem a necessidade de adaptação estratégica. As estratégias cujas abordagens são adaptativas incluem práticas que contemplam a ambidestria. As estratégias ambidestras têm o potencial de gerar resultados superiores e são necessárias em ambientes de maior instabilidade.

OS MODELOS DE ESTRATÉGIA DE NEGÓCIO

Figura 08 • Os Modelos de Estratégia

A **Estratégia Clássica**, representada pela peça de xadrez, é a mais adequada quando há razoável previsibilidade sobre o futuro do setor e as mudanças no ambiente competitivo são infrequentes. Em setores mais estáveis, como a indústria de base, as evoluções tecnológicas ocorrem de forma isolada e esporádica, há poucos entrantes no mercado e as disrupções, quando acontecem, são fruto de ações evolutivas e não surpreendem os incumbentes.

O modelo clássico foca o planejamento de longo prazo por sua característica preditiva. É comum as empresas do setor definirem cenários alternativos e construírem uma visão que pode ultrapassar uma década, com poucas variações entre o previsto e realizado. Os investimentos do setor se caracterizam por uma mobilização vultuosa de recursos, um longo tempo de execução e pela baixa instabilidade. Eles são mais estáveis no longo prazo e apresentam menor risco para seus investidores.

A estratégia clássica visa a obtenção de uma vantagem competitiva sustentável ao posicionar uma empresa em um mercado atraente. As vantagens nesse contexto se baseiam fortemente em uma escala superior, na diferenciação ou mesmo em capacidades estratégicas perenes.

Há menor probabilidade de rompimentos abruptos em setores estáveis. Por isso, as estratégias clássicas não contêm análise de modelos disruptivos ou de estruturas de valor que difiram das estruturas tradicionais. No entanto, essa possibilidade existe e não pode ser desconsiderada. Por conseguinte, algumas empresas podem adotar uma estratégia híbrida, mesmo que circunstancialmente e/ou com poucos elementos da abordagem adaptativa.

A **Estratégia Ágil**, representada pelo símbolo de iteração, é a mais adequada quando há elevada imprevisibilidade sobre o futuro do setor e quando as mudanças no ambiente competitivo são frequentes. Em setores mais dinâmicos, como os intensivos em conhecimentos e tecnologia, as evoluções tecnológicas ocorrem de forma abrangente. A possibilidade de novos entrantes no mercado é facilitada pelo acesso à tecnologia e devido à baixa barreira de entrada, que pode favorecer até empresas de outro setor.

O modelo ágil foca a capacidade adaptativa, a flexibilidade necessária para acontecer uma inovação estratégica e as mudanças de direção. Nesse contexto, é difícil prever cenários ou metas de longo prazo. Por isso, os instrumentos baseados em planejamento são menos úteis. Há geralmente um nível de risco e de instabilidade maior, o que exige que o pensamento estratégico esteja sempre presente para lidar com a turbulência natural dos ambientes dinâmicos. Quanto maior a competência organizacional em estratégia, melhor será o desempenho em ambientes turbulentos. Assim, as decisões estratégicas não devem ser tomadas de forma exclusiva pela alta direção.

Por não ser possível obter vantagem competitiva sustentável no longo prazo em setores dinâmicos, seria útil adotar uma gestão estratégica adaptativa, buscar vantagens regulares e fazer com que a estratégia esteja sempre ativa. O conceito de *strategizing* (a estratégia como prática) se aplica perfeitamente a essa situação. Dessa forma, é possível obter vantagens temporárias em série porque a estratégia viva e o mindset estratégico diligente estarão de prontidão para novos e constantes ciclos de geração de valor.

A **Estratégia Híbrida**, simbolizada pelo Yin/Yang, é mais apropriada quando um setor não é tão estável, não apresenta uma volatilidade intensa e a previsibilidade sobre o futuro é boa, embora esteja sujeita a mudanças no médio prazo. Uma quantidade expressiva de setores encontra-se no meio do caminho entre estabilidade e dinâmica, entre incerteza e previsibilidade.

Uma estratégia híbrida poderá conter simultaneamente instrumentos clássicos e ágeis de análise estratégica e abster-se de determinadas definições. Diferentemente da estratégia ágil, ela deverá conter alguns instrumentos de análise preditiva e poderá dispensar alguns recursos de análise adaptativa. Adotar uma estratégia híbrida pode ser uma escolha inteligente por três motivos. Primeiro, não é possível supor que haverá alguma estabilidade futura garantida em nenhum setor. Veja, como exemplo, a hotelaria que, embora sempre tenha sido estável, sofreu disrupção pela entrada do Airbnb no mercado com o uso de modelo de negócio disruptivo na economia compartilhada. O segundo motivo está relacionado com os avanços em análise estratégica incorporados pela estratégia ágil, que contém recursos inovadores que poderão aumentar a criação de valor. Por si só, essa possibilidade tem o potencial de enriquecer o pensamento estratégico e aumentar a perenidade das organizações no longo prazo. O terceiro motivo é a incerteza futura global. As mudanças no macroambiente, como movimentos geopolíticos e crises econômicas, podem interferir, de forma indistinta, em muitos setores simultaneamente. Os setores estáveis foram afetados pela última pandemia.

No Apêndice A, é apresentada uma sugestão de estrutura para a estratégia híbrida, que também pode ser customizada para necessidades específicas. Para entender uma estratégia híbrida, é necessário conhecer a estrutura da estratégia ágil, que é descrita nos Capítulos 4 e 5.

Finalmente, a **Estratégia Resiliente**, representada pelo símbolo da elasticidade, é ideal quando acontece algum impacto externo imprevisto de maior duração, como eventos epidêmicos, disrupção setorial, crise financeira ou mesmo uma recessão. Portanto, trata-se de uma estratégia de reação a um evento fortuito que merece um cuidado especial. Uma Estratégia Resiliente, como o próprio nome diz, requer adaptação organizacional para passar por momentos de restrição e, concomitantemente, reflexão, disposição, regeneração e pensamento estratégico para vencer no longo prazo. Para ser efetiva, tem que ser focada na ambidestria, uma vez que há a demanda por sobrevivência no curto prazo e a necessidade de aumento de vitalidade para vencer estrategicamente no pós-crise. Por isso, ela difere da gestão de crise, que foca exclusivamente o curto prazo. Portanto, trata-se de uma estratégia temporária que utiliza instrumentos de gestão de crise em parcimônia com a gestão estratégica. A crise financeira de 2008, considerada o pior desastre econômico desde a Grande Depressão de 1929, levou a uma longa e profunda recessão global. No entanto, as empresas que tiveram recuperação excepcional no pós-crise foram aquelas que utilizaram estratégias resilientes.

3.3 As diferenças entre a Estratégia Clássica e a Estratégia Ágil

O mundo dos negócios sempre foi desafiador para todos aqueles que operam num ambiente competitivo e marcado por incertezas conjunturais. O cenário externo, sujeito a acontecimentos imprevisíveis, já afetou setores em grandes proporções, tornando as empresas vulneráveis em um curto espaço de tempo. As mudanças não são algo novo e fazem parte tanto da realidade pessoal quanto da organizacional. A diferença agora é que o ritmo das mudanças, a profundidade dos impactos e a quantidade de fatores a serem gerenciados aumentaram consideravelmente, tornando a capacidade de analisar e de prever o futuro bem mais reduzida. Nessas circunstâncias, a forma tradicional de planejamento estratégico, que utiliza grandes volumes de informações para análises, torna-se insuficiente para atender a essa nova demanda. A agilidade estratégica entra em cena para ocupar a lacuna deixada pelo modelo clássico, que não aborda a dinâmica de mercados imprevisíveis. Vamos então compreender as principais diferenças entre esses dois principais modelos de estratégia (Figura 09).

O modelo clássico de estratégia competitiva foca a economia de escala como a vantagem real dos negócios. O mantra dominante é ser grande, uma vez que os grandes dominam os pequenos. São inúmeros os benefícios inerentes à escala. O crescimento é mágico porque consolida a liderança de mercado e abre oportunidades frequentes para os talentos nas organizações. E quanto maior a empresa, menores poderão ser seus custos em relação aos rivais no mercado. Esse é um aspecto estratégico importante, porém insuficiente, para lidar com mundo dinâmico, porque a solução para os novos desafios precisa ser incorporada ao pensamento estratégico, como a flexibilidade de diversos setores econômicos e a possibilidades de rompimentos.

O modelo ágil de estratégia competitiva foca a agilidade. O mantra dominante é ser ágil, uma vez que empresas ágeis passam na frente das demais. A agilidade abre oportunidade para pequenas e médias empresas no mercado por serem naturalmente mais flexíveis e diligentes. Por outro lado, ela compele as grandes organizações a se tornarem ativas sem perder a robustez. Isso não significa que a escala deixará de ser importante nessa situação. Ela não é a orientação principal e existe também de outras formas: a escala de aprendizados, a escala de experimentação para redução de riscos, a escala de colaboração em ecossistemas e a escala de inovações para manter os diferenciais.

Figura 09 • Diferenças entre a Estratégia Clássica e a Estratégia Ágil

O modelo clássico é preditivo, suportado pela técnica de planejamento. Em ambientes estáveis e previsíveis, os planos funcionam muito bem, pois sofrem pequenos ajustes ao longo do tempo e estabelecem a disciplina necessária ao seu cumprimento. Já o modelo ágil é suportado pela adaptabilidade constante. Como vimos, a dinâmica do ambiente externo requer adaptação. Os instrumentos utilizados na estratégia ágil auxiliam a formular uma estratégia inicial que sofrerá mudanças ao longo do tempo. E as mudanças são muito bem-vindas, porque internalizam nos talentos a vontade constante de aprender e melhorar.

A estratégia clássica é orientada à análise de riscos e à sua mitigação. Ela privilegia a análise concorrencial para estabelecer ações de combate à concorrência e ao surgimento de novos entrantes no mercado. Além disso, utiliza a tradicional Análise SWOT para avaliar a situação atual e futura de uma organização. É seu elemento central de análise estratégica, sendo, provavelmente, a técnica prescritiva mais utilizada pelas empresas. No entanto, há uma inconsistência no modelo que merece atenção. Ao aplicar essa técnica nas mais variadas empresas por décadas, identifiquei um padrão de resultado incompatível com os efeitos que, na minha visão, não deveria ocorrer. Os trabalhos produzidos nas empresas apresentavam um número muito grande de ameaças e pontos fracos em relação às oportunidades e aos pontos fortes. Ora, sendo a finalidade maior de uma estratégia identificar oportunidades, o instrumento não cumpria sua função primordial.

A explicação desse desvio de finalidade veio da neurociência. Segundo Peter Diamandis, todos temos um viés negativo. Essa tendência tem raízes na evolução humana. A cada segundo, recebemos muitas informações sem conseguir processá-las. Como nada é mais importante do que sobreviver, a primeira parada para todos esses dados acontece no lobo temporal, numa área chamada amígdala. Ela é nosso sistema de alerta, que classifica e vasculha todos os sentidos à procura de qualquer coisa no ambiente que possa nos ameaçar. Como resultado, prestamos dez vezes mais atenção aos fatos negativos do que aos positivos. Quando a análise SWOT coloca o positivo e negativo no mesmo nível, o resultado é lógico: identificamos poucas oportunidades. A estratégia ágil é positiva e está preparada para explorar oportunidades futuras. Isso não significa que as potenciais dificuldades futuras não serão vistas, apenas serão tratadas em outro momento, por ocasião da análise de riscos corporativos, para não reforçar nosso viés contrário. O foco no positivo pode até transformar potenciais ameaças em oportunidades estratégicas.

Os planos estratégicos são usualmente elaborados pela alta administração das organizações de forma restrita e fechada. A estratégia ágil é aberta e pode ser customizada para atender ao nível de participação que a empresa deseja.

Na adoção de uma estratégia aberta, dois benefícios imediatos se destacam. O primeiro é a qualidade, a melhoria em função da ampliação de visão e das contribuições recebidas. Há certamente riqueza de conhecimentos dispersos dentro e fora da organização que merecem ser apropriados. A alta administração não tem o domínio de todas as análises que os colaboradores e stakeholders fazem sobre os negócios cotidianamente. O segundo benefício é o processo de execução, que traz grandes desafios em si. Quanto mais stakeholders participarem do processo, maior será o senso de propriedade que adquirirem. O senso de propriedade é um atributo relevante de engajamento que facilita a execução das mudanças que as estratégias se propõem a realizar.

O método utilizado nas estratégias clássicas é sequencial e progressivo. Há uma precedência lógica das etapas de planejamento, e o escopo vai sendo sucessivamente detalhado à medida que as decisões vão sendo tomadas. Esse é o melhor método para as situações preditivas. Já o utilizado pela estratégia ágil é iterativo e incremental. "Iteração" significa "recorrência", ou seja, avançamos e retrocedemos repetidamente para que o escopo da estratégia seja compreendido. Dessa forma, avança-se por incrementos na composição de uma solução estratégica com um grau elevado de inovação. Esse processo é particularmente útil quando é necessário reforçar a imaginação para criar algo singular. É o método adequado para situações de alta singularidade.

A abordagem clássica analisa uma organização em seus aspectos particulares e intrínsecos pelos seus interesses. O desafio é vencer o mercado competindo contra os demais incumbentes. O maior valor estratégico nessa situação é apropriado quando uma organização se torna pioneira em determinado mercado, estabelecendo-se um market share considerável em relação aos outros players. Esses movimentos são realizados de forma independente, havendo a eventual colaboração com empresas integrantes da cadeia de valor, e podem se tornar perenes e sustentáveis no longo prazo. A abordagem ágil é colaborativa e analisa também as possibilidades de maior geração de valor quando, na forma de rede ou ecossistema, é possível aumentar a robustez estratégica. No mundo turbulento, a possibilidade de se romper setores de forma pioneira se dará preponderantemente por meio da colaboração entre as organizações de diversos setores, incluindo os concorrentes. A colaboração abre a possibilidade de gerar maior valor que o pioneirismo independente, que tende a ser mais incomum.

Na estratégia clássica, determina-se a meta futura que se pretende alcançar por meio de uma visão de longo prazo. É ela que passa a determinar os marcos intermediários ao seu alcance e direciona todos os esforços da organização nesse sentido. A previsibilidade possibilita esse tipo de recurso determinístico, que é conveniente e eficaz. A estratégia ágil não utiliza a visão de longo prazo para determinar o futuro, devido à sua imprecisão em situação de volatilidade. No entanto, a visão nem sempre deve ser descartada. Há duas situações em que ela pode ser muito útil. A primeira é quando existe uma liderança com capacidade visionária. Um líder visionário é aquele que possui elevada maturidade quanto ao pensamento estratégico e que pode enxergar em condições abstratas e impercebíveis. Assim, ele projeta um futuro possível e, com isso, gera inspiração e aspiração organizacional. E nada impede que ajustes possam ser feitos ao longo do caminho, uma vez que o modelo ágil contém mecanismos para tal. Uma segunda situação seria quando se pretende criar um futuro. Além dessa possibilidade, a visão de longo prazo, em harmonia com os grandes e arriscados movimentos estratégicos, pode fazer parte de uma estratégia corporativa, que direcionará os esforços das estratégias dos negócios que utilizam o modelo de estratégia ágil. Mas o foco da estratégia ágil é a ambidestria para explorar as capacidades existentes e as oportunidades futuras de uma forma equilibrada. Essa orientação faz mais sentido em ambientes dinâmicos porque, a cada mudança, o curto e o longo prazo precisam ser analisados simultaneamente. A alta volatilidade impactará a performance atual e a perenidade futura. E a adaptação síncrona garantirá a melhor entrega de valor.

3.4 Estratégia, cultura e estrutura

Há uma importante interdependência na trilogia institucional que harmoniza o funcionamento das organizações: a relação entre estratégia, estrutura e cultura. A cultura organizacional é um padrão de pressupostos básicos — valores, princípios e comportamentos — que são compartilhados na prática organizacional e tidos como certos. A estrutura, por sua vez, é a condição formal pela qual as atividades desenvolvidas por uma organização são divididas, organizadas e coordenadas.

A análise integrada de estratégia com a cultura organizacional e a estrutura de uma organização foi primeiramente sistematizada no modelo de Strategor, desenvolvido por professores do HEC-Paris. Esse estudo preconiza que o sucesso de uma empresa depende da sua capacidade de equilíbrio pelo alinhamento entre estratégia, estrutura, decisão e identidade. A identidade é a dimensão pública da cultura organizacional, enquanto a cultura organizacional é, às vezes, invisível, mas pode afetar as decisões na empresa. Por isso, os processos de elaboração e execução de uma estratégia não devem ser realizados sem um entendimento claro da cultura organizacional praticada. Embora estratégia e cultura sejam áreas de conhecimento distintas, é recomendável que os profissionais que conduzem a formulação de estratégias tenham uma visão inicial de como os elementos culturais podem interferir nesse processo. A falta de consciência sobre o contexto cultural pode levar à ilusão de que as decisões tomadas foram adequadas. E, mesmo que as decisões tomadas sejam as melhores possíveis, pode tornar a execução da estratégia inviável.

Uma cultura de autoridade e de resultados de curto prazo pode inviabilizar as escolhas estratégicas de maior proximidade com clientes, que exigem crenças e comportamentos vigentes muito distantes da realidade de uma organização dirigida por comando e controle. De modo semelhante, uma cultura hierárquica pode impedir que projetos estratégicos de inovação disruptiva sejam realizados, apesar de serem necessários e urgentes. Embora a cultura pareça ser algo intangível, ela pode ser concretamente determinada por meio da aplicação de questionários simples. A clareza sobre a cultura e subculturas vigentes são críticas para o sucesso dos processos de mudança.

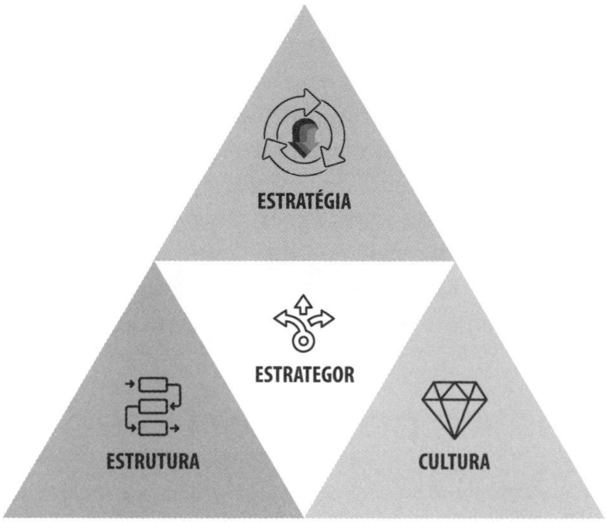

Figura 10 • O Estrategor (DÉTRIE, Jean-Pierre, Jordi Blanc et al, 2019)

Alguns instrumentos de *assessment* de cultura organizacional geram diagnósticos confiáveis quando aplicados no corpo dirigente de uma organização, o que inclui alta e média gestão, podendo ser confirmado *a posteriori* por pesquisas que envolvem todos os níveis. Os modelos que avaliam elementos que se correlacionam aos processos de mudança são os mais adequados. Recomendo também utilizar mais de um modelo de avaliação cultural simultaneamente. A combinação de modelos pode complementar análises ou certificar que determinadas conclusões são válidas. Há questionários que já foram aplicados por um número muito grande de empresas e que estão em uso há mais tempo. São instrumentos maduros, que têm sua eficácia comprovada. Por outro lado, há modelos mais novos que, apesar de não terem sido amplamente escrutinados pela prática, possuem atributos que se referem ao mundo dinâmico que os modelos anteriores não contemplam.

Em meu livro anterior, *Da estratégia ágil aos resultados*, apresentei de forma detalhada a relação entre o Diagrama Estrela, que contém os maiores desafios para a execução de estratégias, e as dimensões do Competing Values Framework, um modelo de cultura consolidado no mercado. Nele, estão descritos os relacionamentos e interferências, de forma direta e objetiva, existentes entre a cultura organizacional e os desafios de mudança. No caso de empresas multinacionais, é preciso conjugar a cultura organizacional com a análise da cultura dos países. A Profª Erin Meyer, com quem tive a oportunidade de atuar em parceria durante os anos que trabalhei com o INSEAD, na França, desenvolveu o Mapa de Cultura para avaliar as culturas nacionais.

O Mapa é um instrumento poderoso para compreender as diferenças culturais entre as principais nações do mundo. O modelo é organizado em oito escalas das quais os gestores precisam ter consciência em suas atividades profissionais quando se relacionam com profissionais de outros países. Cada país tem um resultado único no conjunto de escalas.

Já a estrutura organizacional deve seguir as principais definições estratégicas. Se a estrutura vigente não estiver alinhada com a estratégia futura, é recomendável ajustá-la na sequência da formulação. Uma estrutura desalinhada com a estratégia pode afetar o desempenho operacional, enfraquecer a orientação estratégica ou até inviabilizar as mudanças.

3.5 As derivações da estratégia de negócio

A formulação ou planejamento de uma estratégia de negócio pode depender de orientações estratégicas corporativas, como descrevemos no capítulo anterior. Essas orientações virão do Conselho de Administração de forma estruturada, como uma estratégia corporativa, ou na forma de recomendações ou diretrizes. Algumas empresas, sobretudo as multinacionais, chamam a estratégia corporativa de plano do conselho, o que não passa de uma diferença de nomenclatura. De posse das orientações advindas do conselho, as estratégias dos negócios são então elaboradas.

Como vimos, as estratégias dos negócios podem necessitar de complementariedades ou de modificações na estrutura organizacional. A Figura 11 apresenta a relação da estratégia corporativa com as estratégias dos negócios e as derivações a partir dela. Observe que há duas complementariedades circunstanciais (plano de negócios e estratégia de ecossistemas) e uma complementariedade necessária (análise de riscos). Durante o desenvolvimento da estratégia de negócio, é comum surgirem oportunidades de criação de novos negócios. Caso isso aconteça, é necessário desenvolver um Plano de Negócios específico para cada negócio identificado. Observe que um ecossistema também pode ser uma oportunidade surgida pela formulação de uma estratégia de negócios. Nesse caso, uma estratégia de ecossistema de negócios pode ser elaborada. Como mencionado, as modificações na estrutura organizacional são outra possibilidade. E ao final da estratégia, é necessário fazer a análise de riscos estratégicos para verificar se mudanças iterativas precisam ser efetuadas para a adequação e resposta a esses riscos.

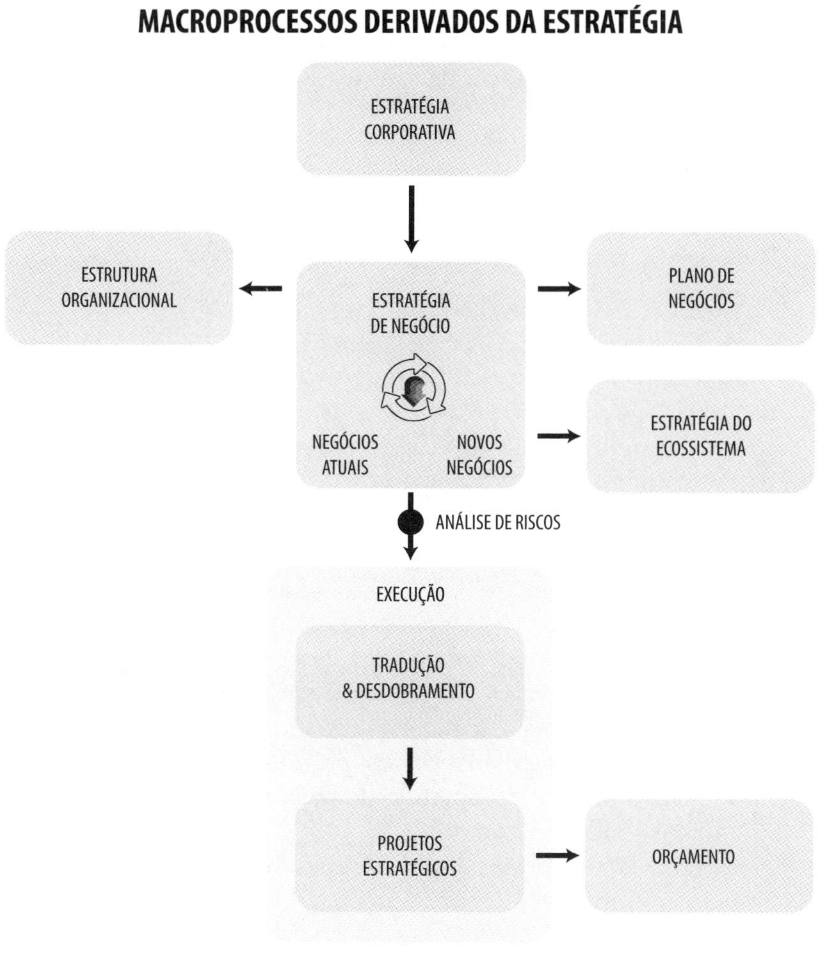

Figura 11 • As derivações da estratégia de negócio

3.5.1 O Plano de Negócios

O ***Plano de Negócios*** é um documento que descreve como a empresa planeja atingir os resultados de determinado negócio. A elaboração do plano de negócios (Figura 12) deve considerar todas as análises previamente feitas por ocasião do desenvolvimento da estratégia do negócio e sua viabilidade estratégica. A partir desse entendimento, o negócio é especificado em planos nas perspectivas de marketing/vendas, operações e finanças. Uma vez que os planos são elaborados, é feito o Sumário Executivo, que contém informações críticas para o processo decisório. Em se tratando de um novo negócio, é necessário elaborar um estudo de maior profundidade para verificar se há viabilidade. O Plano de Negócios é o instrumento tradicional que possibilita essa análise para qualquer modelo de estratégia.

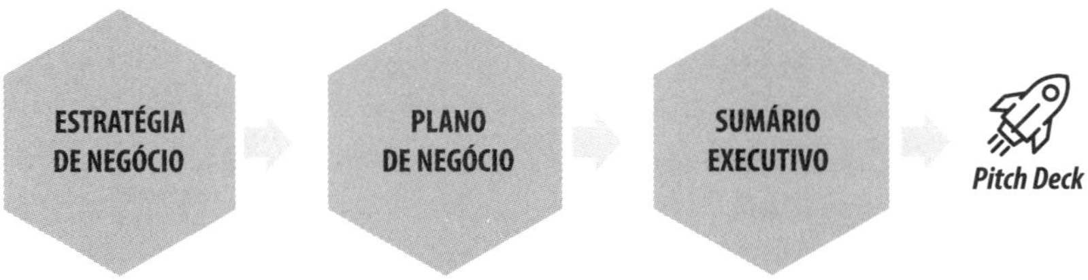

Figura 12 • Elaboração e apresentação do Plano de Negócios

O Sumário é também um importante meio de comunicação interno na empresa e deve conter:

- O conceito do negócio (sua contextualização, o que ele fará para os clientes, porque se justifica, o nível de maturidade do setor em que o negócio está inserido e as tendências);
- O objetivo estratégico de longo prazo;
- O mercado-alvo (clientes-chave e oportunidades);
- A análise concorrencial (concorrentes diretos e indiretos, posicionamentos e pontos fortes competitivos, produtos similares ou substitutos);
- O potencial do negócio (tamanho do mercado, metas realistas de vendas e de resultados no tempo);
- Competências requeridas (qualificações básicas e estratégicas para competir no setor);
- Riscos gerais do negócio.

Embora alguns investidores anjos do vale do silício tenham desestimulado a elaboração de planos de negócio por se tratar de um instrumento tradicional, eles são essenciais para que o empreendimento tenha credibilidade e recurso para sua implementação. O proponente deve ter confiança na validade do seu conceito de negócio. E o plano é necessário para se organizar ideias e garantir algum tipo de potencial comercial viável. O seu conteúdo fornece detalhes suficientes para demonstrar que a ideia terá grande chance de sucesso, operará com segurança e que haverá capital para suportar o perfil de risco.

O que pode ser questionado é o nível de detalhamento necessário e a forma de apresentação e venda da ideia. Os extensos manuscritos certamente não farão sentido. Por isso, os chamados *pitch decks* se popularizaram por conter os elementos essenciais e que podem ser especificados em diferentes níveis de abstração. E não pense que um *pitch deck* seja suficiente para garantir a aprovação ou o financiamento. Ele existe para despertar o interesse, para ganhar um segundo momento. A obtenção de recursos exige uma série de etapas de aprovação.

Mas tudo vai depender da complexidade do empreendimento. Um Plano de Negócios contempla tanto a análise estratégica quanto a análise de viabilidade. Como a análise estratégica já está contida na estratégia de negócio, será demonstrado, nesta seção, o seu desenvolvimento de forma restrita à análise de viabilidade do novo negócio. A Figura 13 apresenta os cinco componentes que um Plano de Negócios deverá compreender. Já a forma de apresentação deve ser a mais sucinta e objetiva possível. A utilização de uma única página é a solução mais pertinente para a maioria dos casos.

Figura 13 • Os componentes do Plano de Negócios

O plano detalhado inclui um descritivo geral, a estrutura de gestão com os recursos necessários e análises de três naturezas: a análise de mercado e vendas previstas, a análise da operação e, a partir dessas definições, a análise econômico-financeira do novo negócio.

O ***descritivo*** é a parte que contém a apresentação geral sobre o que o negócio se propõe e o que ele representará para a empresa e seus stakeholders. Podem ser agregados a ele a meta para os próximos anos, os produtos e serviços que serão comercializados, a estrutura requerida e a necessidade de investimento em inovação, que costuma ser uma preocupação dos investidores. É importante deixar a ideia clara na perspectiva dos clientes, detalhando a proposta de valor. O domínio do segmento de mercado é um ponto-chave, por isso descreva características que eles considerem críticas, como as regulamentações, a existência de cartéis ou a estratégia dos concorrentes.

A ***estrutura de gestão*** é analisada para compreender o perfil das pessoas que serão necessárias e quais competências serão demandadas interna e externamente. Deve-se incluir também as áreas de apoio e suporte ao novo negócio e os recursos para o bom desempenho dos profissionais. Os recursos podem envolver aquisições ou adaptações em sistemas de informação, equipamentos, tecnologias e estruturas físicas. Nesse ponto, é bom avaliar a compatibilidade cultural em relação aos demais negócios da empresa. Uma instituição que opera predominantemente com a orientação ao processo e custo há muitos anos terá maior dificuldade de estabelecer uma nova cultura para atuar em um mercado que requer uma estratégia de inovação de produtos, por exemplo. Assim, os esforços em gestão de mudança têm que ser considerados.

A ***análise de mercado e das vendas*** é a parte central do plano. Com base nas avaliações e definições feitas sobre o campo de atuação, os clientes, o portfólio de produtos e serviços e o modelo de negócio definidos na estratégia, descreva como a promoção dos produtos será realizada. Um plano de marketing deve fornecer suporte detalhado para demonstrar que a empresa tem perspectivas razoáveis de alcançar as projeções de receita, o volume de clientes e os principais mercados-alvo. Os componentes macroeconômicos e competitivos usados para desenvolver essa análise e a base de suposições pode ser destacada. As ações de marketing deverão ser intensificadas no caso de venda de serviços, que exigem maior esforço em comparação com produtos. A previsão de vendas ao longo dos anos tem que ser a mais realista possível, considerando a estratégia formulada. Componha a previsão de vendas com uma análise competitiva que leve em conta a estratégia futura dos concorrentes. Nesse momento, já é possível estimar a contribuição (lucro) que cada parte do seu negócio entregará.

A ***operação*** é definida em função da projeção de vendas e da estratégia de crescimento. Para que os processos de produção e expedição (quanto se trata de produtos) ou de desenvolvimento e implantação (serviços) sejam realizados, defina quais instalações o negócio terá. Descreva os recursos necessários, como equipamentos, armazenagem, logística, tecnologia, softwares, máquinas, mobiliário e tudo que for pertinente à operação. O contingente de pessoas envolvidas na operação também precisa ser indicado, assim como os potenciais parceiros e fornecedores.

Finalmente, é possível traduzir todos os atributos acertados até o momento em uma projeção financeira. A ***análise econômico-financeira*** inicia-se com a previsão do fluxo de caixa, incluindo o acesso a capital para a sobrevivência do negócio. A previsão de lucros e perdas indicará o avanço dos negócios no tempo. Essas projeções devem ser fundamentadas com fatos e dados: o sistema de precificação com sua lógica adjacente, as projeções consistentes de vendas no tempo e todos os custos diretos e indiretos envolvidos, incluindo a avaliação de riscos e as necessidades de reservas e contingências. Os custos de Marketing e Vendas, os custos operacionais, de desenvolvimento e melhoria de produtos, do *staffing* e o custo de recursos devem ser explicitados. O ponto de equilíbrio (*break-even point*) é uma informação importante que precisa estar disponível, pois ele indica a viabilidade do negócio, quando os custos e despesas operacionais se igualam à receita. O ponto de equilíbrio lhe permite descobrir o que será necessário em esforço de vendas para sobreviver.

A área financeira da empresa é uma parceira importante para avaliar novos negócios. Todos os parâmetros utilizados nessa análise devem estar alinhados com as definições da companhia. A fonte dos recursos para o financiamento de projetos, de capital próprio ou de terceiros, é feita com a participação dessa área e pode envolver a diretoria executiva e o Conselho de Administração, conforme o volume de recursos e riscos do negócio.

Essas são as variáveis sobre as quais você precisa refletir. Nem todas são necessárias para todos os casos, mas devem constar de sua lista para que sejam avaliadas quanto à sua pertinência.

Esteja atento para:

- não cair no excesso de otimismo.
- ser simples e conciso, sem ser simplista.
- responder prontamente a questionamentos.
- elucidar sobre riscos e prontos fracos do negócio.
- identificar espaço para aumentar as margens ou vendas.

Após a conclusão do Plano de Negócios, recomenda-se escrever a síntese de uma página com as informações mais relevantes. Essa síntese é o Sumário Executivo e pode ser utilizada na apresentação e/ou para compor o documento detalhado na parte inicial. No caso da apresentação, lembre-se de adicionar informações relativas à estratégia do negócio, uma vez que o modelo de plano de negócios que estamos utilizando está delimitado à análise de viabilidade. O conteúdo do mapa de valor, que normalmente faz parte da especificação de um modelo de negócio, e os diferenciais da estratégia são as informações mais oportunas para a apreciação daqueles que tomarão a decisão sobre o investimento no negócio.

O template da Figura 14 é um exemplo de Sumário Executivo conciso e orientador. Observe que ele descreve os destaques de um plano e acrescenta as informações sobre riscos, cuja técnica de análise é descrita no Capítulo 5. A depender da situação, os elementos nele contidos podem ter diferentes ênfases. Esse sumário atende bem a novos negócios para empresas incumbentes. No caso de startups, são comuns as ênfases em funcionalidade de produto, exibidos sob a forma de um protótipo, em desenvolvimento de cliente e em escalabilidade. A estratégia de crescimento é uma preocupação legítima nesse caso, uma vez que as startups usualmente falham em relação ao uso de práticas estáveis para suportar o seu crescimento.

O PLANO DE UM NOVO NEGÓCIO

SUMÁRIO EXECUTIVO

NEGÓCIO: ______________________

Objetivo Estratégico
Define o objetivo do negócio e a meta de longo prazo.

Conceito do Negócio
Descreva o que é negócio, o que ele fará para os clientes e porque será desejado. Qual é a maturidade do setor (novo, em crescimento, competitivo ou estável e maduro).

Mercado Alvo
Descreva os clientes-chave e as oportunidades.

Análise Concorrencial
Descreva os concorrentes diretos e indiretos, seus posicionamentos e forças competitivas. Avalie produtos similares ou substitutos.

Competências Requeridas
Defina as qualificações básicas e estratégicas para competir no setor.

Riscos
Descreva os riscos gerais do negócio.

Potencial do Negócio
O mercado é grande o suficiente para suportar a existência do negócio? Determine metas realistas de vendas e de resultados no tempo.

Figura 14 • Exemplo de Sumário Executivo de um Plano de Negócios

Outra derivação da estratégia de negócio é a formulação da estratégia de um ecossistema. Para que a oportunidade de criação de um ecossistema seja confirmada, é preciso fazer análises estratégicas específicas para assegurar sua consistência e viabilidade. A **Estratégia de um Ecossistema** é diferente dos modelos de estratégia apresentados na Seção 3.2 deste capítulo. Um ecossistema necessita da orquestração de várias empresas que operarão de forma colaborativa para atender às necessidades dos clientes em uma experiência integrada. Assim, a estratégia pertence a um conjunto de empresas e não a uma única organização. Nessa conjuntura, as análises estratégicas são distintas e prezam pela harmonia entre os diversos atores, por regras consistentes de governança, pela capacidade de oferta de soluções conjuntas e pela intenção dinâmica das empresas participantes. A estratégia de ecossistema é naturalmente adaptativa, pois deve considerar a flexibilidade de atuação dos diversos atores que são autogerenciados, precisam coevoluir constantemente e são, de certa forma, dinâmicos e independentes. A Estratégia de um Ecossistema será apresentada no próximo capítulo.

3.5.2 A Estrutura Organizacional

Nos casos em que há mudança da orientação estratégica predominante, alterações significativas na composição única de valor ou em campos de atuação, é necessário verificar se a **Estrutura Organizacional** atual atende seus requisitos ou se necessita ser modificada. Uma empresa que opta por uma estratégia de diferenciação de produto ou serviço, mas que mantém sua estrutura orientada a processos estará, na prática, mantendo os pressupostos táticos da estratégia vigente. Numa estrutura organizacional focada em produto ou serviços, os resultados são apurados por produto, faz-se constantes análises estratégicas dos produtos no mercado, há responsáveis pelos negócios realizados a partir dos produtos, investimentos em desenvolvimento e tudo que seja necessário para ser bem-sucedido em cada produto ou serviço prestado. Assim, você orienta toda a organização, de forma consistente, à execução alinhada de seus negócios com a estratégia definida. Veja exemplos de estruturas orientadas à estratégia na Figura 15.

O vetor estratégico predominante define o tipo de estrutura organizacional. Os vetores estratégicos representam a distinção primária de uma estratégia e podem ser compreendidos, em detalhes, a partir do que será descrito no Capítulo 5. Neste momento, basta entender que uma estratégia pode ser orientada ao processo, produto e/ou serviço ou à proximidade com o cliente — os três vetores estratégicos mais comuns — e que a estrutura precisa estar alinhada a eles. Assim como a organização orientada ao produto e/ou serviço exemplificada, a organização orientada à proximidade deve ser estruturada por gerentes de conta para manter um relacionamento próximo com os clientes. Uma organização orientada ao processo precisa focar a excelência dos processos, mediante uma estrutura que fortaleça essa orientação, privilegiando o fluxo horizontal para entregar valor.

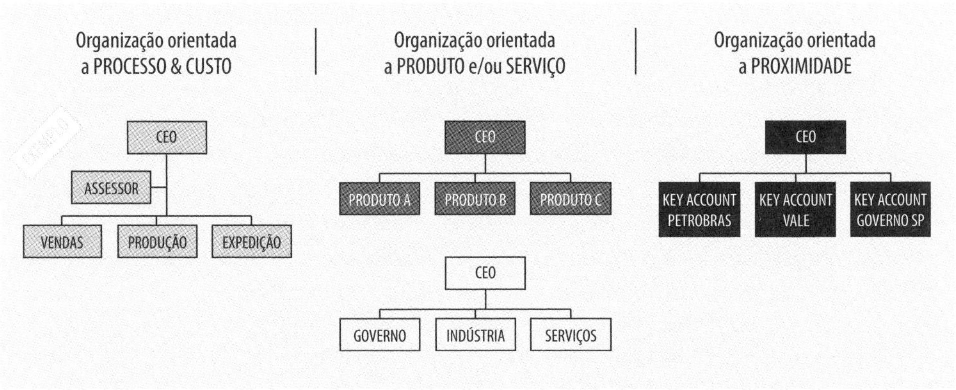

Figura 15 • Exemplos de estruturas orientadas a vetores estratégicos

Após formular a estratégia, ou pouco antes de concluí-la, é preciso iniciar a **análise de riscos**, que deve basear-se nas definições da estratégia de negócios, da estratégia corporativa que orientou essa definição e das derivações: estrutura organizacional, estratégia de ecossistema e o plano de novos negócios. As principais fontes de risco a serem analisadas serão detalhadas no final do Capítulo 5, que aborda o direcionamento estratégico.

A estratégia formulada ou planejada deverá então ser executada. O macroprocesso de **execução** possui duas fases determinantes: a tradução e desdobramento e os projetos estratégicos. A tradução da estratégia é realizada por meio da definição de objetivos e metas. E para o alcance das metas, são definidos e implementados os projetos estratégicos. Antes mesmo de iniciar cada projeto, são definidos alguns atributos necessários ao orçamento. As informações para o orçamento são aquelas que delimitam o projeto, como o objetivo primário, os produtos (*deliverables*) e os recursos necessários no tempo. Esse é um bom momento para definir o orçamento, uma vez que há maior clareza sobre a dimensão dos investimentos que deverão ser realizados. Se os investimentos estiverem acima da capacidade financeira da empresa, que é a situação mais comum, pode-se selecionar e priorizar os projetos ou ainda optar pelo aporte de capital próprio ou de terceiros.

O ciclo completo de formulação, execução da estratégia e orçamentação está concluído. O momento seguinte, que pode durar alguns anos, é o de acompanhamento da execução da estratégia. Por meio de reuniões periódicas, avalia-se o desempenho dos projetos e se há a necessidade de adaptação em função de alguma mudança estratégica. No caso das estratégias não clássicas, situação em que as mudanças ocorrem com maior frequência, é necessário estabelecer um processo específico para que as adaptações possam ocorrer no melhor tempo. Trata-se de um processo mais dinâmico de gestão da estratégia, que mantém o pensamento estratégico conectado às tendências, incertezas e influências externas e internas, tornando a estratégia sempre ativa. Esse é o assunto que será discutido a seguir.

3.6 A Gestão Estratégica Adaptativa

A abordagem adaptativa à estratégia é uma maneira de prover maior agilidade a ambientes dinâmicos por meio de uma gestão que não separa a formulação da implementação: a gestão estratégica adaptativa. Uma vez que a estratégia tenha sido formulada, entra em ação a prática chamada de *strategizing*. Esse termo é utilizado no gerúndio para expressar a estratégia como prática, de forma viva. A estratégia como prática considera os costumes, as práticas e as pessoas que praticam a estratégia (os praticantes). Assim, a coesão entre a formulação e a execução acontece uma vez que as mudanças estratégicas e seu efeito nas iniciativas estratégicas em curso são analisadas simultaneamente.

A gestão estratégica clássica se baseia na avaliação mensal de indicadores e metas estabelecidos via contrato de resultados. Os objetivos e as metas originam-se de determinado sistema de performance, como o *balanced scorecard* ou gerenciamento pelas diretrizes. Nas reuniões mensais, são verificados os desvios no cumprimento de metas e, a partir disso, analisam-se as causas e são elaborados os planos de ação para corrigir esses desvios. Se os resultados forem superiores aos planejados, analisam-se também suas causas para aumentar a aprendizagem.

Na gestão estratégica adaptativa, o foco é a dinâmica do mercado e a agilidade estratégica para ser responsivo, para a antecipação ou para criação de um futuro. As metas são igualmente avaliadas, mas no momento reservado à gestão dos resultados mensais. Portanto, o foco da gestão estratégica muda em termos de orientação, privilegiando o diálogo estratégico ao monitoramento, que também é necessário. Por isso, é recomendável implantar esse novo modelo de gestão pela adoção de níveis de maturidade, exigindo-se uma nova mentalidade, uma vez que o foco da abordagem clássica sempre foi predominantemente gerencial. Os modelos de maturidade são úteis para facilitar o avanço de processos e capacidades organizacionais, fornecendo diretrizes para o desenvolvimento consistente em níveis ou estágios para melhorias futuras. Os estágios crescentes de maturidade são realizados por se atender a um caminho sequencial, progressivo e unidirecional. Vejamos então os níveis para o alcance da excelência em gestão estratégica adaptativa.

Os Níveis de Maturidade

A abordagem baseada em níveis de maturidade proporciona dois benefícios centrais decorrentes da implementação das práticas gerenciais neles contidas. O primeiro é garantir a integridade e consistência a cada estágio de maturidade. A falta de algum componente em um nível de maturidade muito provavelmente gerará ineficácia em sua operacionalização. O segundo é a garantia dos avanços. Ao subir de nível pela realização de determinado patamar, novos componentes proficientes e integrados de gestão gerarão valor adicional. Essa é a forma pela qual esse tipo de modelo assegura um estado de excelência e plenitude.

Para avançar na gestão estratégica adaptativa, quatro níveis devem ser alcançados em ordem crescente de 2 a 5 (Figura 16). O primeiro nível representa qualquer condição inicial desordenada. Vejamos então o que representa cada nível em termos de condição e/ou práticas gerenciais.

Nível 1 – AD HOC

No primeiro nível, não há organização do processo de execução da estratégia. A empresa não faz uso de sistemas de performance para a tradução da estratégia, os projetos são definidos a partir de orientações gerais oriundas da estratégia e inexiste uma metodologia para a concepção e o desenvolvimento dos projetos estratégicos. Esse é um nível *ad hoc*, onde os processos são informais, por vezes caóticos, e cada um implementa projetos com base em sua própria capacidade, utilizando instrumentos que atendam isoladamente a propósitos específicos. Desse jeito, os resultados são fruto da coragem individual e não da repetição garantida de boas práticas, assim acontecendo em situações pontuais e de forma eventual. Em geral, a execução da estratégia acontece de forma reativa a necessidades. No primeiro nível, há absoluta ausência de práticas estáveis, o que pode ser uma barreira para o crescimento de uma organização no mercado.

Nível 2 – Eficiente

A organização que pretende implantar a gestão estratégica adaptativa pode ter um longo caminho a percorrer se ainda não tiver razoável maturidade em execução, o que contempla a tradução e o desdobramento e os projetos estratégicos (Figura 11), e na gestão estratégica em sua forma clássica, sem métodos sistematizados de adaptação ainda. A eficiência nesses dois processos caracteriza o segundo nível de maturidade.

Muitas organizações ainda estão distantes dessa realidade que, por si só, depende do cumprimento de vários patamares de maturidade intrínsecos. Só na parte relativa aos projetos estratégicos, existem Modelos de Maturidade específicos, como o OPM3 (PMI), o MMGP (Prado) e o PMMM (Kezner). A implementação de processos de gestão estratégica em ambientes voláteis pressupõe que a execução da estratégia na forma clássica tenha ocorrido satisfatoriamente e que é possível repeti-la com sucesso. Há domínio sobre a tradução da estratégia em objetivos e sobre os métodos e práticas para a realização exitosa de projetos estratégicos. Sem cumprir esses desafios, não há como avançar para os níveis seguintes, que utilizam práticas adaptativas.

Figura 16 • O Modelo de Maturidade em Gestão Estratégica

Nível 3 – Gerenciado

O Nível Gerenciado é alcançado quando há processos estruturados para que as adaptações aconteçam no nível dos projetos, independentemente do método de gestão (preditivo, ágil, híbrido ou inovativo) utilizado. As adaptações envolvem a mudança de suposições e de requisitos para responder a situações novas ou diferentes obtidas por meio de monitoramento, progressividade, experiências diversas ou pela antecipação de necessidades. Elas ocorrem em função de mudanças no ambiente externo ou no ambiente interno.

Durante o desenvolvimento dos projetos, as modificações acontecem por ocasião das revisões periódicas do ciclo de projetos, em *milestones* de revisão nos projetos que utilizam métodos tradicionais ou nos *sprints reviews* dos projetos que utilizam métodos ágeis. Os métodos ágeis têm maior facilidade estrutural para sofrer modificações durante seu ciclo de vida por sua própria natureza de lidar com mudanças e aprendizagem. Mas qualquer método precisará sofrer adaptações consoantes com os ambientes de maior volatilidade. E esse processo tem que ser sistematizado.

Nível 4 – Adaptativo

A maturidade no nível Adaptativo se traduz pela gestão estratégica adaptativa integral. Isso significa que qualquer dimensão da estratégia poderá ser modificada e que o novo escopo será contemplado em todos os processos derivados. O nível 4 deve ser prioritariamente proativo, prevendo-se momentos de avaliação periódica para novas reflexões acerca da estratégia em curso. No entanto, como já sabemos, nos ambientes de alta imprevisibilidade, certamente haverá mudanças reativas para suportar impactos externos. A adaptação alcançada nesse estágio é realizada pelo *processo iterativo para a melhoria da estratégia*, tema que será descrito a seguir, no nível 5.

Nível 5 – Otimizado

O último nível do Modelo de Maturidade é o da excelência pela inovação da própria gestão, uma vez que os principais resultados já foram alcançados no nível anterior (Adaptativo). A inovação na gestão estratégica adaptativa visa otimizar as práticas existentes pela melhoria contínua e por novas maneiras de proporcionar adaptabilidade à organização. Como dar maior agilidade à adaptação constante? De que forma a tecnologia poderá auxiliar? É possível se diferenciar no mercado pela capacidade de adaptação? Há oportunidades para a disrupção? São algumas das questões determinantes do estado otimizado. O nível 5 deve ser encarado como o desafio contínuo de se inovar e não como o estágio final. Afinal, uma organização é como um ser vivo, sempre em movimento, otimizando-se ao se renovar a cada dia rumo à própria distinção.

3.7 O processo iterativo para a melhoria da estratégia

O quarto nível de maturidade em gestão estratégica adaptativa é quando acontece a avaliação integral da estratégia, que pode gerar adaptações na estratégia formulada e, consequentemente, produzir mudanças no nível da execução. Isso quer dizer que a estratégia é avaliada quanto à sua contribuição para o futuro da organização em termos de consistência, diferenciais, crescimento, inovação e geração de valor.

A abordagem adaptativa em estratégia alcança então muitos de seus pressupostos que não tinham sido praticados até então. Nesse momento, é possível constatar que a estratégia está viva, que está sendo revisitada, que a premissa é de que mudanças acontecem dinamicamente no ambiente de negócios, com maior ou menor intensidade, de acordo com cada setor de mercado em que as empresas atuam.

A Figura 17 apresenta o Processo Iterativo para avanços estratégicos. Ele propõe a permanente reflexão sobre a estratégia, suas premissas e seu propósito para criar valor futuro. O processo contém quatro estágios: **a análise**, que nos convida a refletir e a melhorar a habilidade de pensar estrategicamente; **a evolução**, que nos provoca quanto à necessidade de aprimorar o direcionamento ou de reinventá-lo; **a avaliação da evolução**, para se examinar impactos prováveis e estimar o nível de desafio; e a **fase de execução**, para realizar o escopo originado no estágio anterior. Como se trata de um processo iterativo, novos ciclos se sucederão, mantendo-se a dinâmica de reflexão e de pensamento estratégico, de avaliação e de execução constantes, de forma evolutiva.

Figura 17 • O Processo Iterativo para a Melhoria Estratégica

Na sequência, os estágios do processo iterativo para a melhoria estratégica são detalhados para melhor compreensão.

A ANÁLISE

O estágio inicial do ciclo de avaliação se refere à reflexão sobre todos os componentes estratégicos e à mensuração de valor do direcionamento estratégico vigente. Os componentes estratégicos são os produtos resultantes das três fases da Estratégia Ágil: propósito, exploração e direcionamento. Portanto, a análise começa com a realização de uma nova reflexão estratégica que, em primeiro lugar, reavalia a força do propósito. O propósito, como causa, significância e estímulo, precisa continuar levando energia contagiante a todos aqueles que dele se inspiram.

Na sequência, acontece o momento de se reexplorar os valores futuros, de descobrir novas incertezas e de verificar se o ambiente interno deve manter as capacidades distintivas já definidas ou se há necessidade de mudança. Ainda nesse mesmo contexto, é preciso averiguar se o clima organizacional continua saudável, percebido de forma positiva pelos colaboradores. A reexploração termina ao revisitar-se as oportunidades advindas dos relacionamentos externos em relação às estruturas de valor adotadas até então.

Dando sequência ao estágio de análise, é feita a apreciação do direcionamento estratégico de cada negócio e de sua conformidade com a estrutura organizacional, com as capacidades distintivas e em relação às estruturas de valor. Essa avaliação da estratégia visa verificar, de forma mais concreta, se a criação de valor está em conformidade com o que havia sido estimado e se o valor futuro está assegurado. A Figura 18 apresenta os principais atributos de valor estratégico a serem auferidos, a saber:

- **Significância**: avalia se a estratégia continua sendo relevante para a organização como um todo e para seus stakeholders. Esse atributo é mensurado de múltiplos meios, incluindo a apuração de resultados, pesquisas de percepção, workshops, dentre outros, numa busca que retrate elementos tanto racionais como emocionais. Uma organização é relevante quando se mantém útil para os stakeholders internos e externos de forma abrangente, equilibrada e harmoniosa.
- **Unicidade**: avalia se a estratégia se mantém diferente dos concorrentes no mercado ou se está perdendo espaço por imitação. O atributo unicidade é valoroso quando aufere à organização momentos de atuação no mercado sem disputas acirradas e oportunidades de ganho superior. A avaliação desse atributo se faz pela verificação dos elementos da composição única de valor e de sua real contribuição distintiva no mercado.
- **Consistência**: avalia se há coerência entre as dimensões de integridade de uma organização e dessas em relação à estratégia. As dimensões de integridade são aquelas que determinam o escopo organizacional, no sentido de completude, que corresponde a seus processos e sistemas, formas de incentivo, estrutura organizacional, competências, comportamento dos colaboradores e cultura, para citar os principais. A coerência entre essas dimensões determina a coesão interna, e a coerência de todas elas em relação à estratégia determina o alinhamento. Assim, uma estratégia é consistente quando há coesão e alinhamento. Agilidade inclui caminhar com consistência.

- **Efetividade:** avalia o resultado geral da organização. Concretamente, os resultados são avaliados pela perspectiva econômico-financeira, de satisfação geral dos stakeholders e dos benefícios que estão sendo auferidos pela sociedade. Essa dimensão poderá avaliar também se a organização age de forma abrangente e se suas ações são regidas pela ética, pela responsabilidade social e ambiental e pelo desenvolvimento sustentável. Portanto, a efetividade é mensurada no curto prazo e estimada no longo prazo pela contribuição futura que se pretende entregar.

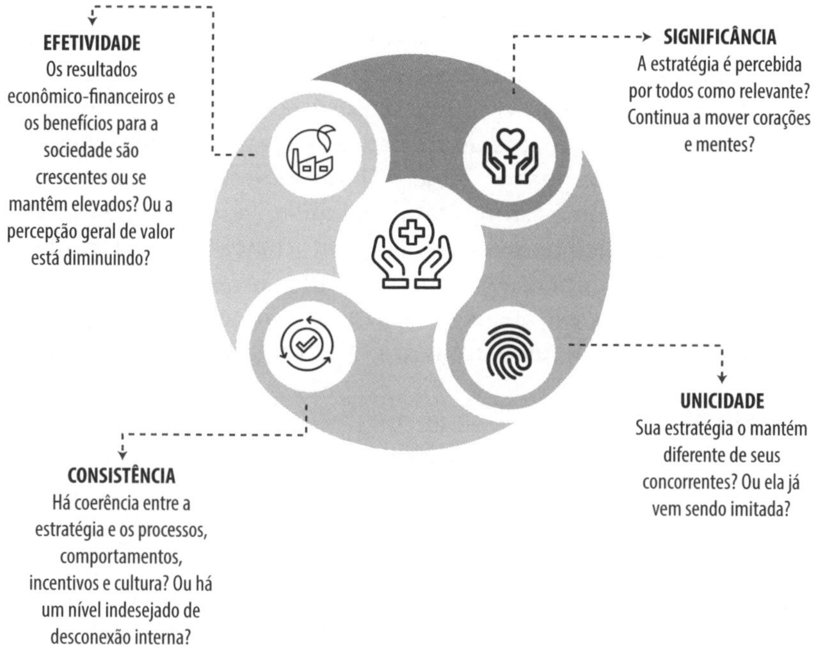

Figura 18 • Mensuração de Atributos de Valor Estratégico

A Evolução

Uma vez concluído o estágio inicial de análise, avalia-se a possibilidade de evolução do direcionamento estratégico e das capacidades e estruturas que o suportam. O segundo estágio é uma investida para se discutir as possibilidades de aperfeiçoamento, aferição de direção ou alteração que possa levar a uma mudança maior de rumo.

Os instrumentos de causa e efeito são particularmente úteis para determinar causas de desvios, mas o mindset que deve prevalecer é o de que é preciso evoluir dinâmica e regularmente. A inovação é o principal fato gerador de evoluções. Por isso, esse estágio deve se valer de práticas de ideação, inovação aberta, *design thinking* ou mesmo utilizar métodos que possam conduzir ao desenvolvimento de novos modelos de negócio, produtos e serviços.

A evolução visa garantir o crescimento da organização no mercado. Sem um crescimento sustentado, a organização pode reduzir o valor futuro esperado e comprometer a própria longevidade. A análise de riscos estratégicos também deve ser realizada para se concluir a evolução da estratégia revisitada.

A AVALIAÇÃO

O estágio de avaliação visa mensurar o impacto da evolução que se pretende realizar. Esse impacto será qualificado quanto à contribuição estratégica futura, mas será também mensurado em termos econômico-financeiros, de imagem e desempenho no mercado, de sustentabilidade e de geração de valor compartilhado. O impacto também é verificado no âmbito da execução da estratégia. Isso pode ser feito com maior precisão ao desdobrá-los em metas e ao se dimensionar os esforços de mudança. Os esforços de mudança serão estruturados na forma de novos projetos e de ações de mudança nas operações. Tendo sido apurado o esforço total de mudança, recomenda-se avaliar o grau de desafio e de risco de se fazer tal transformação. O Diagrama Estrela é um instrumento eficaz para esse tipo de avaliação, pois contêm os maiores desafios da execução de estratégias e o nível de criticidade de cada dimensão (esse assunto foi abordado no meu livro *Da estratégia ágil aos resultados*).

A EXECUÇÃO

O estágio final do ciclo de avaliação estratégica visa implementar as melhorias identificadas. Para efetivamente iniciar a execução, é preciso redefinir prioridades e alocar recursos. Assim, as especificações poderão ser revistas ou criadas pelas equipes de projeto sob a orientação e suporte de um Escritório Estratégico de Gestão de Projetos. De acordo com as prioridades redefinidas, os projetos serão monitorados e implementados em conformidade com as determinações da direção executiva da organização.

A execução termina e é estimado o tempo para se iniciar um novo ciclo. Essa prática é necessária para manter a agilidade estratégica em consonância com as necessidades dos negócios e do mercado. Dessa maneira, a avaliação estratégica se torna uma rotina da empresa, reforçando a visão, o pensamento estratégico e a busca pela longevidade.

Ideias-chave do Capítulo 3

- A evolução dos fundamentos que fortaleceram o conhecimento sobre a estratégia nas organizações, desde os anos 1960, aconteceu segundo a abordagem preditiva. Com razoável grau de previsibilidade futura, as organizações utilizaram uma série de instrumentos de análise competitiva e de negócios desde então. Somente nos últimos anos, as pesquisas foram redirecionadas ao estudo da abordagem adaptativa, mais adequada a um mundo de alta imprevisibilidade futura.
- O mundo sujeito a incertezas constantes requer uma nova mentalidade nas organizações: a mentalidade da agilidade. Ela é a base para construir organizações ágeis, que se compõe de quatro novas mentalidades estratégicas: a da aprendizagem, para evoluir sempre; a da imaginação, para inventar o futuro; a da colaboração, para criar valor superior; e a da resiliência, para lidar estrategicamente com os impactos advindos da imprevisibilidade.
- Além da estratégia clássica, novos modelos de estratégia surgiram em resposta às adversidades dos novos tempos, com enfoque proativo e abordagem preditiva. A estratégia ágil, que é igualmente uma estratégia proativa e deliberada, atende a mercados dinâmicos com sua abordagem adaptativa. Em caso de impacto imprevisto, é necessário ter uma estratégia com enfoque reativo e uma abordagem adaptativa: a estratégia resiliente. Um quarto modelo de estratégia pode surgir dos dois primeiros: a estratégia híbrida, que possui análises preditivas conjugadas com análises típicas de ambientes turbulentos.
- A estratégia ágil é diferente da estratégica clássica por sua abordagem adaptativa. No lugar da orientação ao planejamento pela possibilidade de previsão, a estratégia ágil é formulada e mantida por processos de gestão adaptativa. Ela prioriza a agilidade em vez da escala, sem comprometer a importância desta. Está orientada ao positivo para buscar oportunidades, é receptiva às contribuições dos stakeholders, adota o método iterativo para inovação, é colaborativa na relação com parceiros e incorpora os elementos de ambidestria estratégica.
- Há derivações circunstanciais e necessárias da estratégia de negócios. A estrutura de uma organização deve ser ajustada, principalmente se houver uma mudança de direção estratégica. Para que uma estratégia seja bem executada, o design organizacional deve estar alinhado com a estratégia. Se houver a oportunidade de desenvolver um novo negócio, planos de negócios deverão ser elaborados, assim como uma estratégia de ecossistema se uma oportunidade de criação de valor adicional ao negócio for identificada. As derivações necessárias incluem a análise de riscos e a execução da própria estratégia.
- A gestão estratégica adaptativa deve valer-se dos conceitos de maturidade para o sucesso de sua implementação. A gestão adaptativa é um instrumento poderoso para tornar a estratégia sempre viva, mantendo-se a mentalidade estratégica em ação e

a agilidade em um mundo dinâmico. O nível 1 de maturidade é *ad hoc*, onde os processos estão ainda desorganizados e os resultados são aleatórios. O nível seguinte é eficiente e as práticas são repetíveis. O nível gerenciado é alcançado quando acontece a adaptação em projetos, cabendo ao nível seguinte a gestão estratégica adaptativa. No nível 5 – Otimizado, há inovação na gestão estratégica.

- O processo de melhoria estratégica é iterativo e tem início na análise do direcionamento estratégico atual. Nessa fase, são mensurados atributos de valor estratégicos como significância, unicidade, consistência e efetividade da estratégia vigente. Após diagnosticar a situação atual, parte-se para a evolução da estratégia com consequente avaliação do impacto das mudanças sobre a realidade. A etapa final é a execução das mudanças para a melhoria geral da estratégia dos negócios.

REFERÊNCIAS

AGHINA, Wouter; HANDSCOMB, Christopher; SALO, Olli; THAKER, Shail. The Impact of Agility: How to Shape Your Organization to Compete. *McKinsey*, 2021.

CHARAN, Ram; WILLIGAN, Geri. *Rethinking Competitive Advantage*. Nova York: Currency, 2020.

DÉTRIE, Jean-Pierre et al. As estratégias relacionais. In: *STRATEGOR: Estratégia, estrutura, decisão, identidade - política global da empresa*. Lisboa: Gestão e Inovação, 2000. Capítulo 11, p. 185-197

JARZABKOWSKI, Paula; BALOGUN, Julia; SEIDL, David. Strategizing: The Challenges of a Practice Perspective. *Human Relations*, v. 60, n. 1, p. 5-27, 2007. DOI: 10.1177/0018726707075703.

KIMURA, Ryoji; REEVES, Martin; WHITAKER, Kevin. The New Logic of Competition. *BCG*, 2019.

MANLY, Justin et al. Reaching New Heights in Uncertain Times. *BCG*, 2023.

MAOR, Dana; PARK, Michael; WEDDLE, Brooke. Raising the Resilience of Your Organization. *McKinsey*, 2022.

MEYER, Erin. *The Culture Map: Decoding How People Think, Lead, and Get Things Done Across Cultures*. Nova York: PublicAffairs, 2016.

SUBRAMANIAM, Mohan. *The Future of Competitive Strategy: Unleashing the Power of Data and Digital Ecosystems. Management on the Cutting Edge*. Cambridge, Massachusetts: The MIT Press, 2022.

04

Estratégia Ágil: Propósito e descoberta de oportunidades

Se você quer vencer no século XXI, precisa ter certeza de que está tornando os outros mais poderosos. Então você terá sucesso.

JACK YUN MA

A formulação da estratégia ágil é um processo estruturado de reflexão, descoberta de oportunidades e escolha de uma direção estratégica para o futuro das organizações. Ela se aplica a empresas e entidades de diferentes portes e segmentos de mercado. O método e seus mecanismos foram cuidadosamente desenvolvidos para atender situações de menor a maior complexidade em ambientes de incerteza. Essa flexibilidade de aplicação do método está comprovada, uma vez que a estratégia ágil tem sido implementada com sucesso em organizações sociais, pequenas e médias empresas e em organizações de grande porte, com um ou mais negócios. A ideia central do modelo é a elaboração de uma estratégia que atenda aos desafios inerentes a ambientes turbulentos e que possa ser continuamente adaptada a partir de então. Um horizonte de tempo para um futuro possível ou imaginável pode ser estabelecido inicialmente e dependerá do grau de previsibilidade do setor.

O trabalho de formulação precisa ser entendido como um projeto de mudança organizacional que, para ser bem-sucedido, deve seguir as boas práticas da gestão de projetos e da gestão de mudanças (Figura 01). O processo de formulação da estratégia possibilitará a direção futura, a gestão do projeto assegurará a entrega dos produtos certos (*outputs*) ao longo do tempo e a gestão de mudanças proporcionará o engajamento dos stakeholders internos e externos. O desenvolvimento desses três processos de forma combinada dependerá ainda de outros dois elementos: a definição da estrutura e do modelo de estratégia a ser utilizado (clássico, ágil, híbrido ou resiliente).

Figura 01 • A combinação de processos para a definição da estratégia

4.1 A Organização do Projeto

O trabalho de formulação da estratégia requer a definição clara de papéis e responsabilidades de todos aqueles que participarão de forma permanente ou eventual. A recomendação é montar uma equipe nuclear que gerenciará todas as atividades para o pleno desempenho dos processos combinados e definir quem deverá participar de sua elaboração. O tamanho da equipe nuclear pode variar em função da complexidade e do momento da organização. O importante é garantir que os papéis fundamentais sejam atribuídos, a saber:

- **liderança do projeto**: de maneira atribuída a uma pessoa ou compartilhada em equipe, a liderança do projeto se responsabilizará pelo cronograma de trabalho, pelas agendas, pelo relacionamento com stakeholders e pelo registro do conhecimento.
- **liderança de mudança**: a responsabilidade pelos aspectos humanos e culturais em processos de mudança envolvem o engajamento de todos os gestores e stakeholders identificados, a comunicação assertiva, a capacitação e a atenção aos sintomas e os mecanismos de eventual

oposição. O líder de mudança atua de forma proativa para o melhor resultado do projeto, gerencia conflitos no processo e facilita a tomada de decisão por parte dos executivos.

- **liderança técnica**: a responsabilidade pelo suporte ao processo de elaboração da estratégia deve ser exercida por quem domina o conhecimento sobre estratégia. Há empresas que já possuem uma área com a responsabilidade pela gestão estratégica. Nesse caso, é ela que exerce a liderança técnica. No entanto, vale considerar se não seria melhor providenciar a condução por um terceiro. A elaboração de uma estratégia pode se beneficiar do olhar externo à companhia, da imparcialidade e independência necessárias ao questionamento das decisões que estão sendo tomadas e da própria condução técnica especializada da formulação.
- **liderança do *business***: o conhecimento sobre os negócios da organização deve estar representado na equipe nuclear. O modelo da estratégia ágil é customizável para atender diferentes negócios e pode ser ajustado às necessidades específicas de cada um deles. Apenas como um exemplo, um negócio *business-to-business* exigirá instrumentos de análise diferentes de um negócio *business-to-consumer*. Poderá haver variação não só quanto ao uso de instrumentos, mas também do próprio processo de formulação e de orientação do trabalho.

Além da equipe nuclear, outros papéis são decisivos ao formular a estratégia (Figura 02). Chamamos o conjunto de todos os papéis exercidos no desenvolvimento de uma estratégia de "equipe ampliada", assim chamada, porque é definida após a instauração da equipe nuclear pelo presidente/CEO. O CEO é o "proprietário" da estratégia de uma organização e, por isso, tem que liderar sua elaboração. Cabem a ele as decisões finais, a relação e negociação contínuas com o Conselho de Administração e, eventualmente, com a Assembleia de Acionistas quando for preciso aprovar investimentos.

O Conselho de Administração fornece as bases para a estratégia, homologa todas as decisões que foram tomadas em relação à estratégia e, posteriormente, supervisiona sua execução. Portanto, é de bom tom que o conselho seja continuamente informado pelo CEO sobre os avanços e envolvido durante o processo, quando necessário.

Os demais papéis-chave são os dos dirigentes da empresa e/ou responsáveis pelas unidades de negócio. São eles que liderarão a estratégia de cada negócio e tomarão as principais decisões em relação ao caminho que os negócios deverão trilhar em particular.

A estrutura da equipe é uma configuração inicial, sujeita a ajustes durante o processo, embora mudanças na organização de uma equipe não sejam habituais. Entretanto, como a estratégia ágil lida com uma incerteza futura maior, pode ser necessário realizar ajustes, que devem ser vistos com naturalidade. Criar novos negócios, um subproduto mais comum a essa modalidade de estratégia, pode resultar na inclusão de novos líderes na equipe estendida.

Para cada Unidade de Negócios, é formada uma equipe de trabalho, e os stakeholders vão sendo envolvidos em diferentes momentos. No caso da adoção dos princípios de uma estratégia aberta, o grau de participação de stakeholders na estratégia deve ser definido no momento de estruturação da equipe e pode sofrer adaptações pelo método iterativo.

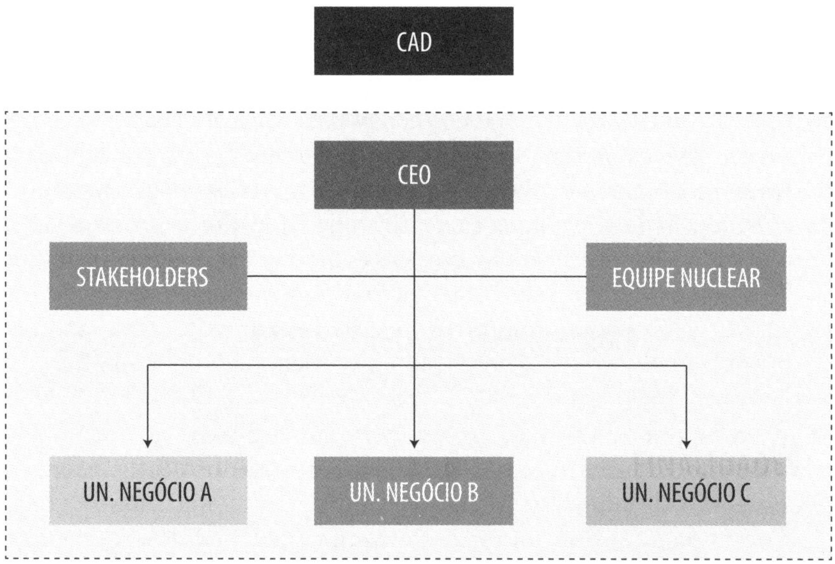

Figura 02 • A Estrutura da Equipe para a formulação da estratégia

4.2 O Modelo da Estratégia Ágil

A estratégia ágil possui uma estrutura em três camadas que fomenta a inovação estratégica. Sua lógica se baseia no trinômio inspiração-divergência-convergência para se chegar a uma solução, o mesmo princípio adotado em métodos inovativos como o *design thinking* e o *double diamond*. No ambiente organizacional, a inspiração fomenta o desejo de desenvolvimento e de evolução para patamares mais elevados de atuação e de relevância no mercado. E desse desejo vem a imaginação e a vontade de explorar novas oportunidades e de inovar para criar mais valor.

A Figura 03 representa, na parte superior do desenho, o raciocínio utilizado em gestão da inovação para se chegar a uma solução transformadora. A parte inferior do modelo contém o mesmo raciocínio da parte superior, mas traduzido pela estrutura da estratégia ágil. Como pode ser observado, o processo começa pelo propósito, a primeira camada (ou etapa) da estratégia ágil. O propósito como fonte de inspiração mobiliza as pessoas para a exploração de oportunidades futuras ao permitir a abertura e a divergência de perspectivas. As oportunidades podem se originar tanto no ambiente externo quanto no interno. A análise externa traz importantes insights sobre o futuro que, quando combinada com a análise interna, pode impulsionar o desejo de se criar o futuro e não somente perseguir tendências. Assim, estão abertas as portas à descoberta de novas possibilidades, à imaginação de um futuro estrategicamente promissor a todos os stakeholders.

Uma vez exploradas as oportunidades, é hora de tomar decisões, fazendo as escolhas sobre o melhor caminho a seguir, convergindo para um entendimento comum. Esse é o momento do direcionamento, a terceira e última etapa de formulação. Sua finalidade é entregar uma proposição única de valor, que somente sua organização terá no mercado.

Com a estratégia concluída, é necessário traduzi-la por meio de objetivos. A tradução é necessária porque facilita a comunicação e clarifica o que se pretende alcançar com a estratégia. O direcionamento será o assunto do próximo capítulo, e a tradução da estratégia será tratada no Capítulo 6.

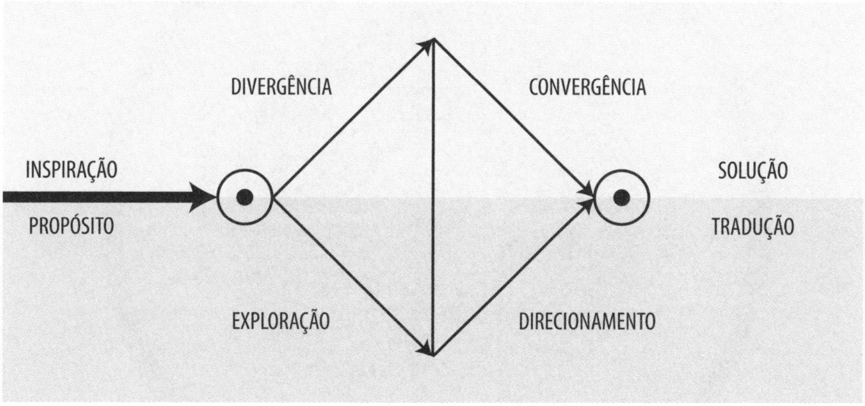

Figura 03 • A lógica subjacente à estratégia ágil

Essa lógica subjacente à estratégia ágil pode ser visualizada melhor na Figura 04, que representa as etapas de formulação dessa estratégia nas três camadas: propósito, exploração e direcionamento. Nas próximas seções, detalharemos as duas primeiras camadas do processo de formulação da estratégia ágil. A primeira delas contém a declaração do propósito maior da organização. A segunda, é a exploração de oportunidades, decomposta em suas quatro dimensões. A parte superior do modelo de exploração representa as dimensões externas à organização e a parte inferior às dimensões internas. O lado esquerdo representa o ambiente e o direito os relacionamentos. Assim, cada exploração será realizada da seguinte forma:

- exploração de oportunidades no ambiente externo pela avaliação de tendências e incertezas;
- exploração de oportunidades nos relacionamentos externos pela avaliação da influência dos stakeholders;
- exploração de oportunidades no ambiente interno na busca de capacidades distintivas;
- exploração de oportunidades dos relacionamentos internos na busca de estruturas de criação de valor na relação com stakeholders externos.

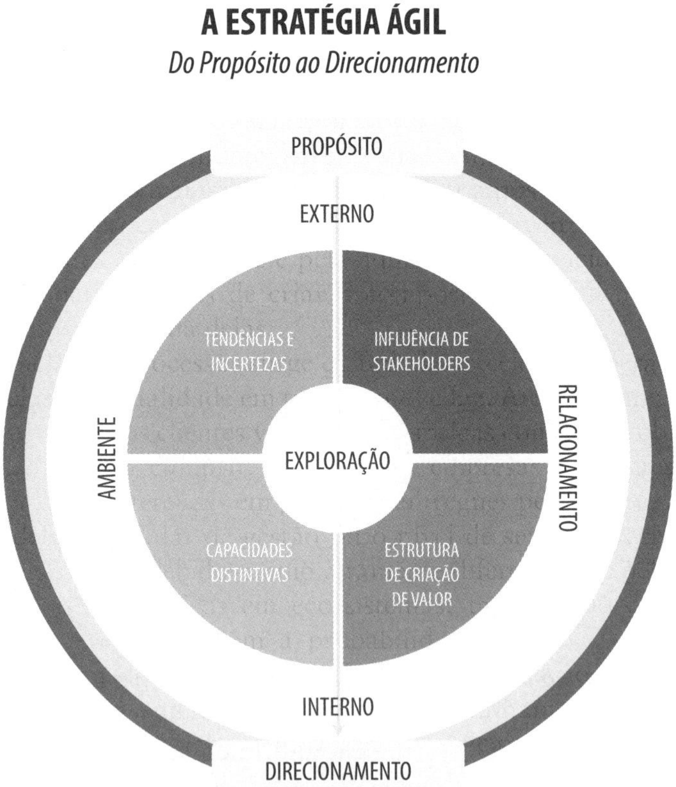

Figura 04 • As três camadas do processo de formulação da Estratégia Ágil

4.2.1 O Propósito

> *Quando um propósito autêntico permeia a estratégia de negócios e a tomada de decisão, o bem pessoal e o bem coletivo se tornam um.*
>
> Robert Quinn e Anjan Thakor

O propósito organizacional tem certa semelhança com o propósito de uma vida gratificante. As pessoas que têm um propósito valoroso na vida tendem a ser bem-sucedidas. E nas organizações, ele deve permitir que as pessoas tenham aspirações e alcancem grandes realizações. Essa é a essência de um propósito que pode se tornar um transformador massivo.

Na Singularity University, tive a oportunidade de conversar com Salim Ismail, criador do conceito de propósito transformador massivo, sobre seu significado e sua aplicação no ambiente de negócios. Embora a ênfase dele tenha sido a aplicação em organizações exponenciais, ficou claro para mim que estávamos conversando sobre um conceito único. O propósito mostra a clara razão do trabalho e, por si só, une as pessoas e inspira à ação. E as ações aspiracionais tendem a ser ilimitadas. Portanto, o propósito visa transformar em diferentes contextos e deve ser o norte da estratégia de qualquer organização.

A Figura 05 apresenta os princípios para a elaboração de uma declaração relevante, destacando o objetivo de cada um deles. Um propósito relevante tem sentido e significância para as pessoas que interagem de alguma forma com a organização.

- O princípio da utilidade, quando incorporado a uma declaração de propósito, visa reforçar a causa central de uma organização. Essa causa tem relação direta com a serventia à sociedade, incluindo o planeta. Se a utilidade já foi expressa na ideologia da empresa por meio da missão, ela poderá ser omitida da declaração de propósito.
- A inspiração fomenta o mindset de imaginação ao conquistar corações e mentes. Portanto, promove o compromisso necessário às mudanças organizacionais pela inovação, uma vez que a imaginação está à montante dela. Esse é o princípio central de um propósito.
- Um propósito também deve refletir autenticidade, sendo verdadeiro na prática organizacional. Precisa assegurar a confiança interna e externa à organização, do contrário, perderá credibilidade.
- O princípio da mobilização promove a implementação de mudanças, engajando pessoas em um processo de coconstrução do futuro.

Figura 05 • Princípios e objetivos de um propósito relevante

O propósito exerce uma função estratégica ao encorajar as pessoas a realizarem transformações que desenvolvam as organizações e que considerem as perspectivas de múltiplos stakeholders. As empresas que têm um propósito geram mais valor compartilhado no longo prazo, de forma sustentável, a despeito de um mundo dinâmico. Por outro lado, não se deve pensar no propósito como um elemento de estabilidade, embora a tendência seja que ele tenha vida longa. Os propósitos devem ser adaptados à dinâmica do mercado, especialmente à medida que os princípios de inspiração e mobilização começam a perder efetividade. Mark Zuckerberg modificou o propósito do Facebook de "Dar às pessoas o poder de compartilhar e tornar o mundo mais aberto e conectado" para "Dar às pessoas o poder de construir comunidades e aproximar o mundo" por considerar que o propósito anterior havia perdido a força inspiracional. Para Zuckerberg, o desafio de sua geração é criar um mundo em que todos tenham um senso de propósito.

As evidências sugerem que propósito é um componente aspiracional daqueles que querem fazer parte de algo maior em esforços conjuntos, por sua livre escolha. Nesse sentido, o propósito pessoal precisa estar alinhado com o propósito organizacional. O propósito corporativo é algo comumente adotado, mas de decisão individual, tendo influência em nosso desempenho, nos nossos relacionamentos e no nível organizacional. Acredito que os profissionais que adotam um propósito autêntico maior que os negócios se tornam verdadeiros líderes. O propósito vai além do lucro, das palavras e da própria estratégia, tendo a finalidade de fazer a organização perdurar.

O propósito deve ser descoberto, não inventado. Descobrir um propósito maior envolve ação coletiva, reflexão e diálogo. Os princípios para a construção de um propósito relevante fornecem as bases para a descoberta. Eles não devem ser entendidos como uma fórmula preconcebida de um bom propósito. Nem creio que isso possa existir. Os princípios podem ser encontrados em muitos lugares, uma vez que já pertencem à cultura. Eles podem estar nos rituais existentes, nas metáforas e histórias contadas pelos fundadores, no comportamento das pessoas, nas crenças, na linguagem e no jeito de ser no dia a dia. O propósito é algo genuinamente autêntico, por isso mobiliza. Portanto, é sempre válido questionar sua própria definição: qual é o propósito do seu propósito? Se a resposta clarificar seu sentido e relevância, você estará no bom caminho. Como resultado, todos se beneficiarão.

4.2.2 A Exploração de Oportunidades

A exploração de oportunidades estratégicas é a principal função de uma estratégia positiva e proativa. A orientação positiva promove a busca de ideias, a cooperação com os stakeholders, a sustentabilidade e a criação de valor compartilhado. A proatividade estimula a criação do futuro, a antecipação estratégica e a determinação necessária para crescimento e inovação a despeito dos obstáculos que virão. Há um vasto campo de oportunidades a serem exploradas no mercado e na própria organização. Sua irrestrita análise e utilização são fatores críticos para o sucesso empresarial.

4.2.2.1 A Exploração de Oportunidades: ambiente externo

A exploração de oportunidades do ambiente externo visa identificar tendências e incertezas futuras sobre o macroambiente e sobre o setor ou segmento de mercado em que uma organização atua. Para o macroambiente, recomenda-se utilizar o acrônimo PESTEL, do inglês, (ou PESTAL em português), que se refere a ambientes político, econômico, social, tecnológico, ambiental e legal. As informações sobre o macroambiente empresarial podem ser obtidas por diversas entidades e fontes de pesquisa. Por exemplo, a parte econômica pode ser consultada através do Banco Mundial, que publica de forma frequente as perspectivas econômicas globais. O Instituto de Pesquisa Econômica Aplicada (IPEA) também divulga previsões macroeconômicas sobre a economia mundial, a atividade econômica brasileira, as finanças públicas e a agropecuária, entre outros indicadores, assim como o IBGE conduz várias pesquisas e estudos.

O processo de exploração deve ser realizado para cada ambiente representado no acrônimo. Na análise do macroambiente, é necessário determinar as variáveis a serem analisadas, sua evolução provável, o horizonte estratégico de ocorrência da tendência ou incerteza e, por meio dessa análise, identificar as oportunidades estratégicas que poderão ser capturadas.

Para o setor ou segmento de mercado a ser explorado, a lógica é semelhante à exploração do macroambiente. As análises setoriais são encontradas em bases de dados de pesquisa setorial. O EMIS é um exemplo de plataforma de inteligência de mercado que publica notícias e informações sobre as tendências em determinados segmentos de mercado. Nela é possível encontrar os relatórios de pesquisa setorial como as do agronegócio, dos serviços, da indústria, dentre outros. Há também consultorias especializadas por indústria que fornecem informações sobre as perspectivas futuras do setor, como o Gartner Group, que fornece relatórios sobre as tendências do setor de tecnologia da informação. As entidades representativas de setores, como a FEBRABAN, que representa o setor bancário brasileiro, também realiza pesquisas. Ela tem publicado anualmente o estágio da tecnologia bancária no Brasil e suas tendências. Na análise do setor, é igualmente importante determinar as variáveis, sua evolução provável, o horizonte estratégico e as oportunidades que poderão ser capturadas.

A partir da análise dessas tendências e de informações sobre pesquisas publicadas e em andamento, que ainda não se caracterizam como tendências, é possível identificar oportunidades estratégicas. O volume e o rumo de pesquisas na academia são incertezas que podem fornecer pistas e sinais relevantes para a antecipação estratégica. A partir dessas análises é que são identificadas as oportunidades. A Figura 06 apresenta o processo de exploração de oportunidades no ambiente externo.

De posse de todas as oportunidades, é possível determinar a relevância delas por meio de critérios previamente definidos. A relevância é útil para a priorização e seleção de oportunidades que serão então aproveitadas. Como havíamos demonstrado, a exploração é uma etapa para ampliar buscas, ainda sem avaliação crítica, o que faz com que o número de oportunidades identificadas possa ser elevado. Os critérios para a determinação da relevância devem levar em conta o fortalecimento de vantagens competitivas no mercado, a geração de valor, a contribuição para crescimento e inovação e o aumento de capacidade organizacional.

Figura 06 • O processo de exploração de oportunidades no ambiente externo

4.2.2.2 A Exploração de Oportunidades: relacionamentos externos

A exploração de oportunidades nos relacionamentos externos visa identificar a influência dos stakeholders e as possibilidades de cooperação mútua. A orientação estratégica a stakeholders é uma fonte para a criação de valor no longo prazo de forma sustentada. Nenhuma organização opera de forma isolada no mercado, todos fazem parte de relações no mundo real. As empresas dependem de organismos governamentais, da sociedade e de parceiros. Uma sociedade pode tanto restringir o crescimento de organizações quando desprovida de benefícios ou quando afetada negativamente por elas, como gerar oportunidades de desenvolvimento e progresso quando incluídas. A visão construtiva e sistêmica das relações numa coalizão multisetorial visa posicionar uma organização em patamares superiores de agregação no mercado. Até mesmo as organizações verticalizadas, a forma mais fechada de estruturação, precisa se relacionar com muitas entidades para sua existência e preservação.

Para compreender a visão dos stakeholders nessa perspectiva estratégica, é interessante entender a evolução dos fundamentos da criação de valor. De forma sucinta, podemos resumir a evolução em três momentos. As primeiras ideias sobre valor defendiam que a responsabilidade de uma empresa era unicamente a maximização do lucro para os acionistas. Num segundo momento, inúmeras produções acadêmicas passaram a defender, a partir dos princípios de Peter Drucker, que o foco da entrega de valor deveria estar centrado nos clientes, o verdadeiro norte de uma corporação, que seria beneficiada consequentemente por essa orientação. A geração de valor para clientes foi a base para a expansão do conceito em um terceiro momento: a criação de valor compartilhado. O valor compartilhado foi primariamente definido como o valor que as organizações precisam criar para a sociedade como agentes de mudança social. Mas agora é possível depreender que o progresso social envolve múltiplos stakeholders que integram os relacionamentos empresariais e que o progresso social é compatível com o sucesso das organizações.

Surge assim o capitalismo de stakeholders, um movimento que almeja elevar a consciência de que uma organização deve atender e criar valor para todos os stakeholders: os acionistas, os clientes, os funcionários, os parceiros e a sociedade como um todo. A importância desse assunto ganhou força no mundo empresarial e foi tema do Manifesto de Davos 2020. No entanto, essa é uma relação de reciprocidade e sinergia. É igualmente importante capturar valor da relação com stakeholders, pois é possível beneficiar-se de oportunidades estratégicas com eles. É esse o sentido da exploração de oportunidades pelos relacionamentos com stakeholders, que pode inclusive considerar concorrentes no mercado numa ligação de cooperação e concorrência simultâneas.

Para efeitos de referência na análise estratégica, a Figura 07 apresenta uma relação não exaustiva de stakeholders externos que poderão ser considerados nessa etapa de exploração. A ideia é ampliar a visão para expandir possibilidades de colaboração, na exploração interna e na camada de direcionamento da estratégia ágil, em um segundo momento.

Figura 07 • Stakeholders externos e oportunidades potenciais

Cada conjunto de stakeholders oferece oportunidades potenciais. Seguem exemplos de oportunidades que poderão ser exploradas:

- **Concorrentes atuais**: alianças estratégicas para assumir empreendimentos que requerem complementaridade de competências, formação de ecossistemas, ações conjuntas para o fortalecimento do setor e ações de desenvolvimento de conhecimento de interesse comum, usualmente não estratégico.
- **Concorrentes futuros**: a potencial entrada da concorrência de outro setor, com produtos substitutos, pode ser uma oportunidade para um incumbente se antecipar e criar barreiras de entrada. Existem oportunidades claras de disrupção em modelos de negócio que uma futura concorrência poderá sinalizar, o que pode fortalecer a capacidade interna de proatividade e inovação.
- **Terceiro setor**: o aumento de valor social pode gerar desenvolvimento de comunidades locais, mão de obra especializada, melhoria da sustentabilidade e aumento de capacidade organizacional.
- **Órgãos de controle**: melhoria da imagem e reputação pelo cumprimento de regras de compliance e melhoria da governança corporativa.
- **Não clientes**: empresas e pessoas que não são clientes têm motivos para tal. O conhecimento sobre esses motivos pode gerar inúmeras oportunidades de melhoria. Por isso, é preciso entender o que eles valorizam, suas expectativas e necessidades.
- **Clientes**: a maior proximidade no relacionamento com clientes gera um conhecimento que pode fortalecer vínculos, aumentar a retenção e a percepção de valor e gerar novos modelos de negócio, produtos, serviços e negócios.
- **Lideranças comunitárias**: iniciativas conjuntas de desenvolvimento e de fornecimento de serviços às comunidades, cooperação para o aumento de capacidade organizacional. O potencial de consumo das favelas no Brasil é estimado em centenas de bilhões de reais por ano. Em Paraisópolis, São Paulo, fica a sede do G10 Favelas, uma das principais organizações sociais do país para o desenvolvimento socioeconômico dos moradores. A ONG realiza inúmeros projetos em parceria com as empresas. Até um banco de desenvolvimento foi criado, o G10 Bank, que estimula o empreendedorismo nas favelas associadas.
- **Investidores e parceiros**: além da contribuição financeira para o crescimento, os investidores podem agregar na governança das organizações, em sua profissionalização e na ampliação da rede de relacionamento. As parcerias podem gerar valor de muitas maneiras.

- **Legislativo e judiciário**: leis para oportunidades de negócios e regulamentações em geral podem favorecer negócios e atividades globais, reduzir práticas de concorrência desleal, prover segurança institucional e melhorar a governança corporativa. A desregulamentação também pode ser benéfica ao simplificar o controle e o monitoramento do mercado.
- **Governo**: com influência variável entre os setores da economia, o governo pode ser um stakeholder relevante. As parcerias entre as instituições governamentais e as empresas são necessárias para o desenvolvimento econômico. É atribuição do governo decidir sobre a configuração do arranjo institucional, autorizar a criação e o funcionamento das organizações (públicas, sociais e privadas) e estabelecer suas regras de funcionamento e interação, com vistas à promoção do desenvolvimento igualitário.
- **Entidades de classe**: disponibilizam conhecimento e pesquisas sobre as tendências do setor, a prospecção de oportunidades para associados, além do fomento ao desenvolvimento do setor, dentre diversas atuações.
- **Universidades e *think tanks***: desenvolvem pesquisas aplicadas, conhecimento e competências, a análise de tendências, a criação de produtos, serviços e tecnologias, além de manterem um relacionamento próximo com o governo.

O processo de exploração de oportunidades nos relacionamentos externos (Figura 08) também pode incluir os colaboradores da organização (stakeholders internos). Em estratégias abertas, as diversas áreas da organização podem fazer contribuições, uma vez que mantêm relacionamentos com os atores externos e detêm o conhecimento advindo de sua experiência e da proximidade com eles. Os colaboradores podem orientar na seleção e priorização dos stakeholders externos que deverão ser entrevistados e/ou incluídos no processo de formulação de uma estratégia.

Uma vez que os stakeholders forem selecionados, será preciso elaborar questionários semiestruturados para as entrevistas ou preparar pesquisas remotas. Para cada stakeholder, identificam-se as oportunidades que poderá gerar, assim como as reciprocidades que a organização deverá oferecer como contrapartida. Nesse momento, recomenda-se também descrever como as oportunidades poderão ser apropriadas. A etapa final é a de determinar a relevância das oportunidades, para que sejam rigorosamente escolhidas. Os critérios adotados para essa classificação podem ser os mesmos que foram utilizados na etapa anterior, das oportunidades advindas do ambiente externo.

Figura 08 • O processo de exploração de oportunidades nos relacionamentos externos

4.2.2.3 A Exploração de Oportunidades: ambiente interno

O ambiente interno é uma fonte valiosa de oportunidades para a estratégia. Muitas organizações sustentam vantagens competitivas por meio de capacidades e estruturas robustas de geração de alto valor. É o caso da Microsoft, que dispõe de uma composição de valor focada em suas forças internas: capacidades estratégicas diferenciadas, definição de padrão mundial pelo sistema operacional Windows e uma rede global composta de empresas complementares que desenvolvem software para sua plataforma proprietária.

Nessa etapa do processo de exploração, o foco é identificar as capacidades atuais e futuras que sustentarão o crescimento e as melhorias necessárias ao vigor e à perenidade da organização. Para isso, avaliam-se as oportunidades identificadas pela exploração externa e, simultaneamente, exploram-se as oportunidades internas para a definição de capacidades distintivas futuras. As capacidades distintivas serão viáveis se houver o favorecimento cultural e a motivação no ambiente de trabalho. Quando pertinente, a motivação pode ser estimulada pela liderança por meio de mecanismos gerenciais, como o propósito, os incentivos e a melhoria do ambiente de trabalho. Mas as mudanças culturais significativas, quando viáveis, só acontecerão no longo prazo. Por exemplo, uma cultura com elevada orientação interna pode inviabilizar as capacidades estratégicas agressivas no mercado, assim como as culturas centradas no controle dificultam a construção de capacidades de inovação radical. Nessas situações, as oportunidades poderão até se inviabilizar pelo prazo de execução caso inexistam outras opções, como a aquisição de talentos ou a complementaridade de competências por parceiros.

A Figura 09 apresenta o processo de exploração de oportunidades no ambiente interno. Embora o processo demonstre uma sequência de atividades, é sempre bom relembrar que a estratégia ágil é iterativa. Dessa forma, as decisões tomadas nesse momento deverão ser revisitadas por ocasião de definições posteriores. Essa dimensão é passível de incrementação ou adaptação pelas definições de estruturas de valor e pelos direcionamentos dos negócios.

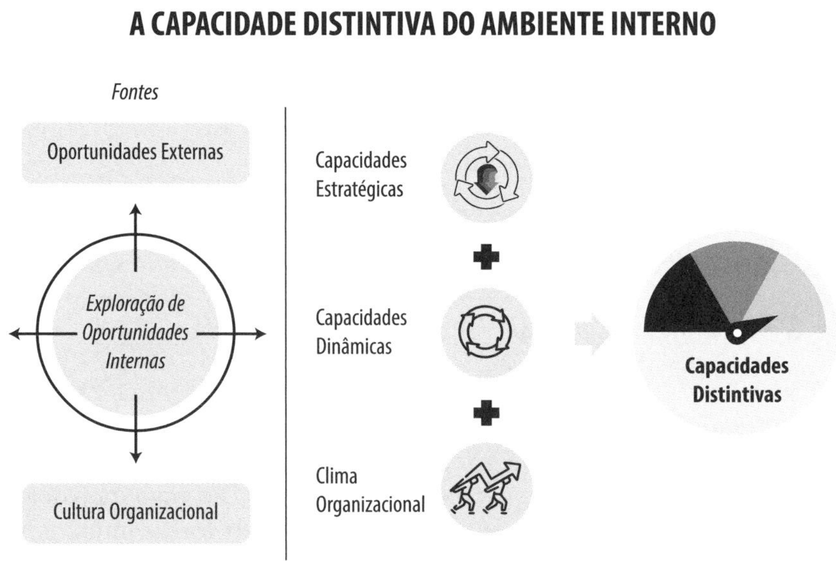

Figura 09 • O processo de exploração do ambiente interno

Com as oportunidades externas e internas selecionadas *vis a vis* a avaliação da cultura organizacional vigente, definem-se as capacidades estratégicas e dinâmicas. A capacidade organizacional se compõe de competências organizacionais e de recursos. As capacidades estratégicas serão as necessárias ao sucesso no ambiente competitivo dos negócios. Elas proverão vantagens e diferenciais estratégicos às organizações no jogo competitivo. As capacidades dinâmicas serão aquelas que suportarão as práticas dinâmicas, fazendo com que haja facilidade de adaptação, mudanças e evoluções de forma permanente.

No Quadro LL são apresentados exemplos de capacidades estratégicas e dinâmicas. Nele não estão representadas as capacidades técnicas de empresas, por serem muito específicas. Mas elas devem ser avaliadas com atenção, porque podem ser distintivas. Empresas como a Canon possuem capacidades técnicas na área de engenharia que são estratégicas. A Canon detém competências que lhe confere robustez estratégica nas áreas de ótica de precisão, reconhecimento facial e robótica. Foi com a manutenção dessas competências centrais em áreas técnicas que ela conseguiu migrar seus negócios ao longo de décadas. O terceiro componente da definição de capacidades distintivas é o clima organizacional, que deverá apresentar fatores motivacionais vigentes ou ampliáveis relativos às capacidades definidas.

As capacidades também incluem os recursos necessários ao exercício das competências. Os recursos podem ser igualmente fonte de vantagem competitiva. Algumas empresas possuem uma localização privilegiada, como o Grupo Martins, que possui 48 centros de distribuição avançados em pontos estratégicos pelo país. Outras possuem recursos diferenciados, como suporte omnichannel, tecnologias específicas para seus negócios, ativos singulares, bases de conhecimento, capacidade de investimento e patentes. Mas os recursos intangíveis, como marca, reputação e identidade, também diferenciam uma organização e podem gerar vantagens exclusivas.

CAPACIDADES ESTRATÉGICAS	CAPACIDADES DINÂMICAS
Centralidade no cliente	Antecipação de oportunidades
Gestão de redes e ecossistemas	Agilidade organizacional
Antecipação estratégica	Inovação tecnológica
Excelência em processos	Reinvenção continuada
Liderança adaptativa	Adaptação ao mercado
Protagonismo	Ambidestria organizacional
Mindset global	Proatividade de mercado
Empreendedorismo	Gestão de mudanças
Inteligência Competitiva	Gestão de incertezas
Visão de futuro	Modelagem disruptiva
Diferenciação	Resiliência
Qualificação	Aprendizagem continuada

Quadro LL • Exemplos de Capacidades Estratégicas e Dinâmicas

Por fim, a definição das capacidades distintivas é o resultado da combinação de capacidades estratégicas com capacidades dinâmicas em um clima organizacional favorável ao desempenho das competências organizacionais intrínsecas. A capacidade distintiva deve demonstrar claramente sua contribuição e o seu impacto na organização. A relação da capacidade com o impacto é importante porque dá significado à escolha feita e justifica sua implementação. O maior esforço de uma organização é a execução de sua estratégia, a realização de mudanças e avanços futuros. A criação de uma nova capacidade organizacional precisa fazer sentido para o seu desenvolvimento.

4.2.2.4 A Exploração de Oportunidades: relacionamentos internos

A exploração de oportunidades dos relacionamentos internos com empresas considera um leque amplo de possibilidades, representadas por estruturas que potencializam a criação de valor para todas as partes envolvidas em arranjos interdependentes. A análise estratégica de estruturas visa alavancar vantagens competitivas e reforçar a robustez estratégica, provendo maior perenidade aos negócios. São cinco as principais estruturas para a criação de valor. Além delas, existem também as diferentes formas de compor alianças estratégicas, que podem ser temporárias ou não, com objetivos similares para a criação de valor. A Figura 10 apresenta as estruturas dominantes, desde as mais fechadas até as mais abertas à colaboração com outras empresas, representadas no primeiro quadro, e as estruturas de colaboração múltipla (M:N), na forma de plataformas ou de ecossistemas de soluções.

O primeiro quadro da Figura 10 apresenta as principais estruturas referentes à atuação de uma única empresa com seus parceiros de negócios. Na estrutura vertical, todas as atividades centrais são executadas pela própria empresa, de ponta a ponta. Nessa situação, a empresa gerará um valor superior em comparação com as demais estruturas se tiver domínio de todo o processo e alcançar uma excelência operacional singular no mercado. Eventualmente, uma empresa verticalizada pode estabelecer algum tipo de aliança estratégica com outra empresa para uma finalidade temporária.

Em uma estrutura de Cadeia de Valor, as atividades a montante (fornecedores) e a jusante (intermediários) são terceirizadas, enquanto as atividades centrais permanecem com a empresa. A escolha por essa estrutura pode ser justificada por custos mais baixos, reconhecida qualidade dos fornecedores, capacidade, localização, custos e rede de relacionamento dos representantes.

Em estruturas de rede de valor, a empresa terceiriza amplamente suas atividades, incluindo os processos *core* dos negócios. Nessa configuração, a empresa principal gerencia a rede e alguns processos transversais como marketing e qualidade.

As duas estruturas seguintes podem ser aderidas de forma adicional a alguma das três estruturas anteriores, acrescentando-se valor pela liderança dessas estruturas ou pela participação nelas.

Figura 10 • Estruturas de Criação de Valor: o espectro dos relacionamentos

Na estrutura de plataforma, também chamada de ecossistema transacional, uma atividade central (plataforma digital) conecta empresas de diversos segmentos interessadas em comercializar seus produtos com os clientes da plataforma. Essa estrutura tem como característica principal a viabilização de um número maior de transações comerciais. A empresa que gerencia a plataforma normalmente recebe uma taxa por transação, motivo pelo qual essa estrutura é chamada de transacional.

Finalmente, na estrutura de um ecossistema, também chamada de ecossistema de soluções, várias empresas independentes se unem para viabilizar a oferta de uma solução ao mercado que não seria possível por meio de uma organização individual.

Compreendidas as diferenças, vamos então conhecer o processo de exploração dos relacionamentos internos, ilustrado na Figura 11. A partir das oportunidades externas identificadas e da definição de capacidades distintivas oriundas da exploração, analisam-se as possibilidades de criação de estruturas de valor e/ou de adesão às estruturas existentes. A avaliação de oportunidades para atuações conjuntas pode ter como resultado desde uma relação de parceria na cadeia de valor até a criação de ecossistemas de negócios, uma vez que, na estrutura verticalizada, não há parceiros. De forma geral, nenhuma estrutura é melhor do que outra. Uma análise criteriosa deve ser realizada para se chegar à conclusão sobre a estrutura que gerará mais valor.

A partir das oportunidades já identificadas nas etapas de exploração, avaliam-se as cinco estruturas centrais de criação de valor partilhado e a possibilidade de realização de alianças estratégicas. Colaborações pontuais entre empresas, por meio de alianças decorrentes de oportunidades já identificadas, podem ser realizadas em harmonia com qualquer uma das estruturas principais. Embora as alianças envolvam apenas duas organizações, pode haver oportunidades estratégicas muito relevantes nesse tipo de associação.

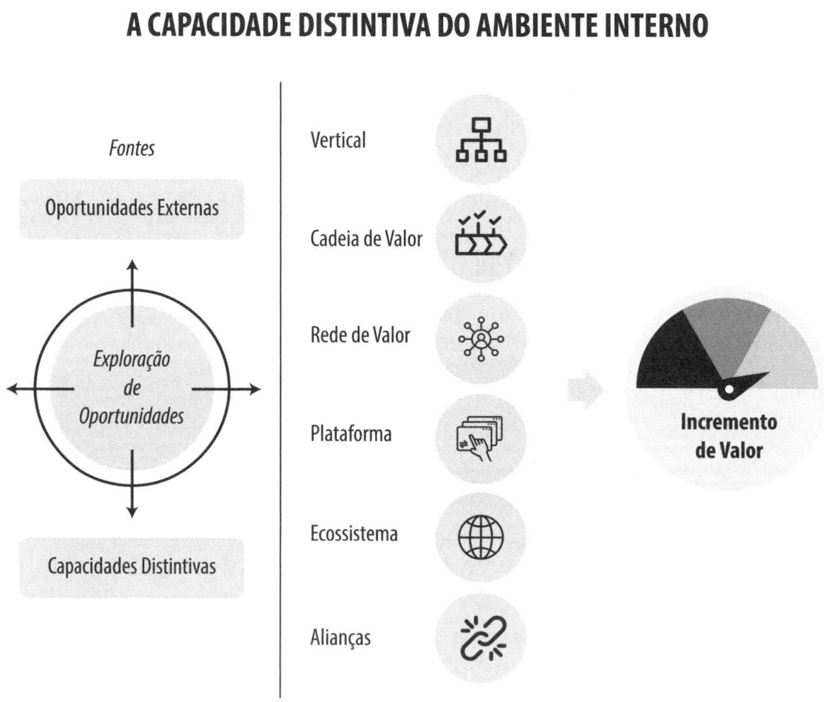

Figura 11 • O processo de exploração dos relacionamentos internos

De forma iterativa, é possível avaliar as oportunidades já identificadas e, ao mesmo tempo, realizar novos *sprints* para buscar oportunidades complementares. Por exemplo, uma oportunidade de atuação em um ecossistema social é identificada e um não cliente a ele pertencente justifica não fazer negócio com a empresa que está explorando oportunidades por considerá-la sem competência sobre a cultura local. Essa informação pode levar a explorar oportunidades em empresas da região para suprir esse *gap* de conhecimento. O exemplo demonstra que o método sequencial não é adequado na análise exploratória.

Vamos, então, compreender melhor cada estrutura e como elas podem ser meios para a criação de valor.

ESTRUTURA VERTICAL

Uma empresa, ao optar por uma estrutura verticalizada, tem conhecimento de mercado e consciência de que, no futuro, será capaz de realizar todas as atividades sozinha, gerando mais valor do que terceirizando atividades em cadeia ou rede. Essa decisão envolve a análise de riscos e estudos comparativos em relação às demais estruturas. Uma empresa verticalizada sabe exatamente quem são seus clientes, tem controle sobre os custos e a qualidade e pode obter excelência operacional de forma mais ágil. Como a relação com os clientes tende a ser próxima, a empresa terá chances únicas de enriquecer suas experiências ao longo de toda a jornada. Quando bem implementada e gerenciada internamente, a verticalização pode levar a economias de escala, redução dos tempos de resposta e a uma logística mais simples e eficiente.

Por outro lado, os custos iniciais de capital investido são elevados, e os custos fixos de uma empresa verticalizada podem ser maiores. Além disso, a flexibilidade é sacrificada, e a empresa pode perder conhecimento devido à menor interação com os fornecedores no mercado. A verticalização pode ainda exigir know-how em outro setor quando se avança muito na cadeia para trás (a montante), dificultando o foco na atividade principal.

CADEIA DE VALOR

Cadeia de valor refere-se às várias atividades e processos de negócios e de suporte envolvidos na criação de um produto ou na execução de um serviço. A análise da Cadeia de Valor visa identificar os macroprocessos primários e seus processos de suporte direto que poderiam ser melhorados ou ter seu valor acrescido. Isso envolve a avaliação de empresas que poderiam desempenhar essas funções com maior efetividade a custos inferiores. Quando a possibilidade de externalização de atividades se mostra viável sob o ponto de vista estratégico, são definidos os parâmetros para a atuação conjunta.

Uma empresa pode ser mais verticalizada e ter poucos parceiros em suas atividades primárias ou optar por terceirizar a maior parte de suas atividades e permanecer com processos centrais como a produção. Tudo dependerá da análise de valor, que revelará onde estão as vantagens e as desvantagens competitivas de uma organização. A estrutura de Cadeia de Valor foi descrita primeiramente por Michael Porter (Figura 12) e tem sido objeto de análise da estratégia clássica desde então. Sua adoção não exclui poder atuar em outras estruturas simultaneamente, como em alianças e em ecossistemas.

Figura 12 • As atividades primárias e secundárias na Cadeia de Valor (Fonte: Michael Porter)

A análise de valor também deve ser vista sob a perspectiva de suas potenciais desvantagens. Uma decisão pela terceirização de atividades à montante pode aumentar o poder de barganha de fornecedores e reduzir sua capacidade de negociação. No extremo, uma empresa pode se tornar refém de determinado fornecedor, enfraquecendo sua vantagem competitiva no mercado. Há empresas que vivenciaram essa situação e tiveram de retomar a verticalização de suas atividades, com muitas perdas. Erros estratégicos levam a perdas consideráveis e, por vezes, irreversíveis.

Decidir pela terceirização de atividades a jusante também pode ter consequências desfavoráveis. A relação direta com clientes é uma rica fonte de geração de oportunidades de inovação e crescimento. Com menos conhecimento sobre eles, a criação de valor pode ser afetada, reduzindo os diferenciais estratégicos futuros. No entanto, a gestão de conhecimento sobre o mercado e os clientes pode ser realizada de forma eficaz quando a inteligência de dados é integrada e compartilhada em rede. Em um mundo interconectado, não pode haver espaço para falhas de inteligência organizacional.

AS ALIANÇAS ESTRATÉGICAS

As alianças estratégicas entre organizações podem ser realizadas de diferentes formas e para propósitos específicos. Cada aliança é uma parceria onde duas ou mais entidades trabalham juntas para alcançar um objetivo comum, embora possam permanecer independentes na maioria das vezes. Em uma aliança ambas as partes ganham ao compartilhar suas competências e recursos. As alianças são estratégicas quando visam o objetivo dos negócios, aumentam as vantagens competitivas, melhoram a competitividade ou reduzem os riscos de atuação no mercado.

As principais modalidades de alianças estratégicas são as de capital, as de não capital e a criação de joint-ventures. Uma joint-venture é a criação de uma terceira entidade por meio de um contrato vinculante. Um exemplo exitoso de uma joint-venture foi a Caradigm, criada pela aliança estratégica entre a Microsoft e a GE. A parceria se estabeleceu pela união da competência organizacional da Microsoft na criação de plataformas de dados em larga escala com a experiência da GE no desenvolvimento de aplicativos de saúde. A Caradigm conseguiu operar com mais agilidade do que qualquer uma das empresas-mãe e gerou valor superior durante os anos de sua existência.

As alianças estratégicas de capital acontecem quando uma empresa adquire ações da outra empresa com determinada finalidade. A Panasonic realizou esse tipo de investimento na Tesla, fornecendo uma tecnologia avançada de células de bateria na parceria, o que lhe rendeu o reconhecimento como a melhor empresa de inovação verde na indústria eletrônica.

As alianças estratégicas sem capital são as mais comuns pelo fato de não envolverem nenhum investimento financeiro ou criação de empresas. Nesse tipo de parceria, duas ou mais organizações desenvolvem um relacionamento para compartilhar recursos e conhecimento com o foco na criação de novas vantagens competitivas e na melhoria da proposta de valor ao mercado. As melhores alianças estratégicas são as que oferecem benefícios claros aos públicos de ambas as marcas. São muitos os exemplos de alianças sem capital bem-sucedidas. Usuários do Uber podem transmitir suas playlists do Spotify em suas viagens, o que torna a experiência mais agradável e personalizada. Nem todos os usuários do Uber têm Spotify, e nem todos os usuários do Spotify viajam com o Uber. Com isso, as marcas ganham maior visibilidade e acesso a novos públicos nessa aliança de negócios.

REDE

Embora alguns autores usem definições semelhantes para redes e ecossistemas e essas definições tenham sido objeto de debate, a distinção entre elas é clara por natureza. As redes de negócios baseiam-se em estruturas contratuais mutuamente vinculantes, mantidas de forma transacional e fechada com a finalidade de atender o consumidor final com os produtos e marcas de uma única empresa ou corporação. As redes de empresas são formalmente estabelecidas, governadas e direcionadas aos objetivos da empresa que as desenvolveu. Têm similaridades em relação à estrutura de cadeia de valor, mas seus negócios centrais estão terceirizados. As redes evoluem de maneira consciente e focada em objetivos e metas acordados com a organização principal. Dessa forma, são regidas por mecanismos de comando e controle.

A Figura 13 ilustra as principais diferenças entre as estruturas de criação de valor. O eixo vertical distingue as estruturas transacionais, formalmente estabelecidas e gerenciadas, das estruturas abertas, mais independentes e orquestradas. O eixo horizontal distingue a abrangência das estruturas de criação de valor que são restritas a uma quantidade predefinida de parceiros e atuam de forma aglomerada da abrangência ampla das redes e dos ecossistemas, que usualmente atuam de forma dispersa.

A Nike tomou uma decisão estratégica ao estruturar sua rede terceirizada para a criação, confecção e fabricação de artigos em parceria com diversas empresas globais. Ela gerencia a rede global de parceiros e fortalece a marca de maneira institucional. As atividades primárias são exercidas pelos parceiros globais. São mais de 145 fábricas de calçados e mais de 400 fábricas de vestuário, a maioria fora dos Estados Unidos. Outros setores que fazem parte de sua rede incluem designers de moda na Itália, universidades e instituições na América do Norte, Europa e Ásia para esportes e pesquisa científica. O Google também é uma empresa que atua em rede e cria valor por meio de muitos parceiros a ele conectados.

AS PRINCIPAIS DIFERENÇAS ENTRE AS ESTRUTURAS DE CRIAÇÃO DE VALOR

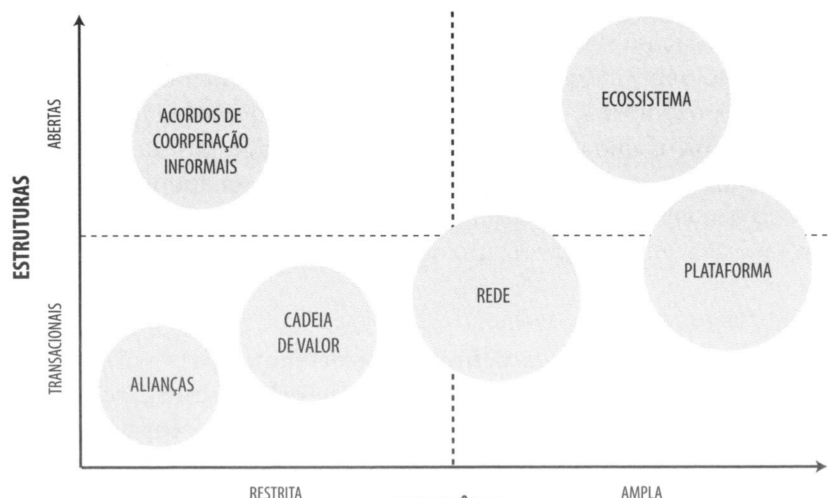

Figura 13 • As principais diferenças entre as estruturas de criação de valor

PLATAFORMA

As plataformas de negócios caracterizam-se por uma plataforma central que conecta empresas independentes de produtos e serviços a clientes e consumidores (Figura 14). A plataforma central facilita as transações de muitas empresas por ser uma tecnologia digital. Essa é uma estrutura que se beneficia muito do crescimento à medida que aumentam os participantes, e a valorização do conjunto é maior dos dois lados da plataforma.

Há diversas plataformas atuando no mercado. Os marketplaces são exemplos de plataformas de sucesso, pois têm atraído cada vez mais empresas e clientes num círculo virtuoso de desenvolvimento. A Amazon, uma empresa pioneira na formação de maketplace, e o Magazine Luiza são referências de sucesso nessa configuração. Além dos marketplaces, há outros negócios que se beneficiam de plataformas, como o Airbnb e as soluções de compartilhamento como o Uber. No segmento de mobilidade por aplicativo, os clientes também podem se tornar fornecedores ao oferecer serviços de transporte utilizando seus próprios veículos. O mesmo acontece no Airbnb, a plataforma de hospedagem mais utilizada no mundo, pois alguns clientes também se tornam provedores de hospedagem. Na estrutura de plataforma de negócios, os clientes são parte integrante do modelo.

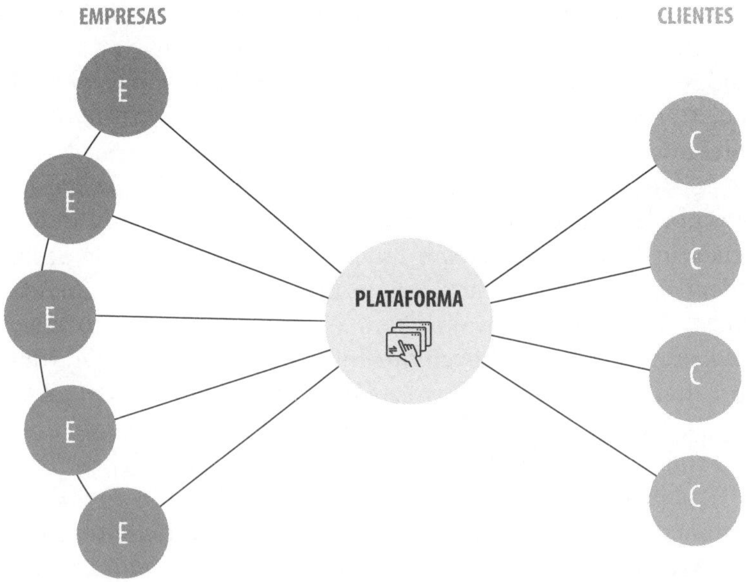

Figura 14 • A estrutura básica de uma Plataforma

ECOSSISTEMA

O termo "ecossistema" tem origem na biologia, e sua transposição para o mundo empresarial resultou em um vasto número de usos e definições. Obviamente, seu significado na natureza é amplo, e em gestão não tem sido diferente. No entanto, os conceitos em uma ciência social, como a administração, são essenciais para a correta aplicação na realidade organizacional. Por isso, para um entendimento mais preciso, vamos distinguir as classificações semelhantes e categorizar sua utilização focando o ecossistema como uma estrutura de criação de valor relevante para os negócios. Alguns conceitos na indústria descrevem afiliações, como os *clusters*, que são conjuntos de empresas de segmentos distintos que têm interesses comuns e atuam no mesmo local, colaborando entre si. Eles são diferentes dos ecossistemas. Da mesma forma, existem polos econômicos, como os industriais, de tecnologia ou mesmo os polos de águas, que, em geral, são locais físicos que concentram determinada atividade ou setor onde as empresas interagem entre si.

Há também diferentes tipos de ecossistemas com propósitos específicos. Os mais comuns são os ecossistemas de inovação, de conhecimento, sociais e de negócios. Os ecossistemas de inovação reúnem diferentes atores para a produção da inovação aberta, o que pode envolver startups e empresas interessadas em melhorar as práticas dinâmicas. Os ecossistemas de conhecimento reúnem empresas, consultorias, escolas e outras entidades para o desenvolvimento do conhecimento conjunto. Os ecossistemas sociais reúnem organizações para o desenvolvimento das comunidades carentes. Já os ecossistemas de negócio são estruturas de criação de valor que envolvem organizações interessadas em capturar e entregar valor em parceria. No âmbito da estratégia ágil, os ecossistemas de negócio são uma das possíveis estruturas de valor. Estes podem atuar no mundo analógico, digital ou híbrido.

Um ecossistema de negócios é um conjunto dinâmico de atores econômicos independentes que, juntos, criam produtos e serviços que constituem uma solução coerente e de valor para o mercado e para os stakeholders. Os ecossistemas também são chamados de ecossistemas de solução, nomenclatura que os diferencia dos ecossistemas transacionais (plataformas). O conjunto é dinâmico porque os atores podem entrar e sair do ecossistema com grande autonomia. Os atores econômicos são independentes porque possuem suas próprias estruturas de criação de valor no mercado e estão no ecossistema para, em colaboração, incrementar o valor capturado. As estruturas verticais e lineares, como as cadeias de valor, possuem certas limitações na oferta de produtos e serviços devido ao seu escopo de atuação restrito. Dessa forma, elas estão sujeitas a ter um desempenho comprometido se não conseguirem gerar o valor de que o mercado necessita.

Em um mundo mais complexo, os relacionamentos são elementos-chave da existência, e os vencedores no longo prazo serão aqueles que mais colaborarem entre si. Um ecossistema de negócios permite que os usuários sejam atendidos por uma variedade de necessidades em uma experiência integrada, composta por diversos atores. Trata-se de uma integralidade positiva, uma simbiose, com um alto nível de agregação.

É hora de se libertar da segregação e olhar a organização como um componente de uma plataforma dinâmica de ativos valiosos, que pode ser composta de diferentes maneiras, com distintos parceiros, em variados setores e formatos de transação. Assim, as jornadas dos clientes poderão ser completamente repensadas e reformuladas. E sua estratégia de crescimento estará apoiada por um movimento consistente, que não seria possível de outra forma. O poder do ecossistema está no valor superior que ele gera, maior do que o valor combinado que cada organização poderia contribuir individualmente.

As fronteiras bem definidas pelas empresas estão desaparecendo, embora as estruturas tradicionais não tenham que ser substituídas. A possibilidade que se apresenta é de criação de valor adicional. E, para isso, é preciso saber quais aspectos as empresas podem abordar de forma autônoma e quais exigem cooperação para atender às necessidades dos clientes em toda a extensão.

As empresas mais valorizadas do mundo atuam em ecossistemas. A Apple, quase sozinha, criou o ecossistema de música digital no mundo, com o iTunes. Por anos, o ecossistema agregou diferentes atores em estrita colaboração e até empresas em coopetição. A colaboração e a coopetição estão cada vez mais presentes em ecossistemas, porque há consciência de que o sucesso próprio depende do sucesso dos outros e de que a força competitiva de um ecossistema é extraordinária.

O termo "ecossistema" vem sendo usado por organizações há mais de vinte anos. O que mudou nos últimos anos foi a declaração explícita de organizações como orquestradoras ou players de ecossistemas inovadores. A maioria dos atuais ecossistemas foi viabilizada pela transformação digital, como os ecossistemas de soluções domésticas inteligentes que utilizam inteligência artificial em equipamentos de cozinha e lavanderia e combinam o controle de clima, a iluminação, o entretenimento e a segurança. A velocidade da criação de ecossistemas é outro aspecto a ser observado, assim como as novas formas de competição por meio desses. Essas organizações têm adotado um conjunto diferente de regras. Em vez de cada empresa construir sua estratégia isoladamente, elas estão agindo estrategicamente de forma conjunta e harmônica. Um ecossistema equilibrado e estável beneficia a todos.

No entanto, o desequilíbrio pode ser nefasto. As relações em ecossistemas nem sempre são fáceis. Há conflitos inevitáveis quando se iniciam novas relações, e a maturidade virá com a ponderação, com o respeito às diferenças e a diligência ao propósito maior. É preciso consciência plena para entender que estamos no momento de percorrer uma jornada, um caminho para a evolução que passa pela aprendizagem e adaptação.

4.3 A decisão sobre os negócios

A fase de exploração na Estratégia Ágil teve como finalidade primária a descoberta de oportunidades e a consequente definição das capacidades distintivas e das possíveis estruturas de criação de valor, como vimos até agora. Concluída essa fase, é hora de voltar às oportunidades para revisitar os negócios da organização. Os negócios vigentes poderão ser descontinuados, ter seus escopos de atuação reduzidos, mantidos em sua abrangência ou receber avanços estratégicos. Mas novos negócios também podem ser criados.

A Fundação Dom Cabral, uma das melhores escolas de negócio do mundo, gerou expressivos ganhos de valor para os stakeholders ao consolidar e criar segmentos de atuação (o equivalente a negócios em empresas) a partir das reflexões provocadas pela estratégia ágil. Seu estudo de caso pode ser visto no Caso 4.1. E as possibilidades de modificação de negócios estão retratadas na Matriz da Figura 15, a qual pode ser utilizada para evidenciar as decisões sobre os negócios da companhia.

A MATRIZ DE ANÁLISE DOS NEGÓCIOS

Figura 15 • A Matriz de Análise dos Negócios

Um negócio estratégico é definido por um centro de lucro que contém um conjunto de produtos que atendem a um segmento de mercado ou um único produto por sua atratividade e representação. A questão central é determinar a combinação de escolhas em termos de produtos, serviços e modelo de negócio que tenha maior potencial de criar valor. Cada negócio geralmente tem seu próprio direcionamento estratégico, uma estratégia de negócio distinta, o que faz com que a compreensão sobre seus aspectos intrínsecos esteja clara e, com isso, possam se tomar melhores decisões estratégicas. A delimitação dos negócios de uma organização influenciará na consistência atemporal da estratégia corporativa. Cada estratégia precisa ser granular sobre onde competir. Quando os mercados são definidos genericamente, os recursos não são devidamente alocados para combinar oportunidades. Essa decisão costuma ser simples e evidente em organizações orientadas a produtos, mas, por vezes, confusa quando se trata de serviços.

Há diferentes maneiras de se estruturar negócios para moldar a forma que uma organização deve operar. As formas mais comuns são:

- **Produto**: a relevância de um produto pode sugerir que ele deve ser tratado como um negócio. A ExxonMobil, uma das maiores empresas integradas de combustíveis, lubrificantes e produtos químicos do mundo, mantém seus principais produtos no upstream: GNL (Gás Natural Liquefeito) e a divisão de Óleo e Gás Natural.
- **Uma categoria de produtos**: uma empresa com um mix elevado de produtos tende a definir negócios em categorias. A Procter & Gamble, uma corporação americana de bens de consumo com diversos produtos e marcas, categorizou suas marcas em negócios, como cuidados com a família, cuidados femininos, higiene, cuidados com os cabelos, cuidados domésticos, cuidados pessoais, dentre outros.
- **Um mercado**: uma empresa pode se organizar por uma orientação externa, como setores da economia ou segmentos de mercado. As maiores consultorias do mundo possuem soluções específicas para setores da economia, como setor financeiro, agronegócio, mineração e governo, e se organizam na forma de negócios para atender esses setores com um grau maior de customização e efetividade.
- **Perfis de cliente**: uma grande empresa pode separar seus negócios em B2C, avaliando, por exemplo, o perfil sociodemográfico, as necessidades, os valores e os comportamentos, e em B2B, distinguindo os negócios por porte de cliente, volume de vendas ou por origem. Alguns bancos possuem um design organizacional orientado à renda e ao volume de investimento de seus clientes, classificando-os em

categoria varejo (público em geral), categorias especiais (alta renda) e de maior poder aquisitivo (private).

É também possível definir os negócios por arranjos híbridos. No entanto, nessa opção, deve-se ter cuidado com zonas cinzentas, pois elas podem gerar duplicidade de esforços, falhas de responsabilização e atritos. Para auxiliar a decisão, recomenda-se observar as características que distinguem os negócios, como a singularidade estratégica, se os clientes são diferentes, se há ausência ou poucas zonas de sombreamento, se os atributos utilizados como critérios de separação estão normalizados ou até se há um conjunto próprio de concorrentes. De fato, cada caso precisa ser analisado em suas particularidades.

Uma vez concluída a definição dos negócios, inicia-se a formulação da terceira camada da estratégia ágil: o direcionamento estratégico de cada negócio, assunto do nosso próximo capítulo.

É nesse momento também que se avalia a possibilidade de se criar um ecossistema de negócios ou de participar em ecossistemas existentes ou em desenvolvimento. Se as oportunidades identificadas pela exploração indicarem a factibilidade de criação de um ecossistema de negócios, faz-se necessário aprofundar as análises para a certificação de sua viabilidade estratégica. Para isso, é fundamental formular a estratégia do ecossistema.

Case 4.1
A agilidade estratégica da Fundação Dom Cabral

Determinada a promover a inovação estratégica e aplicar o conhecimento desenvolvido pela própria instituição, a Fundação Dom Cabral foi pioneira na utilização da Estratégia Ágil e em sua implementação. O projeto de formulação da estratégia para um horizonte de cinco anos iniciou, sob minha orientação técnica, com a definição da equipe nuclear, composta por quatro gerentes de diferentes áreas. O presidente da FDC esteve à frente dos trabalhos em todos os momentos e proativamente legitimou a metodologia e proveu empoderamento às equipes e autonomia nas decisões. Para cada dimensão de exploração de oportunidades, foi designado um responsável para condução da fase. Essa foi a primeira ação de engajamento.

A formulação da estratégia foi realizada por meio de um processo abrangente de escuta com stakeholders internos e externos. Todos os colaboradores da FDC passaram por programas de capacitação e, assim, puderam se envolver efetivamente no processo de diferentes formas. O propósito maior era o desenvolvimento amplificado de uma nova mentalidade estratégica. A prática FDC de conduzir mudanças é sempre primorosa e se orienta pelo crescimento das pessoas. Os stakeholders externos apoiaram com a visão de mundo, do setor de educação e das megatendências, ampliando o olhar estratégico. Da diretoria estatutária vieram as diretrizes e alguns conselheiros, como o Prof. Ken Bardach, o Prof. Subi Rangan e Wagner Veloso, contribuíram ativamente durante a exploração de oportunidades. O Conselho Internacional, escolas de negócio globais, associados, a sociedade, clientes e até não clientes foram ouvidos.

A FDC é uma organização plural, adocrática e diversa, com um nível de conhecimento distribuído elevado. Pode-se dizer que houve uma afinidade entre a orientação central da estratégia ágil com sua cultura, porque esse modelo tem uma filosofia e princípios consistentes, e não procedimentos, como base. Especialmente naquele momento, o processo de formulação, simples e flexível, estava sujeito a adaptações de naturezas diversas e se manteve como um mecanismo de aprendizagem coletiva e de desenvolvimento organizacional até sua execução. No entanto, as equipes podiam lançar mão de todos os recursos e instrumentos de análise estratégica que, paradoxalmente, foram essenciais em vários momentos de reflexão.

Os trabalhos iniciaram antes da crise da Covid-19 e permaneceram durante o período de isolamento social, com reflexões profundas no ambiente online. A permanência da formulação da estratégia concomitantemente à gestão da crise são evidências claras da ambidestria organizacional na FDC. E os resultados superiores nos anos seguintes comprovaram a efetividade dessa decisão, que foram reconhecidos em ata pelo conselho curador. Foram momentos desafiadores, mas o foco na aprendizagem fez a diferença. Era tudo muito novo, uma experimentação. Até o processo iterativo levou tempo para se tornar natural e intuitivo. Atualmente, ele faz parte da rotina de gestão estratégica adaptativa na FDC.

O princípio positivo da estratégia auxiliou a consolidar o movimento vital para a FDC se tornar um centro de desenvolvimento de líderes e organizações, e não exclusivamente de executivos e empresas, além de formulador e disseminador de ideias (*think-action tank*). Novos produtos e serviços foram concebidos, como a graduação, as soluções digitais, o doutorado, a ampliação no setor público e o ensino social renovado, tudo isso tendo a educação como singularidade estratégica, seu jeito único de transformar pela aprendizagem. O design organizacional acabou sendo reestruturado para fortalecer a educação social, executiva e acadêmica, como segmentos de atuação, e uma área de estratégia, gestão, tecnologia e digital (EGTD) foi criada para suportar a estratégia, a agilidade e a experiência do cliente. Para elaborar o direcionamento de cada segmento de atuação, foi indicado um coordenador, e estratégias específicas foram desenvolvidas. Essa decisão levou a uma maior clareza sobre os distintos mercados.

Nas palavras da vice-presidente de conhecimento e aprendizagem, a metodologia antecipou os conceitos e as reflexões que estão se comprovando atuais e necessários, como a visão de ecossistemas, as formas de disrupção e de estratégia viva. Esse último passou a ser rotina na organização. As discussões estratégicas fazem parte do dia a dia das reuniões da equipe de gestão.

O *book* da estratégia inclui ainda recomendações sobre cultura e pessoas, P&D, infraestrutura, comunicação e internacionalização. E com a nova estrutura organizacional implementada, os gestores desenvolveram as guias e acordos de resultado com a instituição. O presidente divulga regularmente a estratégia utilizando uma "*one-page strategy*" eficaz. As prioridades foram estabelecidas e distribuídas ao longo do tempo, e a diretoria executiva sintetizou os desafios em nove compromissos corporativos, com indicadores e metas, facilitando o processo de comunicação com os colaboradores dispersos pelo país.

4.4 A estratégia de um ecossistema de negócios

As fronteiras claramente definidas pelas empresas estão desaparecendo, e com os ecossistemas, as jornadas dos clientes poderão ser completamente repensadas e reformuladas. O avanço dessa nova estrutura de entrega de valor no mercado tem sido exitoso. As dez empresas mais valorizadas do mundo atuam em ecossistemas, além de mais da metade das empresas do S&P 500, o que caracteriza uma verdadeira economia de ecossistemas. Por décadas, seu ecossistema agregou diferentes parceiros em estrita colaboração, e até empresas concorrentes. A coopetição, um neologismo utilizado para expressar a competição cooperativa, está cada vez mais presente nos ecossistemas, porque há consciência de que o sucesso próprio depende do sucesso dos outros e que a força competitiva dessa união é extraordinária.

Como vimos, as razões para a criação de um ecossistema ou participação como um contribuinte são estratégicas e podem acontecer em algumas circunstâncias:

- Uma organização pode ter a necessidade de proteger-se no mercado ao ter que enfrentar ecossistemas já estabelecidos. Como a força de um ecossistema é usualmente superior às vantagens individuais, uma empresa poderá aumentar o valor capturado e distribuído ao atuar colaborativamente.
- Um ecossistema também pode viabilizar o crescimento ao facilitar a entrada em novos mercados. Por exemplo, uma empresa que atua no varejo de produtos ortopédicos pode participar de um ecossistema na área de saúde, conforme representado na Figura 16. Nesse tipo de ecossistema, como uma estratégia de crescimento inorgânico, ela poderá penetrar em regiões hospitalares antes inacessíveis. Para isso, seria preciso evidenciar sua contribuição na criação conjunta de valor.

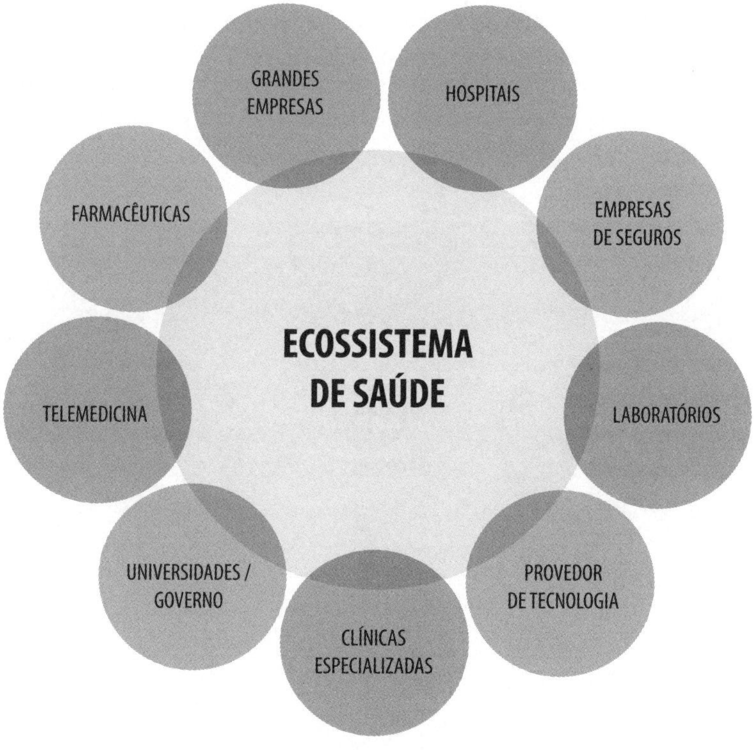

Figura 16 • O ecossistema de saúde

- A oferta de produtos e serviços totalmente novos ou mesmo complementares a ofertas existentes é outra razão comum. Um ecossistema pode favorecer a entrada em mercados subjacentes. Ainda no exemplo da empresa que atua no varejo de produtos ortopédicos, observe que ela pode ter a pretensão de entrar também em clínicas especializadas, um mercado subjacente ao hospitalar que, no caso, ela não atendia.

- Existe a possibilidade de oferecer uma solução inédita. Pela antecipação e pioneirismo, essa é a melhor oportunidade estratégica de um ecossistema, mas também por satisfazer as necessidades de mercado não atendidas por empresas isoladas.

Um ecossistema de negócio, devido a sua organização singular, exige um modelo de estratégia não convencional. Por serem sistemas dinâmicos e multientidades, sua estratégia está centrada em uma governança colaborativa e no equilíbrio de interesses para a geração e captura de valor. O diferencial de mercado está na criação de uma solução que nenhuma empresa conseguiria entregar sozinha e pela elevada singularidade ofertada. As variáveis que fazem com que os ecossistemas sejam objeto de reflexão estratégica particular estão representadas na Figura 17.

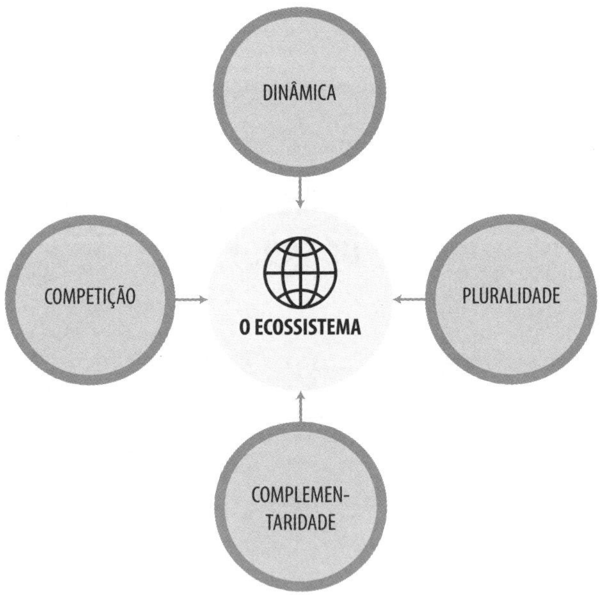

Figura 17 • As características intrínsecas dos ecossistemas

A **competição** em ecossistemas é uma peculiaridade importante e pode acontecer entre plataformas, entre orquestrador e empresas, e entre as próprias empresas participantes. A plataforma IOS concorre com a plataforma Android; a Amazon vende produtos que competem com os de empresas participantes de sua plataforma; e há concorrência entre empresas dentro de um mesmo ecossistema. Spotify, Deezer e Tidal competem no ecossistema de música digital, ao passo que, juntas, influenciam seu crescimento.

A **dinâmica** é outra característica inerente dos ecossistemas. Uma rede colaborativa de relacionamentos dessa natureza pode mudar com frequência, havendo certa liberdade para a entrada e saída de empresas que têm autonomia. A dinâmica também se refere à mudança de papéis no tempo. Com o aprendizado advindo da evolução de um ecossistema, as competências se tornam mais claras e as empresas passam a desempenhar diferentes papéis para alavancar a cocriação de valor e o crescimento. Assim, as capacidades existentes podem ser combinadas e recombinadas a cada momento. O PayPal modificou a estrutura do seu ecossistema, com milhões de comerciantes, para incluir bancos, que antes eram vistos como rivais. Essa evolução foi possível pelo discernimento sobre o que a nova mentalidade estratégica preconiza.

A **pluralidade** é outro aspecto inerente a ecossistemas. Empresas de diferentes setores se unem para oferecer uma solução única ao mercado ou atuam coletivamente para alavancar suas vendas em plataforma. Em qualquer modalidade ecossistêmica, a atuação no mercado se faz por uma multiplicidade de entidades que podem cooperar entre si. A Fundação Kresge, uma instituição americana de ensino fundada em 1924 com a missão de promover o progresso humano, decidiu criar um ecossistema para cumprir plenamente sua missão. O ecossistema, que conta com uma solução para cidades, está constituído por vários atores: universidades, organizações sem fins lucrativos, empresas empregadoras, escolas distritais, agências governamentais e empresas do setor habitacional, de transporte urbano, saúde, alimentação, tecnologia, instituições financeiras e creches. Sem a pluralidade de seu ecossistema, a Kresge não entregaria o alto valor que vem sendo partilhado.

E a **complementaridade** é um aspecto central que acontece de forma deliberada ou emergente. A Microsoft, pioneira na criação de ecossistemas, planejou e implementou uma rede global de desenvolvedores de aplicativos na plataforma Windows, estabelecendo assim um padrão de sistema operacional e interface gráfica. Essa mesma lógica colaborativa é utilizada pelos ecossistemas de consoles de videogame, que necessitam de complementares de sua solução para o desenvolvimento de jogos, assim como os smartphones necessitam de aplicativos.

Os componentes da estratégia de um ecossistema

A estratégia de um ecossistema contém os mesmos princípios de uma estratégia ágil, pois sua existência é fruto da evolução da mesma abordagem: a adaptativa. Por essa razão, há semelhanças notórias entre esses dois modelos. Um ecossistema precisa ser capaz de lidar com a alta incerteza proveniente do ambiente externo, com a dinâmica de mercado e a complexidade interna.

As diferenças entre esses dois modelos ocorrem em função das características descritas na seção anterior. E, por tratar-se da estratégia de um coletivo de empresas, há uma indissociável conexão entre a governança e a direção estratégica. Por isso, as análises estratégicas dependem de todos os atores em sua formulação. A governança de um ecossistema é formada pelos CEOs das entidades participantes, que são os principais responsáveis pela formulação e execução da estratégia, embora também possa contar com outros stakeholders. A relevância da governança nos ecossistemas é retratada entre as causas primárias de seu insucesso: menos de 20% deles sobrevivem no mercado.

O modelo de estratégia de ecossistema é representado na Figura 18. Assim como a estratégia ágil, esse modelo possui três camadas. A camada da ideologia tem como finalidades estabelecer a visão inspiracional e definir a cultura pretendida para suportar esse movimento. A segunda camada é a de exploração externa, que visa a descoberta de oportunidades. É preciso identificar todas as oportunidades que podem ser apropriadas pela rede. A terceira camada é a da direção estratégica e governança do ecossistema, cujo propósito é definir a composição única de valor que será entregue ao mercado e assegurar a gestão sustentável por meio da governança.

A ESTRATÉGIA DE ECOSSISTEMA
Finalidades Centrais

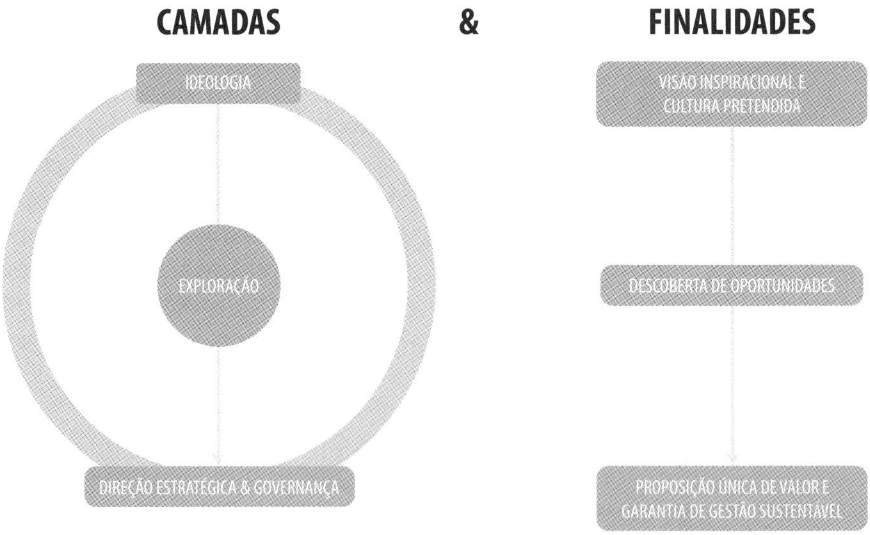

Figura 18 • As camadas e finalidades da Estratégia de Ecossistemas

A ideologia contém a visão ajustável de longo prazo, o propósito do ecossistema e os valores que determinarão a cultura a sustentar o empreendimento. A exploração será realizada no macroambiente externo à organização e com os stakeholders. A ideia central da exploração é ampliar as possibilidades da realização futura de negócios por meio do ecossistema. A direção estratégica e a governança representam o escopo da estratégia propriamente dita, contam com características particulares e deverão responder a duas questões principais:

- Qual **direção estratégica** criará maior valor compartilhado?
- Como a **governança** será estruturada para suportar a estratégia?

Essas questões são respondidas pelos elementos que compõem a direção estratégica e a governança.

A Direção Estratégica de um ecossistema

A direção contém os elementos estratégicos do negócio de um ecossistema (Figura 19), cuja finalidade é a montagem de uma composição única de valor.

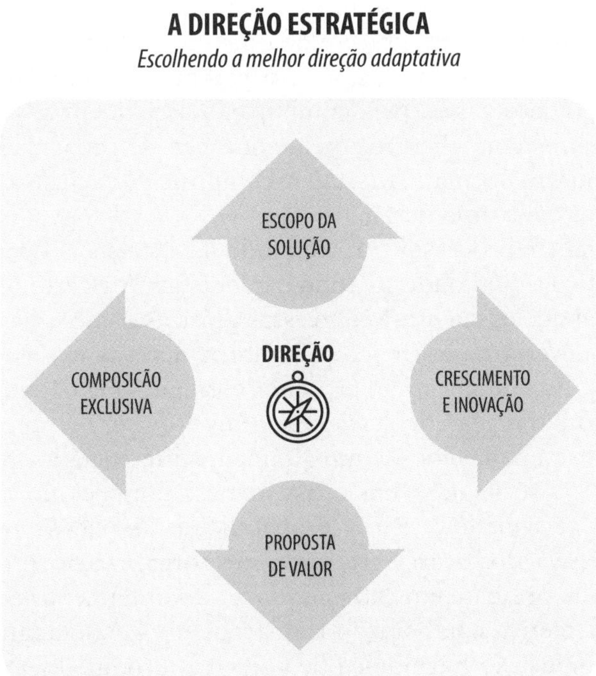

Figura 19 • A Direção Estratégica de um Ecossistema

O primeiro elemento define o produto para atender às necessidades de mercado: o **escopo da solução.** A solução proposta em um ecossistema é singular e pode até moldar um mercado completamente, sobretudo quando se trata de uma inovação estratégica disruptiva ou inexistente até então. A solução diferenciada em um ecossistema tem o potencial de afastar a concorrência, que não conseguirá entregar produtos e serviços que supram a necessidade integral dos clientes. Diferentemente da estratégia de uma única empresa, onde os produtos e serviços são definidos em função de escolhas estratégicas, na estratégia de um ecossistema, a solução é seu elemento *core*. É a partir dela que se projetam outros diferenciais e capacidades distintivas necessárias a entrega de valor. A estratégia do SPARK, o maior ecossistema de energia existente, orquestrado pela Saudi Aramco, é oferecer uma solução completa de energia. Sua visão é ser o centro industrial e energético integrado global que atenderá a diversos continentes a partir da Arábia Saudita.

A **composição exclusiva**, o segundo elemento da direção estratégica, complementa o escopo da solução com possibilidades adicionais de diferenciação. A solução ofertada para o mercado por um ecossistema é, por sua natureza, difícil de ser imitada. No entanto, à medida que o mercado amadurece, a possibilidade de novos entrantes e evoluções aumenta. Se houver o acréscimo de outros diferenciais além da solução, a robustez e perenidade da estratégia serão fortalecidos. Para a montagem de uma composição única de valor que ofereça diferenciais ao mercado, é preciso avaliar a possibilidade adicional de diferenciação por processos, pela combinação de parceiros, pela construção de relacionamentos com clientes e pela aquisição de capacidades distintivas. Essas são as quatro formas de criar a composição exclusiva. Vamos compreender melhor cada uma delas.

O diferencial em processos surge quando há excelência operacional, atendimento exclusivo e qualidade em tudo o que se faz. Até certo nível de maturidade, é provável que os clientes vejam essas práticas como uma obrigação que toda empresa deveria cumprir. No entanto, empresas excelentes são vistas como especiais. As diferenças em produtos entregues pela Toyota ao mercado por seu modelo particular de gestão ou o nível de serviço preciso oferecido pela Southwest são percebidos como altamente diferenciados pelos clientes.

As parcerias estratégicas em ecossistemas, tanto como complementar, fornecedor ou revendedor, têm a probabilidade de elevar os diferenciais. A interação efetiva dos atores cria uma metaorganização produtiva, assim como a agilidade presente em cada entidade, o alinhamento cultural, os elementos de uma efetiva colaboração transfronteiriça e a empatia interorganizacional. A composição harmônica de parceiros produz diferenciais sólidos. A Novo Nordisk, uma empresa multinacional dinamarquesa, tem obtido sucesso em sua abordagem ecossistêmica para prevenir o diabetes. Seu maior diferencial está no cuidadoso processo de seleção e desenvolvimento da rede.

As parcerias com pacientes, formuladores de políticas, profissionais de saúde, universidades e organizações não governamentais está gerando resultados efetivos que ajudam as pessoas que vivem em ambientes urbanos a evitar, controlar e tratar o aparecimento do diabetes tipo 2. É o conjunto dos parceiros que garante a solução e torna a estratégia do ecossistema orquestrado pela Novo Nordisk distinta. A melhor colaboração e compartilhamento de melhores práticas entre os parceiros foi o fator central de sucesso.

Quando o relacionamento com os clientes utiliza o conhecimento sobre eles e seus mercados para personalizar a oferta de valor, a probabilidade de criar diferenciais é grande. Os relacionamentos criam vínculos e interdependências construtivas que tornam as conexões perenes no tempo. Há poucas razões para a saída de clientes que estão se apropriando de valor crescente. A experiência do cliente em um ecossistema tem que ser confiável, agradável e inigualável em sua jornada completa, ou seja, desde o primeiro contato até o pós-venda. O que conta é o relacionamento na jornada completa.

Por último, mas não menos importante, estão as capacidades. A diferença essencial de um ecossistema vem das competências conjugadas das instituições que o compõem. As capacidades em um ecossistema devem ser distintivas, com competências organizacionais e recursos que podem diferenciar uma estratégia. Essa análise deve ser feita com dedicação e zelo pelo caráter intrinsecamente impulsionador do crescimento. Inúmeras pesquisas têm demonstrado que as capacidades organizacionais aumentam as vantagens competitivas e que são críticas. Na análise da direção estratégica, cada ecossistema deve determinar suas capacidades distintivas, que, no conjunto, devem ser únicas. Exemplos dessas capacidades incluem a obsessão pelos clientes, com foco em antecipar suas necessidades; a capacidade visionária para explorar oportunidades futuras; a inovação estratégica integral, que inclui processos, produtos, serviços, modelos de negócio e tecnologias; e a agilidade organizacional, presente em todos os aspectos. Essas capacidades estão subordinadas à mentalidade e à cultura organizacional, tornando esses atributos diferenciadores de uma estratégia e, portanto, merecedores de apreciação e análise.

O terceiro elemento da direção estratégica é o **plano de crescimento e inovação.** O crescimento em um ecossistema acontece pela maior adesão de contribuintes, que poderão fazer aquisições para aumentar sua participação ou expandir inorganicamente. Um ecossistema também pode se desenvolver pela melhoria de seus processos comerciais. Além dessas formas, é possível ampliar as atividades conectando-se a outros ecossistemas. Por exemplo, o ecossistema de mobilidade autônoma da Áustria está conectado com o ecossistema de educação do país para o desenvolvimento de produtos, tecnologias e inovações em logística. O plano de crescimento também pode contemplar recursos de escalabilidade, inovação aberta, cocriação e ampliação do escopo de atuação e da solução.

O quarto elemento é definido de forma iterativa com os demais, especificando-se a **proposta de valor** a ser entregue no mercado. Trata-se de uma visão multidimensional do modelo de negócio compartilhado com os diversos atores, onde a criação de valor acontece por meio da rede. A proposta de valor resultante da solução mostra como as necessidades dos clientes serão atendidas no presente e no futuro, considerando-se avanços na experiência do cliente. Ela contém a visão de futuro, que é decomposta nas parcerias necessárias para alcançar os resultados pretendidos, as tecnologias e as oportunidades de mercado a serem exploradas. Potenciais modelos de negócio disruptivos devem ser avaliados nessa etapa para a melhoria da oferta de valor.

Um ecossistema global de energia

O King Salman Energy Park (SPARK) é um ecossistema industrial integrado e global, situado no coração do mercado de energia. Orquestrado pela Saudi Aramco, a mais valiosa empresa de energia do planeta, o ecossistema tem como objetivo conectar o mundo a oportunidades no setor energético saudita e além. Localizado na região oriental da Arábia Saudita, entre Dhammam e Al-Ahsa, o SPARK abrange uma área de 50 quilômetros quadrados e será a principal porta de entrada para o setor energético, fornecendo um espectro completo de soluções para apoiar o crescimento dos negócios no Reino da Arábia Saudita, no Oriente Médio e no continente africano (Figura 20). O crescimento do ecossistema abrangerá não apenas o foco na energia, mas também nos setores digital e não metálico.

A proposta de valor do ecossistema é singular por reunir as principais empresas globais de energia para trabalhar em sinergia e alavancar o acesso ao maior mercado energético existente, situando-se como o principal centro energético do mundo. O SPARK oferece infraestrutura de padrões internacionais para investidores globais nas indústrias de petróleo e gás, refino, petroquímica, energia e produção e tratamento de água. Os setores emergentes também serão contemplados, como não metálicos, energias renováveis, a tecnologia de captura, o uso e armazenamento de carbono (CCUS) e hidrogênio. O ecossistema é um dos principais facilitadores da visão da Arábia Saudita, que tem como meta localizar 70% da cadeia de valor do setor energético.

O propósito do SPARK é preparar o caminho para o futuro do mundo pela exploração de formas de diversificação do setor de óleo e gás, investindo na transformação digital e proativamente criando oportunidades para acrescentar mais valor. Trata-se de uma estratégia de ecossistema de soluções ousada, única, de alto investimento e expectativa de retorno. Por isso, os fatores ligados à sua perenidade são essenciais e estão presentes na cultura que está sendo formada. O compromisso com práticas ambientalmente corretas e a qualidade de vida dos colaboradores está no centro de seus valores. A cidade que está sendo concluída oferecerá a interligação das áreas industriais com as áreas residenciais, educacionais, de ecossistemas de inovação, de desenvolvimento de startups e comerciais.

O modelo de governança integra os princípios da sustentabilidade na estratégia de negócios e no processo de tomada de decisão, clarificando as funções e responsabilidades de seus atores. O ESG está no núcleo da estratégia do ecossistema e há a pretensão de se tornar um catalisador de crescimento por meio dele. Além dos princípios de responsabilização, existe transparência quanto aos compromissos em todos os níveis. Esse é um caso que, muito provavelmente, se manterá em plena construção ao longo dos anos. Um ecossistema completo como esse que está sendo desenvolvido terá de se manter vivo e regenerativo, pois o mundo dinâmico não permitirá que ele seja concluído.

Figura 20 • A estratégia de expansão

A Governança de um ecossistema

As principais causas de insucesso de um ecossistema estão relacionadas ao modelo de gestão e às práticas de governança, devido à sua complexidade intrínseca. Fazer com que as organizações de múltiplos setores e diferentes culturas trabalhem juntas com agilidade é um desafio. Entretanto, uma relação de coexistência sistêmica bem gerenciada — em termos de performance integrada, compartilhamento de marcas, inovação e gestão de riscos — pode maximizar a geração de valor. Por essas razões, a governança deve estar alinhada à direção estratégica e ser igualmente tratada como um diferencial competitivo em uma estratégia.

Os desafios da governança de um ecossistema costumam ser superiores àqueles existentes em outras formas de colaboração entre empresas, porque seu grau de independência e seus interesses são distintos. O modelo de governança contempla a organização da rede e a gestão por meio de quatro dimensões que precisam ser coordenadas em sincronia: estrutura, arquitetura, conduta e compartilhamento. A estrutura e a arquitetura são as bases da conduta e do compartilhamento.

A **estrutura** contém os papéis e as responsabilidades de todos os atores: orquestrador, contribuintes, fornecedores, parceiros-chave e de tecnologia e revendedores ou agentes de venda (Figura 21). Esses são os papéis mais comuns, e alguns deles podem eventualmente não existir. A estrutura de governança também descreve individualmente as competências requeridas dos participantes e suas responsabilidades específicas para o pleno fornecimento das soluções aos clientes. Dentre as responsabilidades específicas estão os direitos de decisão e as obrigações em relação aos investimentos.

O **orquestrador** é o guardião dos princípios de governança e da promoção da harmonia em um ecossistema, sendo responsável pelos maiores investimentos. Muitas vezes, é dele a ideia do empreendimento e é ele que provê, predominantemente, os recursos necessários, como a infraestrutura física, a tecnologia e os equipamentos. Cabe a ele assegurar que todo o sistema seja justo e economicamente atraente para seus contribuintes, atuar estrategicamente em sua evolução e coordenar para que a gestão seja efetiva.

Os fornecedores mantêm um relacionamento transacional com a plataforma. Já os complementares fazem parte da solução ofertada ao mercado e, por isso, exercem um papel central no desempenho do ecossistema. Ser uma empresa complementar é, na maioria das vezes, uma opção estratégica e valorosa. Empresas como a Samsung e a Adobe, que atuam como complementares em alguns ecossistemas, têm retornos expressivos nessa posição e estão entre as maiores empresas globais. Outros parceiros podem fazer parte de um ecossistema como provedores de tecnologia, representantes e parceiros para dividir as responsabilidades e o investimento.

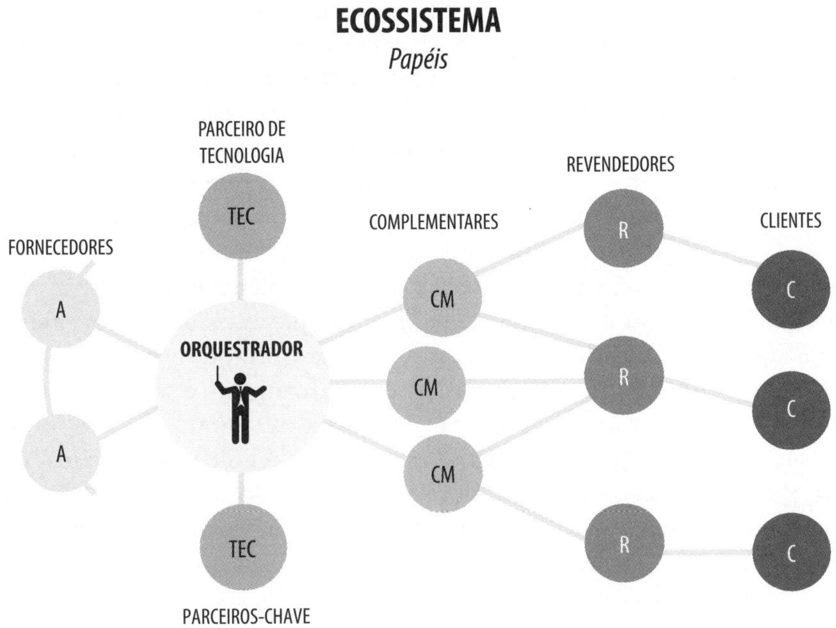

Figura 21 • Os papéis na estrutura de governança de um ecossistema

A **arquitetura** responde pelas definições de abertura, adaptação e regras de entrada de participantes. Um ecossistema aberto é melhor para estratégias de rápido crescimento, uma vez que há a facilidade para a entrada de novos atores e poucas regras. No entanto, quanto mais aberto for um ecossistema, maior será a dificuldade de capturar valor e de assegurar níveis elevados de qualidade. Um ecossistema fechado tem o controle dos participantes facilitado, processos deliberados de inovação e a garantia de qualidade da oferta ao mercado. No ecossistema do iPhone (Apple), o controle de qualidade e a verificação de consistência dos complementares sempre foram rigorosos. Mas a empresa conseguiu compatibilizar o alto rigor ao baixar as barreiras e facilitar o acesso dos desenvolvedores, o que resultou em um crescimento relativamente rápido. Mas a arquitetura fechada pode desestimular a adesão. Uma falha da empresa BlackBerry, líder no mercado de smartphones nos primórdios da mobilidade, foi manter altos padrões de segurança por meio de uma arquitetura excessivamente fechada, o que resultou em poucos aplicativos disponíveis e em uma experiência de uso pouco amigável.

A arquitetura também pode variar ao longo do tempo. Alguns orquestradores preferem iniciar de forma mais fechada para garantir a qualidade e abri-la com o tempo para facilitar o crescimento.

A **conduta** responde pelas formas de regulação da rede: o processo de tomada de decisão, o grau de transparência das decisões e definições estratégicas, o comportamento e as interações entre os participantes, as diretrizes para a resolução de conflitos e os processos de prestação de serviços e comercialização de produtos. Algumas condutas podem ser combinadas, declaradas e elucidadas em acordos formais para regular os direitos e deveres dos participantes. Outras podem ser redigidas sob a forma de boas práticas de convivência. Os códigos de conduta, por exemplo, reúnem orientações básicas e diretrizes sobre o comportamento e a ética no ambiente e nas relações de trabalho. Não eliminam as divergências, mas orientam os debates na busca da aprendizagem, da coevolução e de caminhos apropriados à direção desejada.

O **compartilhamento** define os direitos à informação e o acesso aos ativos comuns e à distribuição de valor entre os atores, os clientes, os colaboradores e a sociedade. A distribuição de valor entre os stakeholders é um fator crítico de sucesso em um ecossistema e deve ser gerenciado com a devida atenção. A maior parte dos desacordos ocorre entre os interesses do orquestrador e dos complementares. A atratividade de contribuintes está diretamente relacionada com as definições de compartilhamento.

Os conflitos relacionados com o compartilhamento em ecossistemas têm sido objeto de ações na justiça e em órgãos representativos da sociedade. Na Europa, os CEOs de organizações digitais que representam publicações, streaming de áudio, software e comunicações dirigiram uma carta aberta à Comissão Europeia em apoio às ações de concorrência desleal (antitruste) consideradas pela Spotify contra a Apple em seu ecossistema. A Spotify questiona o valor desproporcional de receita da Apple em relação a ela. As empresas que assinam a carta alegam que a Apple impôs restrições que impedem o desenvolvimento das empresas no ecossistema orquestrado por ela. As queixas são de impedimento da comunicação livre com os clientes e de restrições de acesso aos dados dos próprios usuários às rendas extraídas dos complementares pela Apple, consideradas exorbitantes.

No entanto, os desentendimentos são naturais no início de qualquer iniciativa que cause rompimento de paradigmas e fazem parte de seu processo evolutivo. O importante é utilizar-se de mecanismos que permitam o amadurecimento das empresas participantes e de seus relacionamentos.

Ideias-chave do **Capítulo 4**

- A boa definição de uma estratégia ágil, assim como dos demais modelos de estratégia, deve combinar dois processos adicionais à sua formulação que são essenciais: o processo de gestão de um projeto, que envolve um conjunto de atividades temporárias para a entrega de um produto; e o processo de gestão de mudanças, que deve ser proativo para estimular o engajamento dos stakeholders desde o início.
- Como em todo projeto, é necessário que a organização defina claramente os papéis e as responsabilidades. O papel principal é o do CEO, que lidera a estratégia da organização e sua execução futura. Além dele, é recomendável formar uma equipe central para conduzir os trabalhos, incluindo a orientação técnica. Os stakeholders também devem ter papéis definidos, mesmo que sua atuação seja pontual durante as etapas de formulação. Para cada negócio, é necessário definir líderes e equipe, atribuindo-lhes responsabilidades.
- A Estratégia Ágil possui três camadas: a camada do propósito, que deverá dar sentido e significância para os stakeholders internos e externos; a camada de exploração, que visa a busca de oportunidades externas e internas; e a camada do direcionamento, onde são feitas as principais escolhas para o futuro da organização.
- Na exploração externa, avaliam-se oportunidades pelas tendências e incertezas sobre o futuro no nível do macroambiente e do setor em questão e as oportunidades advindas das relações com os stakeholders e suas influências. Na exploração interna, avaliam-se as oportunidades para a definição de capacidades distintivas e para a criação de estruturas de valor que possam ser mais efetivas ou que possibilitem a criação de valor adicional com parceiros.
- Há três estruturas de valor a serem avaliadas quanto ao potencial de geração de resultados: a estrutura verticalizada, quando não há parceiros de negócios; a estrutura de cadeia de valor, que envolve parcerias a jusante e/ou a montante; e a estrutura em rede, onde as atividades centrais são terceirizadas. Além dessas, outros dois tipos de estrutura podem gerar valor adicional: a plataforma de negócio, também chamada de ecossistema transacional, e os ecossistemas de soluções.
- Ao término da exploração de oportunidades, acontece a decisão sobre os negócios. Isso é necessário porque a última fase, a do direcionamento, deve ser elaborada para cada negócio particular. Existem diferentes formas de se estruturar os negócios. As mais comuns são um produto, uma categoria de produtos, um mercado, perfis de cliente ou arranjos híbridos.
- A avaliação de oportunidades pelos relacionamentos internos pode levar à necessidade de se formular a estratégia de um ecossistema. A estrutura de uma estratégia de ecossistema é similar à da estratégia ágil por possuir três camadas: de ideologia, de exploração de oportunidades externas e de direção e governança. A governança em ecossistemas é tão relevante quanto a direção futura e deve ser elaborada de acordo com ela.

- A direção em uma estratégia de ecossistema se compõe do escopo da solução, que é o principal elemento diferenciador, a composição exclusiva complementar ao escopo da solução, as definições de crescimento e inovação e a proposta de valor para o mercado.
- A governança também contém quatro elementos: a estrutura, que contém os papéis e as responsabilidades de todos os atores; a arquitetura, que responde pelas definições de abertura, adaptação e regras de entrada de participantes; a conduta, que responde pelas formas de regulação da rede; e o compartilhamento, que define os direitos à informação e o acesso aos ativos comuns e à distribuição de valor entre os atores, os clientes, os colaboradores e a sociedade.

REFERÊNCIAS

ADNER, Ron. Sharing Value for Ecosystem Success. *MIT Sloan*, dezembro-fevereiro, 2022.

ATLURI, Venkat; DIETZ, Miklós Gábor. *The Ecosystem Economy.* Nova Jersey: Wiley, 2022.

JAMES, Rob; GODDARD, Jules. *Business Experimentation: A Practical Guide for Driving Innovation and Performance in Your Business.* Londres: Kogan Page, 2021.

KNOWLES, Jonathan; HUNSAKER, B. Tom; GROVE, Hannah; JAMES, Alison. What Is the Purpose of Your Purpose? *Harvard Business Review*, março–abril de 2022.

PIDUN, Ulrich; REEVES, Martin; ZOLETNIK, Balázs. What Is Your Business Ecosystem Strategy? *BCG*, março de 2022.

PIDUN, Ulrich; REEVES, Martin; ZOLETNIK, Balázs. Are You Ready to Become an Ecosystem Player? *BCG*, junho de 2022.

QUINN, Robert E.; THAKOR, Anjan V. Creating a Purpose-Driven Organization: How to Get Employees to Bring Their Smarts and Energy to Work. *Harvard Business Review*, julho–agosto de 2018.

SPÄNE, Andreas; KAWOHL, Julian; DENIZ, Axel; KOWARSCHIK, Alexander. How to Thrive in the Ecosystem Economy. *Strategy&*, PwC, 2023.

05

A Estratégia Ágil: O direcionamento estratégico

Os líderes aprendem continuamente, imaginam e superam os obstáculos para criar a mudança que outras empresas devem enfrentar.

Ram Charan

À medida que a incerteza no mundo dos negócios cresce, as estratégias se tornam menos estáveis e duradouras. A tentativa de preservar vantagens competitivas, conquistadas eventualmente a duras penas, pode ser frustrante na maior parte das vezes. O ambiente competitivo passa a ser então bem mais desafiador, ao passo que decisões estratégicas têm pouco tempo até para se acomodar. Nessas circunstâncias, o posicionamento estratégico, o *trade-off* mais relevante da definição de uma estratégia clássica, tem menos sentido por sua natureza perdurável, quase permanente. Mas, ao contrário do que se possa imaginar, a estratégia se tornou ainda mais necessária com suas novas opções para o futuro. A estratégia agora tem menos a ver com posicionamento e mais com direção. Essa direção não é plano a ser seguido literalmente, mas uma rota, uma orientação sobre um sentido que se pretende trilhar e que será ajustado regularmente à medida do caminhar.

O direcionamento estratégico dos negócios é a camada decisiva da estratégia ágil. Esse é o momento de convergir, de tomar decisões estratégicas, de fazer as principais escolhas e de definir o sentido para orientar os negócios a partir da execução. Assim, é necessário formular um direcionamento para cada negócio existente ou futuro. A equipe montada para gerenciar e formular a estratégia pode ser, nesse momento, ajustada em função dos negócios que se pretende analisar. A Figura 01 apresenta as finalidades primárias das camadas da estratégia ágil. Como já foi apresentado, o propósito gera a inspiração necessária à imaginação, e a exploração visa a descoberta de oportunidades. E o direcionamento entregará uma proposição única de valor para os stakeholders. Por fim, analisam-se os riscos estratégicos. Como a estratégia ágil é iterativa, as ações de tratamento de riscos oriundos dessa análise poderão melhorar as definições estratégicas previamente apontadas, assegurando-se assim sua evolução, a coesão interna e a consistência das definições.

Figura 01 • As camadas da estratégia ágil e suas finalidades primárias

A direção estratégica de um negócio é então o seu norte, a vertente futura sob o olhar que se tem no presente. Trata-se de uma intenção, de uma vontade de avançar em determinado sentido rumo ao futuro. A abordagem no direcionamento é de formulação e adaptação. Ou seja, formula-se um direcionamento com a consciência de que ele tende a ser adaptado ao longo do tempo e que esse raciocínio é agregador por tornar a estratégia ativa em um mundo mutável. A estratégia ágil é a escolha de uma composição singular de valor, adaptativa à dinâmica de mercados altamente imprevisíveis, visando a busca de vantagens temporárias em série. E o direcionamento representa muito bem essa definição. É despretensioso afirmar que as vantagens competitivas que se pretende alcançar serão temporárias, porque essa é a natureza inerente à volatilidade dos negócios. A prontidão organizacional para a mudança é uma necessidade, e são poucas as garantias de que as escolhas se manterão intactas. Portanto, a destreza para se adaptar é uma competência no contexto da agilidade organizacional, e as empresas devem estar preparadas para agir conscientemente dessa forma.

Todavia, uma estratégia ágil pode se sustentar no longo prazo a despeito da dinâmica do ambiente externo. As organizações que prosperam de forma duradoura em ambientes turbulentos, sem ter que realizar grandes mudanças em seu percurso, possuem atributos diferenciadores. A antecipação estratégica é o principal atributo de valor estratégico dessas organizações. Elas assumem elevados riscos de serem pioneiras em um mercado e, dessa forma, "bebem água limpa" por mais tempo por sua primazia.

A Amazon, a primeira empresa que "transplantou" uma livraria do meio físico para o digital, mantém vantagens competitivas e o maior *market share* pelo pioneirismo. Ela foi visionária ao enxergar as tendências de seu setor e ousada ao inventar o futuro. O segundo atributo que aumenta a perenidade de estratégias em um contexto de incerteza é a criação dessa singularidade no mercado. Aqueles que criam o futuro, em vez de prevê-lo, alcançam vantagens duradouras. Seja pelo desenvolvimento de novos produtos e serviços, de modelos de negócio que não existiam ou pela idealização de um novo mercado, é possível idealizar o futuro pela inovação estratégica. Essas possibilidades são o objeto de análise do direcionamento estratégico.

5.1 Os Componentes do Direcionamento Estratégico

O direcionamento estratégico contém as definições que tornam a estratégia de uma organização diferente das demais no mercado ao entregar valor superior. Esse é o fundamento central de qualquer estratégia, daí a relevância da terceira camada de formulação. Uma direção estratégica é consistente e íntegra quando possui essas diferenças bem arquitetadas, uma intenção explícita para o futuro e sua proposta de valor. São quatro os elementos que a compõem: o diferencial de mercado, o campo de atuação, as decisões de crescimento e inovação e o modelo de negócio (Figura 02). A combinação e articulação desses elementos entre si garantem a singularidade da estratégia no mercado e dão robustez à sua vitalidade, viabilizando gerar valor para os clientes, usuários, parceiros, colaboradores, acionistas, a sociedade e o(s) próprio(s) negócio(s).

OS ELEMENTOS DO DIRECIONAMENTO ESTRATÉGICO

Escolhendo a melhor direção adaptativa por negócio

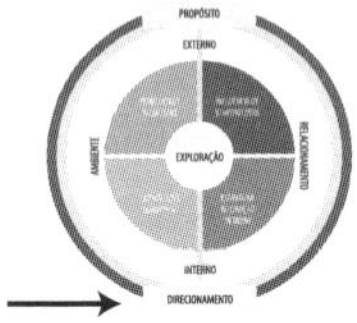

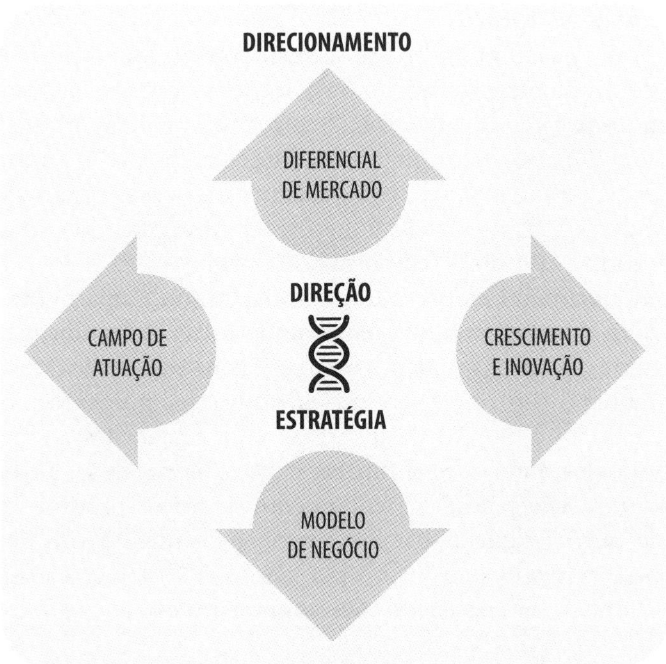

Figura 02 • Os componentes da direção estratégica

Vejamos agora as questões que cada elemento nos propõe a refletir e suas contribuições ao processo de elaboração de uma estratégia ágil e valorosa.

5.1.1 O Diferencial de Mercado

Se for concebível fazer uma analogia entre a estratégia de uma organização e os seres humanos, já que considerar a estratégia como algo vivo é um pressuposto, pode-se dizer que o diferencial de mercado é um órgão vital, como o coração. Portanto, contém a principal definição, pois é nessa hora que se escolhe o vetor preponderante e se elabora a combinação única de valor que somente sua organização terá no futuro, em seu mercado e de maneira distinta.

O desenvolvimento do diferencial de mercado passa por uma série de resoluções a partir da determinação do principal vetor estratégico, que será preponderante sobre os demais e é a primeira decisão essencial a ser tomada. O vetor estratégico é, desse modo, a orientação primária da direção e do sentido da organização para o futuro. Há cinco possibilidades principais de definição elementar do direcionamento por meio de vetores estratégicos (Figura 03): processo e custo, produto e/ou serviço, proximidade com cliente, modelo de negócio e padrão. Vamos então compreender o que cada vetor representa.

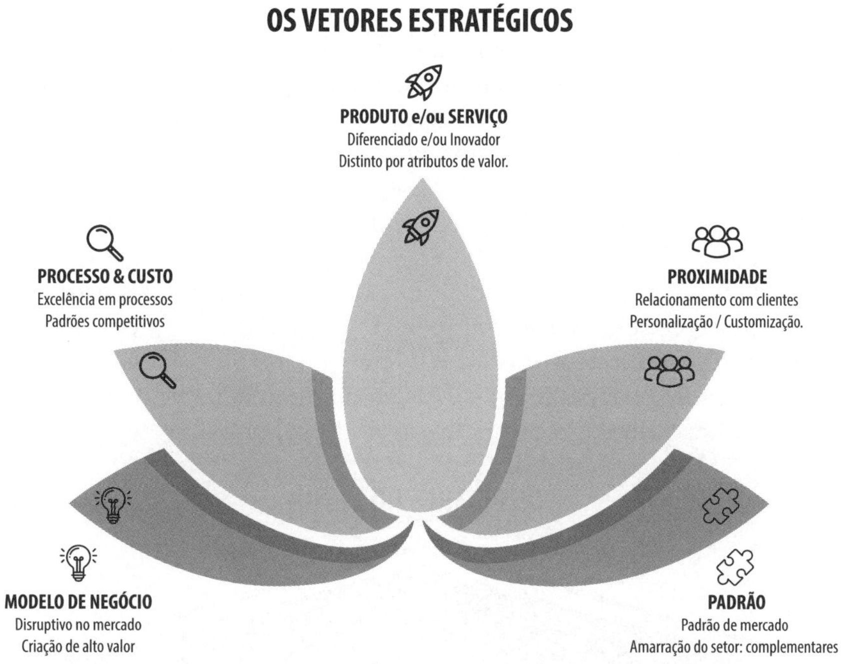

Figura 03 • Os Vetores Estratégicos

O Vetor Processo e Custo

O foco estratégico na busca de distinção pela superioridade na execução de processos e no esforço constante para a obtenção de custos totais otimizados pode proporcionar valor para muitos stakeholders. Uma organização com esse diferencial estratégico no mercado é a que possui processos altamente eficazes, tecnologia de ponta e melhores custos. Ela também executa seu negócio de maneira mais colaborativa, integrada, consistente e confiável. Dessa forma, atrai clientes interessados em serviços precisos a um custo relativamente baixo. Mas também atrai aqueles que valorizam a conveniência da ausência de problemas, de aborrecimento ou insatisfação.

O Vetor Processo e Custo, quando implementado de forma consistente por toda a organização, viabiliza a ambição do crescimento e proporciona ganhos consideráveis de escala. A cultura subjacente que suporta a capacidade organizacional da excelência em processos abomina o desperdício e o supérfluo e premia a eficiência e a padronização. Por consequência, o crescimento se torna viável de realização.

A empresa de aviação Southwest Airlines Co., uma das maiores linhas aéreas dos Estados Unidos, é referência mundial na adoção desse vetor estratégico. Apesar de pertencer a um setor bastante competitivo e desafiador, ela alcançou por décadas o maior desempenho de uma empresa em relação ao mercado no mundo pelo retorno sobre o investimento em ações. Sustentou resultados extraordinários continuamente em ambiente particularmente turbulento, permanecendo na liderança por seu desempenho superior. A Localiza, a rede brasileira de lojas especializadas em aluguel de carros, é outro exemplo bem-sucedido nesse vetor. De forma incansável, a empresa tem aprimorado processos de atendimento pela criação de experiências memoráveis para seus clientes desde sua fundação. Um breve relato sobre a estratégia da Localiza pode ser visto no Caso 5.1.

Para proporcionar ganhos exclusivos, o Vetor Processo e Custo é suportado por cinco pilares: excelência operacional, redes dinâmicas de pessoas, tecnologia integrada, estrutura *flat* e liderança em valor (Figura 04). A adoção integral desses pilares na especificação do diferencial de mercado é o que potencializará as vantagens competitivas no longo prazo.

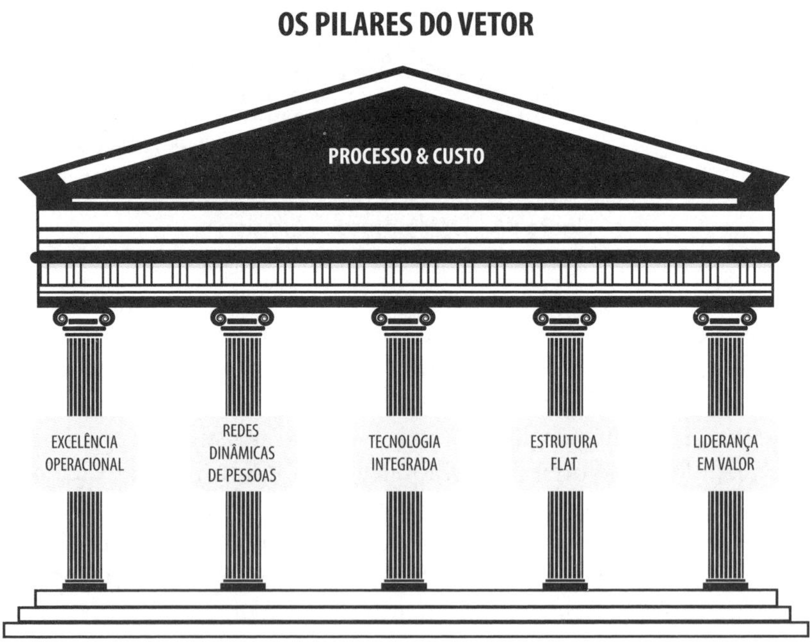

Figura 04 • Os Pilares do Vetor Processo e Custo

O pilar de **excelência operacional** representa uniformidade: processos simples e rígidos garantirão padrão e escala. Há eficiência de esforço e coordenação, com processos altamente integrados. "Excelência" significa conviver num ambiente onde tudo é fácil, agradável, rápido e preciso. A agilidade organizacional é o que importa e é a base de tudo, onde práticas estáveis e dinâmicas convivem em harmonia para assegurar crescimento e inovação. O processo-chave é o atendimento impecável aos clientes.

Na ordenação em **redes dinâmicas de pessoas**, as funções são definidas em torno do trabalho, não propriamente nas pessoas. Dessa forma, o que conta é a equipe, e os indivíduos são avaliados por sua contribuição coletiva. Esse então é o maior incentivo: o resultado obtido por um time, como uma unidade em si. Pessoas com competências e funções distintas são agrupadas em *squads* com responsabilidades de ponta a ponta nos projetos e em processos em determinado domínio de atuação.

As redes dinâmicas, o segundo pilar, facilitam respostas rápidas às necessidades e oportunidades emergentes, equilibrando a liberdade individual com a coordenação coletiva rumo à excelência. Ao mesmo tempo, há autonomia: todos sabem o que precisa ser feito para garantir as entregas. Elas funcionam como tribos, com a flexibilidade necessária para se reorganizar à medida que surgirem novos desafios. As pessoas têm responsabilidade e autoridade, por isso são engajadas. Organizações ágeis mantêm as equipes executivas de alto nível muito pequenas. Com isso, substituem perfeitamente a hierarquia tradicional de gerenciamento intermediário, que enfatiza a fragmentação de tarefas, por redes planas e flexíveis de pequenas equipes autônomas e multifuncionais. Por exemplo, em 2015, o banco holandês ING trocou a estrutura hierárquica de sua sede por 350 esquadrões (*squads*) de 8 a 10 pessoas agrupadas em "tribos". Cada tribo tem um domínio ou propósito claro, e cada um dos esquadrões tem a responsabilidade integral por um projeto naquele domínio. Essas redes facilitam respostas rápidas às necessidades e oportunidades emergentes, equilibrando a liberdade individual com a coordenação coletiva.

As **tecnologias integradas** suportam iniciativas de transformação digital, aumentando o valor criado e distribuído. A digitalização é essencial para reduzir o tempo dos lançamentos no mercado, prover maior capacidade de resposta e de inovações. As tecnologias são empregadas para a automação de atividades repetitivas, agilizar a tomada de decisão e prover inteligência e segurança aos sistemas que atendem clientes e parceiros. Até modelos de negócio podem ser reformulados para fornecer um atendimento ágil e preciso. As DAOs (do inglês, Decentralized Autonomous Organizations) são um exemplo próspero de modelo de negócio disruptivo. Na convergência entre blockchain e inteligência artificial, organizações inteiras, ou partes delas, funcionam de maneira automatizada, sem intervenção humana, para oferecer serviços de forma rápida e diferenciada.

As **estruturas** ***flat***, compreensíveis e planas refletem e apoiam a maneira pela qual a organização cria valor. De hierarquias rígidas a times empoderados, da gestão à estrutura para a autogestão, da fragmentação de tarefas a pequenas equipes multifuncionais integradas, as estruturas *flat* se orientam por processos do negócio, para servir aos clientes. Nessa forma de estruturação, a governança é prática em suas ações e decisões, e as comunidades de inovação, conhecimento e práticas são estimuladas. Coordenações complexas, submissão ao poder centralizado, burocracia e tomada de decisão lenta são coisas do passado. As organizações fluidas trabalham em iterações rápidas que aumentam a cooperação e a inteligência coletiva. A consequência disso é evidente: liderança em valor.

A **liderança em valor**, o pilar final, é a busca da superioridade em processos e a otimização de custos em relação ao mercado. O melhor custo total é poderoso para o crescimento consistente e mantém a atenção no uso eficiente da capacidade instalada. Não há espaço para desperdício ou ostentação. Liderar valor significa reduzir eventuais flutuações de demanda, eliminando-se qualquer ociosidade. Com isso em mente, vale, inclusive, buscar novos mercados com os ativos existentes, desde que seja mantido o cuidado de não diversificar de forma desmedida. Trata-se de mais um paradoxo, como tantos outros na gestão, o que faz com que seja necessário lidar com os contrários e afastar-se dos extremos, uma vez que a variedade pode matar sua eficiência.

Caso 5.1
A referência brasileira em excelência operacional

A Localiza&CO, com sede em Belo Horizonte/MG, é uma das maiores e mais completas plataformas de mobilidade do mundo e está entre as 25 marcas mais valorizadas no país. A empresa oferece a melhor experiência em soluções de mobilidade da América do Sul: conta com 900 pontos físicos nas principais cidades e aeroportos do Brasil, Argentina, Colômbia, Equador e Paraguai, dispõe de uma frota superior a 600 mil veículos e conta com mais de 17 mil colaboradores em seu quadro. Seus principais negócios são o aluguel de carros, a gestão de frotas e a comercialização de seminovos.

A estratégica de diferencial em processos e custos foi a escolha predominante da companhia desde o início e esteve presente na mentalidade de seus fundadores que sempre acreditaram na paixão pelos clientes, em pessoas que inspiram e transformam e na busca de resultados extraordinários como valores que deveriam ser compartilhados. Esses valores são movidos por atitudes como humildade, confiança e colaboração, ingredientes essenciais à prática da excelência operacional e ao trabalho em rede. Ao explorar esses elementos, a empresa mantém atributos singulares no mercado, como o encantamento do cliente, comprovado por um NPS de nível superior; grande escala e capilaridade, trazendo eficiência nos mercados de atuação e facilidade para os clientes; marca forte; e qualidade da governança da corporação. O atendimento ao cliente é traduzido pelos colaboradores por um "sorriso na voz" e pela confiança na qualidade da prestação de serviços. O pensamento dos usuários pode ser lido na frase que se repete: "Se eu for na Localiza, não ficarei sem carro." A capilaridade da marca se confirma na ampla presença de seu logotipo em diversas mídias e canais de comunicação. Independentemente da localização geográfica, as lojas estão disponíveis para atender a todos que necessitam de seus serviços.

A Localiza é uma organização orientada ao crescimento consistente, à busca de melhor eficiência e à geração de valor, fatores que inspiram seus colaboradores a evoluírem e se adaptarem constantemente. O foco em resultados é incansavelmente gerenciado em todos os aspectos do negócio, tornando seu modelo de gestão único, difícil de imitar. Além disso, sua estrutura e organização em times impulsionam a excelência por atender a cada negócio particular. Os serviços compartilhados agilizam a gestão de ativos, o uso inigualável e apropriado de tecnologia e a gestão financeira. A estrutura mantém princípios de flexibilidade, com mecanismos internos de realocação, estratégia de talentos e maleabilidade para gerir os times com ganhos de eficiência. Nela, a movimentação lateral é bem-vista e compreendida por todos por estar a serviço da estratégia.

A Localiza gerencia a demanda por meio da tecnologia e ciência de dados, conseguindo prever a demanda em cada agência em intervalo de tempo surpreendentemente curto. A missão cumprida é ter carro para todo mundo. Outro recurso diferenciado é a gestão da movimentação de frotas, essencial para o sistema operacional da empresa. As otimizações da demanda e oferta, do nível micro ao macro, são rotina. A TI facilita os processos a partir do foco em escopo, realizando pequenos projetos regularmente. Qualquer prática de aplicação digital é um produto a ser aprimorado: há uma visão contínua de evolução, de tecnologia e negócio atuando juntos. A empresa acredita que as habilidades de desenvolvimento, visão de plataforma e modernização dos sistemas são vitais e devem permanecer internalizadas. Dessa forma, as práticas dinâmicas estão presentes todo o tempo. O reconhecimento facial para a retirada de produtos pelo próprio cliente, sem precisar parar no balcão da agência, foi desenvolvido internamente, assim como a migração para a cloud, que fez parte de processos de modernização de infraestrutura da companhia.

Os colaboradores são engajados em processos de mudança, que geralmente provêm de escuta ao cliente e da construção a partir dele. E a agilidade é uma jornada de evolução cultural contínua e orientada por seus valores. É assim que a Localiza consegue atender a milhões de clientes com excelência.

O Vetor Produto e/ou Serviço

O foco estratégico na busca de liderar o mercado pela oferta de produtos e/ou serviços valiosos ou inovadores é outra opção promissora. Como consequência desse tipo de determinação, mercado e clientes reconhecem a capacidade das empresas e instituições de prover benefícios reais pela oferta de produtos ou prestação de serviços superiores. Esse foco não move as pessoas pelos procedimentos, mas pela vontade de entregar sempre o melhor, quer tenha um caráter "premium", diferenciado, moderno, revolucionário ou transformador.

A adoção preponderante do Vetor Produto e/ou Serviço costuma exigir grandes apostas por parte das empresas. Dependendo do grau de singularidade das ofertas ao mercado que se pretende alcançar, o nível de incerteza será elevado, trazendo riscos associados a elas. Isso faz do financiamento de ideias uma rotina para a direção, um desafio constante para lidar com o paradoxo de segurança e criação. Pioneirismo, qualidade e distinção são as marcas dominantes de seu modelo de gestão. Com tais diferenciais, é provável que os resultados obtidos estejam acima da média do setor, gerando vantagens competitivas superiores. Nessa opção, a atenção aos diferenciais deve ancorar-se na centralidade no cliente e na percepção que eles terão sobre o valor a ser entregue.

Há três ênfases diferentes a serem avaliadas ao se adotar esse vetor estratégico no mercado e que podem ser eventualmente combinadas para a oferta única de valor: pela diferenciação, pela inovação ou pela singularidade de atributos (Figura 05).

A diferenciação foca valores e características exclusivas tidas como diferenciais pelos clientes, que reconhecem a oferta de valor premium e se dispõem a pagar mais por isso. No setor automobilístico, marcas como Mercedes, BMW, Lexus e Volvo adotam a diferenciação com ênfase no Vetor Produto, por meio de atributos de alta qualidade, distinção e requinte.

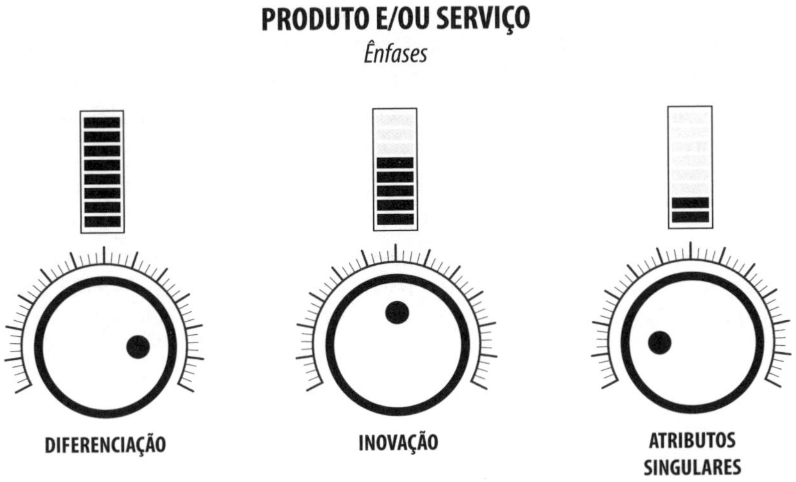

Figura 05 • As diferentes ênfases do Vetor Produto e/ou Serviço

Uma organização que se destaca pela diferenciação está preparada para receber clientes mais exigentes, oferece atendimento especializado e tem influência no mercado pela qualidade intrínseca de seus produtos, serviços e marca. Clientes fidelizados valorizam o status proporcionado pela exclusividade e sofisticação. Nessa ênfase, as áreas de Pesquisa e Desenvolvimento concentram sua atenção na tecnologia e qualidade diferenciada para criar valor.

A inovação estratégica tem foco na singularidade e na concepção de produtos e serviços inovadores de forma continuada. O impacto emocional proporcionado pelas novidades frequentemente ofertadas atrai clientes curiosos, que se sentem bem por estarem na vanguarda. O atendimento costuma ser empático e impecável, feito por pessoas tecnicamente bem preparadas que sanarão dúvidas, demonstrarão, a qualquer momento, como funcionam as novas ofertas ou apresentarão o que virá. Há visível talento na organização, impulsionado pela imaginação e criatividade em um ambiente de autonomia e flexibilidade. Tesla e Apple são exemplos de empresas que adotam a estratégia de produto por inovação. Elas inovam e renovam produtos com frequência, incentivam a criatividade e se mantêm valorizadas há tempos. Seus muitos lançamentos e seu pioneirismo despertam a atenção do mercado.

A singularidade de atributos concentra-se em criar novos mercados por meio de uma composição singular de atributos de valor percebidos pelo público. Trata-se, portanto, de uma forma específica de inovar em produtos e serviços, que geralmente origina um negócio novo e inexistente no mercado até então. O ineditismo da oferta faz a diferença, mas a relevância está na composição de atributos valorizados. O Cirque du Soleil é uma referência na adoção dessa ênfase estratégica, que inovou ao retirar alguns atributos que incomodavam os clientes, como o uso de animais, ou ao reduzir shows menos valorizados, como a exibição de palhaços, para incluir atributos advindos do teatro, da dramaturgia, da ópera e de outros espetáculos. Nessa abordagem empreendedora, a organização faz o papel de produtora de experiências inigualáveis e de ofertas raras e inesquecíveis, em que o nível de originalidade é o maior incentivo. Sua área de Pesquisa e Desenvolvimento concentra a atenção na inovação disruptiva, de forma não linear, para criar ofertas de alta singularidade.

Caso 5.2
A revolução da tecnologia brasileira

Com o uso avançado de design, da engenharia imaginativa e da alta tecnologia, a Embraer, uma das maiores fabricantes de jatos comerciais de defesa e segurança do mundo, desenvolve soluções que levam excelência ao mercado a cada dia. A empresa nasceu em 1969 já pensando estrategicamente além do impossível para entregar produtos inovadores no campo da aviação comercial, executiva, de defesa e de segurança. A ciência, a tecnologia e a inovação estão no DNA da empresa. E foi com essa essência empreendedora e com uma imaginação apaixonada que ela alcançou o patamar dos maiores conglomerados aeroespaciais globais, sendo atualmente a principal exportadora brasileira de bens de alto valor agregado.

Sua estratégia de diferenciação de produto pela inovação é sofisticada e vem sendo utilizada consistentemente há décadas. As mais de quarenta aeronaves criadas pela empresa revolucionaram a aviação global. O desenvolvimento de novos produtos sempre incorporou tecnologias inéditas, e as características singulares empregadas pela empresa evidenciam a preservação de seus diferenciais estratégicos. O foco nos clientes mantém-se como o indutor primário de mudanças, em coexistência com a criação interna, de dentro para fora (*inside-out*). A capacidade distintiva de inovação já possibilitou inclusive a criação de novos segmentos de mercado.

As parcerias estratégicas estabelecidas pela empresa fazem parte da sua maneira única de desenvolver novas soluções. O Programa AM-X para o desenvolvimento da indústria aeronáutica brasileira na década de 1980, em conjunto com a Itália, foi uma das primeiras iniciativas estratégicas colaborativas. Naquele momento, a ideia era compartilhar riscos de desenvolvimento de novos produtos por meio da divisão de responsabilidades e do compartilhamento de conhecimento.

A parceria permitiu o desenvolvimento de capacidades tecnológicas de ponta na Embraer e impactou áreas como aviônica, controles, teste de voo e integração.

Nas parcerias de risco, as empresas trabalham em estreita colaboração, assumem riscos financeiros e de desenvolvimento de um ou mais sistemas e, em contrapartida, participam dos resultados. A Embraer usualmente assume o escopo do produto final, concebe e desenvolve as especificações primárias e assegura a integração de cada sistema desenvolvido pelos parceiros. As empresas associadas atuam utilizando mecanismos ágeis de cooperação nas discriminações técnicas conjuntas, fazendo pesquisas e desenvolvendo sistemas complexos que serão integrados ao produto final, como motores, aviônica e fuselagem. Esse modelo traz vantagens competitivas pela redução de investimentos e dependência de empréstimos, incorporação otimizada de tecnologia, agilidade no desenvolvimento de produtos, atualização de inovações aos sistemas e divisão de riscos.

A Embraer tem vasta experiência na criação de parcerias bem-sucedidas com diferentes atores da sociedade. Sua rede de valor inclui clientes, fornecedores, startups, universidades, instituições públicas e agências reguladoras para acelerar a inovação e desenvolver soluções eficazes para as demandas da sociedade. Dessa forma, ela transforma regularmente o futuro da aviação e se reinventa. Desde soluções para a aviação de zero emissões líquidas, veículos elétricos aéreos para a mobilidade urbana vertical a tecnologias de voos autônomos, a empresa trabalha iniciativas estratégicas para antecipar as necessidades e se manter como uma pioneira no mundo das tecnologias emergentes, dos modelos disruptivos e da alta inovação.

O Vetor Proximidade

O foco estratégico em buscar um relacionamento mais próximo com clientes e usuários pode trazer benefícios de ganhos mútuos por longos períodos, sustentados pela criação continuada de valor, parceria estreita e cooperação. Empresas que oferecem níveis extraordinários de entrega a clientes cuidadosamente selecionados e atendem a necessidades específicas de forma personalizada, graças ao conhecimento que têm sobre eles, dificultam a concorrência de outras empresas que adotam modelos menos relacionais de competição.

De maneira semelhante ao Vetor Produto, o Vetor Proximidade também pode ser implementado de diferentes modos. Entretanto, nesse caso específico, a diferença se dá pelo nível de conexão relacional com os clientes, que pode ocorrer desde uma relação baseada em prontidão para o atendimento, passando por relações de adaptação a necessidades específicas dos clientes à relação de agregação, até alcançar o nível da oferta de soluções totais (Figura 06). Trata-se, portanto, de um espectro contínuo e incremental. O potencial de criação de valor acompanha progressivamente esses níveis, da menor à maior proximidade, que são elucidados a seguir.

Figura 06 • O Espectro do Vetor Proximidade com Clientes

No Nível da Prontidão, o relacionamento com os clientes está centrado no processo de atendimento. O papel dos colaboradores na linha de frente é de assistência ativa, atenção e agilidade na prestação de serviço para a oferta regular de soluções às necessidades de quaisquer naturezas. Nesse estágio do espectro de proximidade, percebe-se que os processos são fluidos e que há um *overhead* baixo, situação similar às organizações que possuem excelência operacional. Os incentivos são apurados pelas reações dos clientes ao atendimento prestado, que deve ser impecável.

O Nível de Adaptação se caracteriza pela oferta de produtos e serviços modularizáveis e/ou parametrizáveis. Isso significa que a corporação ou o negócio possui uma gama de produtos e serviços padronizados que podem ser adaptados em parte ou combinados para atender às necessidades peculiares de cada cliente, mas de forma restrita ao que já existe em seu portfólio. O principal papel dos colaboradores é o de suporte à combinação e parametrização proativa de suas ofertas. Os incentivos são promovidos pela agilidade de resposta, adequação e flexibilidade dos colaboradores na relação com clientes. A área de Pesquisa e Desenvolvimento está orientada à criação de soluções e práticas modulares e adaptativas.

No Nível de Agregação, o relacionamento com os clientes se torna individualizado por meio da customização para cada cliente de forma única e personalizada. A orientação é gerar valor para os clientes na relação um a um, sob medida. Os profissionais da linha de frente exercem o papel de *trusted advisors*, ou conselheiros/consultores de confiança, recomendando a melhor solução para necessidades específicas considerando o momento do cliente, sua intenção estratégica, suas características intrínsecas e seu nível de maturidade organizacional. A interface com o cliente é, assim, marcada pela oferta de valor singular e pelo conhecimento que se tem sobre ele, uma vez que o mesmo foi fidelizado ao longo do tempo. Mecanismos de incentivo recompensam funcionários pelo real impacto no cliente. O foco da área de P&D é desenvolver produtos, serviços e soluções inovadores e customizáveis.

No Nível Solução Total, o foco está no mercado B2B, buscando-se contribuir para a melhoria dos negócios da empresa-cliente para que ela gere mais valor aos seus consumidores. Assim, o maior incentivo é o resultado do cliente e a satisfação dos clientes do cliente. As competências mais valorizadas internamente são: capacidade de cocriar e venda consultiva, prover soluções a questões complexas e conhecer sobre o mercado e negócios em que o cliente está inserido. Para isso, é preciso dispor de uma ampla gama de produtos e serviços. A amplitude de oferta leva à fidelização, e o torna o provedor primário de suporte consultivo de maneira integrada e sistêmica. Processos de inovação aberta e em redes de cooperação ou desenvolvimento conjunto são a base de sustentação do nível mais próximo e longevo dos relacionamentos com os clientes.

Caso 5.3

Paixão pela cosmética e pelas relações

A Natura &Co, uma holding multinacional brasileira fundada em 1969 a partir da Natura, é atualmente uma das cinco maiores corporações globais de beleza, com atuação em vários continentes. O grupo possui, além da marca originária, a Natura, as marcas Avon, The Body Shop e Aesop. Construída com base no princípio de conciliar a sustentabilidade socioecológica com a criação de riqueza, a Natura tem optado por priorizar produtos de origem vegetal provenientes da biodiversidade brasileira e atuar no desenvolvimento socioeconômico das comunidades onde está presente. Ela foi a primeira empresa de capital aberto a obter a certificação de Empresa B, emitido pela B Corp, que certifica empresas que conciliam lucro e propósito em seus negócios.

Desde sua criação, a empresa optou por distribuir seus produtos diretamente a consumidores por meio de consultoras de beleza, modelo adotado pela empresa norte-americana de beleza Avon antes de se tornar parte da Natura &Co, em 2020. Mais do que um vetor estratégico, o relacionamento próximo está na essência da Natura e é um valor que está consolidado em seu design organizacional. Uma consultora provê atenção personalizada, sugere produtos para desejos e necessidades específicas, orienta sobre técnicas de utilização de produtos, amplia a consciência e responde as dúvidas de seus clientes para a conquista de objetivos estéticos. O modelo de relacionamento um a um cria vínculos e fideliza consumidores por meio da agregação de valor consultivo, do cuidado e do atendimento especializado, diferentemente do modelo de venda direta. A relação das consultoras com seus clientes se baseia na confiança, estabelecida pelo respeito às individualidades, aos gostos e à geração de benefícios duradouros.

O conhecimento sobre as características de cada cliente, suas preferências e objetivos é outro pilar importante da estratégia de proximidade, assim como a inovação, as práticas de sustentabilidade e o desenvolvimento da sociedade. Desde 2019, a Natura trabalha com as comunidades e famílias da região amazônica para desenvolver novos produtos e práticas de colheita responsável que beneficiem tanto a floresta tropical como os seus habitantes. Os novos produtos são demonstrados às consultoras, que recebem capacitação continuada para que possam dominar sua aplicação e oferecer soluções mais efetivas a seus clientes, assim fortalecendo um ciclo virtuoso de melhoria contínua e agregação de valor. É a composição criteriosa de vários atributos de valor que suportam a escolha preponderante de proximidade na estratégia da empresa, que tem no cuidado com os relacionamentos sua prioridade central.

A inovação de produtos e serviços sustenta o desejo da empresa de bem estar bem e de servir seus stakeholders. É dessa forma que ela promove uma relação harmoniosa do indivíduo consigo mesmo, com os outros e com a natureza. Em 2013, a revista *Forbes* a nomeou uma das dez empresas mais inovadoras do mundo. Essa evolução deliberada acontece também no nível da estratégia e de sua gestão. A empresa ganhou ainda mais vitalidade nos últimos tempos mediante a atuação omnichannel e a criação de um *hub* eficiente de comunicação que integra canais e ferramentas de comunicação para melhorar o trabalho de suas consultoras. A digitalização de negócios possibilitou que as consultoras criassem, de forma automática, gratuita e rápida seu próprio canal de vendas online vinculado ao e-commerce do grupo. Nele, elas se beneficiam de uma webpage pessoal e padronizada para a comercialização dos produtos, o acesso à logística para entregas, serviços para operações financeiras e de recebimentos, materiais de divulgação em redes sociais e de meios necessários à comercialização. Há também uma plataforma de capacitação sempre atualizada. Os novos canais são vistos por elas como um aliado. Mesmo aqueles que vão às lojas continuam tendo interesse na venda direta e social.

A Natura &Co é referência em relacionamento e inovação sustentável e segue sua trajetória para se tornar a melhor empresa de beleza para o mundo. Sua abordagem estratégica única certamente a conduzirá a patamares ainda mais elevados na relação valorosa de proximidade com seus stakeholders e com toda a sociedade.

O Vetor Modelo de Negócio

Um modelo de negócio consiste em partes interdependentes e funcionais de uma empresa que, operadas em conjunto, criam e entregam valor. A proposta de valor é a parte central do modelo que, em associação com parceiros, processos eficazes e recursos, auxiliam os clientes a realizarem seu trabalho de modo eficaz. Assim, um modelo de negócio desempenha um papel importante na transformação da estratégia em realidade. Por essa definição genérica, usualmente aceita e praticada, é possível então questionar sua aplicação como vetor estratégico e considerá-lo um elemento da fase de execução de estratégias. Os modelos de negócio sempre representaram a operação dos negócios e não continham componentes estratégicos que diferenciassem uma organização no mercado. A competição entre empresas, por muitas décadas, foi realizada adotando-se modelos de negócio muito semelhantes.

No entanto, nos últimos anos, em função do crescimento exponencial de tecnologias, temos presenciado inovações incorporadas aos modelos de negócio que os tornam singulares e disruptivos. As inovações em modelo de negócios vêm remodelando setores inteiros e já redistribuíram bilhões de dólares na economia global. Entre os exemplos estão empresas como Airbnb e Uber, com modelos baseados na economia compartilhada; Nuro, um serviço de entrega de compras supermercado sem motorista avaliado em US$3 bilhões e baseado na economia da inteligência; e a Burning Man, que atua na economia da transformação. Assim, modelos de negócio têm se tornado um componente absolutamente estratégico, um vetor que pode ser decisivo na composição única de valor de uma organização. A tendência no mundo dos negócios aponta para o aprimoramento ainda mais substancial da experiência dos clientes, que será cada vez melhor e mais barata, ágil e rápida. Os modelos de negócio deixam de ser uma força de estabilidade e segurança, passando a ser projetados para fortalecer o vigor das organizações.

No entanto, observa-se ainda que algumas empresas incumbentes e seus líderes têm sido negligentes na inovação de seus modelos de negócio, permitindo que novos entrantes sejam protagonistas da disrupção em seus setores. Uma questão estratégica central deveria permear a mentalidade da liderança a partir de agora: como revolucionar a maneira de fazer negócios em seu campo de atuação por meio da incorporação de novas tecnologias, sobretudo as exponenciais e potencialmente interruptivas? Adicione uma camada de inteligência artificial aos seus negócios, promova a utilização de big data para o crescimento, avalie a possibilidade de utilizar plataformas para a economia compartilhada e de criar organizações autônomas descentralizadas (os DAOs), avance de forma sustentável para uma economia circular ou comece a pensar em mundos múltiplos. Os modelos disruptivos certamente passarão por essas possibilidades num futuro próximo. E se sua resposta levar a uma real probabilidade, você já terá um diferencial de mercado essencial em suas mãos: um novo e poderoso vetor estratégico para fazer acontecer.

O Vetor Padrão

O Vetor Padrão acontece quando uma organização é capaz de criar um padrão que terá intensa utilização global. É quase prescindível dizer que essa é uma estratégia de alta dominação de mercado. Sua execução, por outro lado, dificilmente será realizada. Dentre as várias tentativas de definição de padrão de produto, protocolo, sistemas, dentre outros, poucos se estabeleceram. Mas existe uma empresa reinante nessa posição: a Microsoft. O sistema operacional Windows pode ser considerado padrão, embora existam outros poucos concorrentes diretos. Por meio de complementariedade, as empresas que desenvolvem software para o Windows foram gradualmente contribuindo para instituição do padrão. A estratégia elaborada pela Microsoft possuía alta atratividade, o que fez com que as empresas de software concentrassem seus esforços de desenvolvimento nessa plataforma tecnológica, o que levou à ampla amarração de muitos players do setor.

Aqueles que forem capazes de derrubar obstáculos de toda ordem e de estabelecerem o padrão, terão recompensas substanciais. No entanto, constituir um padrão proprietário para ampla utilização no mercado, ser seu único provedor e lidar com as regulamentações antitruste de vários países é uma tarefa das mais difíceis. Pelo mérito, vale o registro de sua existência. Na prática da análise estratégica, esse é um recurso que raramente vale a pena examinar.

5.1.2 Os Campos de Atuação

O segundo elemento do Direcionamento Estratégico descreve o escopo futuro de atuação da organização para cada negócio. Essas definições orientarão quanto aos locais de operação dos negócios e prestação de serviços, os clientes e o mercado-alvo. Isso é necessário tanto para explicitar o domínio de atuação desejado quanto para orientar as decisões de crescimento e inovação, o próximo elemento do direcionamento.

São quatro as possibilidades usuais de atuação: o campo geográfico, o setor, o segmento de mercado e o perfil de clientes (Figura 07).

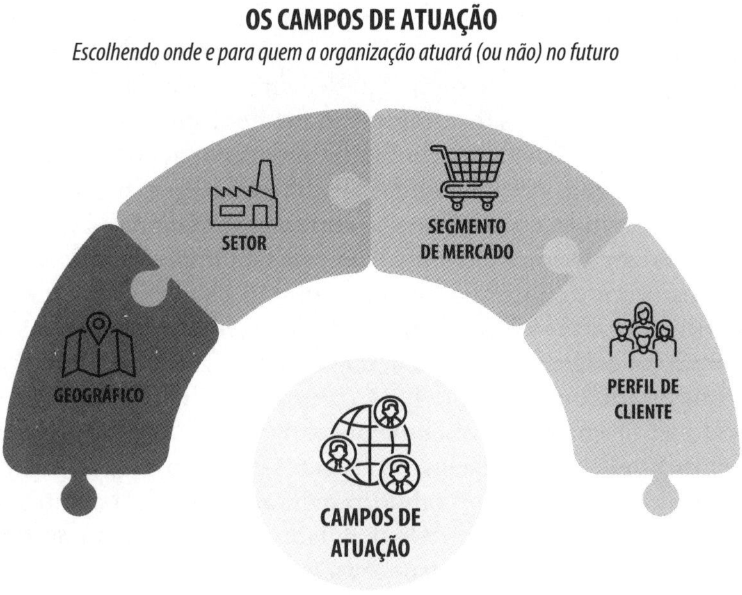

Figura 07 • Definindo os Campos de Atuação

Para a definição dos campos geográficos, é recomendável estabelecer de antemão os critérios que justificarão as escolhas. Quais são os motivos estratégicos que justificam a expansão em determinada região? Os fatores relacionados à atratividade, como conhecimento do mercado, logística favorável, economia, taxa de crescimento e potencial de mercado, estrutura competitiva, parcerias, fatores políticos, sociais e ambientais, demografia, acesso à tecnologia e incentivos financeiros são critérios que podem ser utilizados para essa definição. Da mesma forma, fatores relacionados à força dos negócios, como diferencial de mercado, tamanho e agilidade, vantagem comparativa, força da marca, capacidades organizacionais estratégicas e dinâmicas, competências e disponibilidade de profissionais, robustez do processo de manufatura e dos serviços também são critérios importantes para a tomada de decisão.

Uma vez estabelecidos os critérios, é possível analisar em quais cidades, regiões ou países a organização tem potencial de atuação. Uma avaliação mais precisa deverá conter também uma relação de clientes-alvo, os produtos e serviços que serão fornecidos e como provê-los; por exemplo, definindo-se canais de comercialização, distribuição e assistência local.

Uma organização também pode definir em quais setores da economia ela atuará, quando essa forma for apropriada. Os principais setores econômicos são indústria, comércio, serviços, governo, extrativismo e agronegócio. Uma maneira ainda mais específica de atuação pode ser feita por segmento de mercado. A Tabela CNAE, com as atividades econômicas do Brasil, pode auxiliar nesse trabalho. Alguns exemplos de segmentos de mercado são metalurgia, produtos têxteis, produtos de informática, celulose e papel, dentre vários.

A quarta possibilidade de definição de campo de atuação é por perfil de cliente. Há muitas maneiras de categorizar clientes e defini-los. É bem comum definir conjuntos de clientes pelo seu tamanho. As pequenas e médias empresas, por exemplo, têm características distintas das grandes organizações e poderão ser um campo de atuação interessante. As empresas de serviço costumam categorizar clientes pelo nível de relacionamento e poder aquisitivo, como os bancos comerciais, que segmentam seus clientes por renda e volume de investimento. Outras formas comuns de determinação de perfis são o volume de compra e a origem da empresa, como uma multinacional, por exemplo.

Mais adequado ao mercado B2C (*Business to Consumer*), o perfil de cliente pode ser definido pela sociodemografia, como os aspectos demográficos que estabelecem quem são eles, os aspectos psicográficos que demonstram como eles pensam, os aspectos comportamentais relativos a como se comportam e o ambiente onde operam. Os templates utilizados para a definição de personas, instrumentos que definem características de uma pessoa típica, são muito úteis para a definição do campo de atuação e para o claro entendimento das características, dos comportamentos e da personalidade dos clientes.

5.1.3 Crescimento e Inovação

As decisões organizacionais de crescimento e inovação são aquelas que melhor determinarão a perspectiva futura e os benefícios duráveis da vitalidade corporativa. "Vitalidade corporativa" é a capacidade de explorar novas opções, renovar a estratégia, inovar e crescer de forma sustentável. É o índice de Vitalidade Corporativa, calculado pelo Boston Consulting Group, que define o ranking anual da revista *Forbes*, o Fortune Future 50, que classifica as empresas globais que apresentam as melhores perspectivas de crescimento sustentado. Essas empresas demonstram uma combinação de fortes capacidades de execução e agilidade estratégica voltada para o futuro. O ativo intangível de crescimento e inovação é precioso para as empresas. Aquelas cujo crescimento excede o do PIB têm taxa de sobrevivência 50% maior do que suas concorrentes. Com qual estratégia de crescimento a organização se fortalecerá no mercado? Quais são os mecanismos de inovação necessários para suportar esse crescimento? Essas são perguntas que deverão ser respondidas para a definição desse importante elemento do direcionamento estratégico.

As abordagens estratégicas de crescimento e inovação podem ser compostas de quatro decisões, de forma associada ou não, como ilustrado na Figura 08: definições de crescimento orgânico, de crescimento inorgânico, decisões sobre o portfólio futuro de produtos e serviços e investimento em Pesquisa e Desenvolvimento para garantir a inovação.

Figura 08 • Os componentes de Crescimento e Inovação

O Crescimento Inorgânico

Conscientes de que o crescimento é uma necessidade estratégica, as organizações por vezes passam por uma questão primária: crescer de forma orgânica ou inorgânica? As análises históricas mostram que, de forma geral, empresas com crescimento orgânico geraram retornos maiores para os acionistas do que aquelas cujo crescimento dependeu de aquisições. Mas cada situação precisa ser analisada em função de suas particularidades. Movimentos rápidos de crescimento de um setor podem exigir resposta por meio de fusões e aquisições. O cenário competitivo requererá, por vezes, uma alavancagem financeira pela utilização de capital de terceiros se os concorrentes estiverem crescendo a passos largos e as empresas não possuírem capital próprio disponível. Essa decisão vem sendo frequentemente adotada em países em desenvolvimento e tem sido uma opção estratégica necessária.

Há outras possibilidades de crescimento inorgânico, além de fusões e aquisições. É possível crescer por licenciamento, como vem sendo feito regularmente por concessionárias de rodovias. Oportunidades diversas de operação podem também ser objeto de contrato por períodos, o que resulta em crescimento mais rápido. A participação em redes ou ecossistemas também são um caminho que começa a ganhar prioridade nos negócios. Finalmente, qualquer modalidade de aliança estratégia pode alavancar o crescimento inorgânico, mesmo que de forma circunstancial e restrita.

O Crescimento Orgânico

Embora as pressões do curto prazo, como a necessidade de corte de custos e a sobrevivência em momentos de crise, concorram com o crescimento, saber conviver com esses desafios e manter a determinação de crescer é inevitável. O crescimento é imprescindível, crucial para a sobrevivência a longo prazo dos negócios. O crescimento atrai novos talentos, financia investimentos, melhora a competitividade e impulsiona o desempenho e a rentabilidade da empresa. Assim, a visão de futuro e o crescimento devem sempre constar na pauta da alta administração. E o crescimento orgânico é uma decisão natural e segura.

As pesquisas mostram que a preferência de crescimento orgânico tem sido a de focar os esforços comerciais, os recursos e o aumento de investimento em produtos e serviços atuais com maior potencial de comercialização. É uma condição comum de evolução estabelecer metas de crescimento alinhadas com o mercado, direcionando recursos de forma adequada. O outro aliado do crescimento orgânico é a inovação. É possível inovar processos, sobretudo desenvolvendo fortes capacidades comerciais, mas também criando produtos e serviços ou inovando pela adoção de novos modelos de negócio.

O Portfólio de Produtos e Serviços

A análise clássica do Portfólio de Produtos e Serviços de uma organização visa fazer o diagnóstico da situação das ofertas ao mercado relativamente ao real crescimento do setor e de sua participação nele (*market share*). Mas o objetivo dessa análise no direcionamento estratégico é determinar o portfólio necessário para suportar os diferenciais de mercado e o crescimento. Produtos e serviços com alto potencial de escala e de gerar valor futuro, combinados com um mercado de alta atratividade, precisam ser desenvolvidos. É também recomendável situar o portfólio em relação ao ciclo de vida de produtos para ter consciência sobre a duração deles. Na última década, o tempo de vida de muitos produtos caiu substancialmente, indicando uma clara tendência de reduções maiores nos próximos anos. A análise de portfólio de produtos é um mecanismo eficaz para determinar a melhor alocação de recursos para produtos novos e existentes de forma a suportar o crescimento pretendido.

Pesquisa e Desenvolvimento (P&D)

De forma concreta, a função do departamento de P&D em uma organização é descobrir novos conhecimentos (P) e aplicá-los para obtenção de resultados por meio do desenvolvimento (D). Isso significa inovar e, igualmente, renovar, funcionando como um radar que captura insights de toda a organização, do mercado, de diversos stakeholders e da academia. Mas as definições de P&D também capturam os *inputs* da estratégia. E, para que isso ocorra de forma integrada e alinhada, é necessário que a formulação determine linhas de pesquisa, diretrizes e temas prioritários. Essas são resoluções importantes que, de certa forma, indicam a prioridade estratégica de um elemento vital: a inovação. Nesse momento, os mecanismos de suporte a essa intenção, como recursos, tecnologias, competência e fundos, devem ser conjuntamente especificados. Os investimentos em P&D, usualmente elevados, são cada vez mais necessários em função da volatilidade e dinâmica no mundo dos negócios. Reservar fundos para a inovação passa a ser uma demanda compulsória para o sucesso das estratégias.

Dentre as empresas que definem bases e diretrizes para o investimento estratégico em P&D está o setor de energia. Com a meta de buscar fontes sustentáveis de energia, as empresas do setor têm feito consideráveis reservas para pesquisa. Ao definirem temas prioritários de pesquisa para a descoberta de fontes alternativas de geração de energia elétrica, gestão de bacias, reservatórios e eficiência energética, essas empresas se antecipam para um futuro próximo. O objetivo final é serem competitivas no mercado de energia aberta, com custos reduzidos, um desafio que também passa por mudanças organizacionais. A definição de temas prioritários também pode incluir premissas. No exemplo do setor de energia, a garantia de segurança no fornecimento de energia elétrica e a redução de impacto ambiental têm sido premissas comuns.

De forma interdependente, essas são as quatro variáveis a serem analisadas e definidas para crescimento e inovação. Decisões consistentes desse poderoso elemento do direcionamento estratégico determinarão a vitalidade corporativa, a longevidade das empresas e a criação de valor futuro.

5.1.4 O Modelo de Negócio

O termo “Modelo de Negócios” tem sido objeto de diferentes interpretações na área de conhecimento em gestão. A maneira como as pessoas definem seu significado realmente depende de como elas usam o mecanismo organizacional. Podemos usá-lo como um vetor estratégico, caso sua singularidade ou o potencial de disrupção levem a vantagens competitivas, como demonstramos no diferencial de mercado do direcionamento estratégico. Também é possível vê-lo como um componente de execução da estratégia, uma vez que descreve processos, canais e segmentos de cliente, receitas e custos. No entanto, encará-lo como um elemento do direcionamento estratégico pode orientar a organização para sua maior finalidade: criar e entregar valor para os clientes, consumidores e usuários.

Os modelos de negócio surgiram na década de 1920, com a criação do Modelo Isca e Anzol (*bait and hook*). O comerciante King C. Gillette, inventor da navalha com a utilização de lâminas descartáveis, foi seu idealizador. As navalhas eram construídas artesanalmente naquela época, o que fazia com que seu custo fosse elevado. A ideia então era vender navalhas a um preço muito baixo, como isca para a venda em massa de lâminas (anzol). Esse modelo preconizava que as iscas podiam ser até gratuitas. Assim, o cliente que adquirisse a navalha estaria obrigado a comprar repetidamente as lâminas do produtor, tornando-se fiel àquela marca no longo prazo. Empresas como a HP e a Nespresso adotaram esse mesmo modelo de negócio para, respectivamente, vender cartuchos que se acoplam especificamente nas impressoras HP e cápsulas que só funcionam em máquinas Nespresso.

Outros modelos de negócio foram criados à medida que inovações e novas tecnologias surgiram no mercado. A Figura 09 apresenta as ondas de evolução tecnológica no mundo e os principais modelos de negócio que foram idealizados. Observe que poucos modelos surgiram até a quarta onda, na década de 1990. Ou seja, as empresas competiam com os mesmos modelos de negócio, sem nenhuma diferenciação. E é por essa razão que os modelos de negócio não foram considerados estratégicos até então.

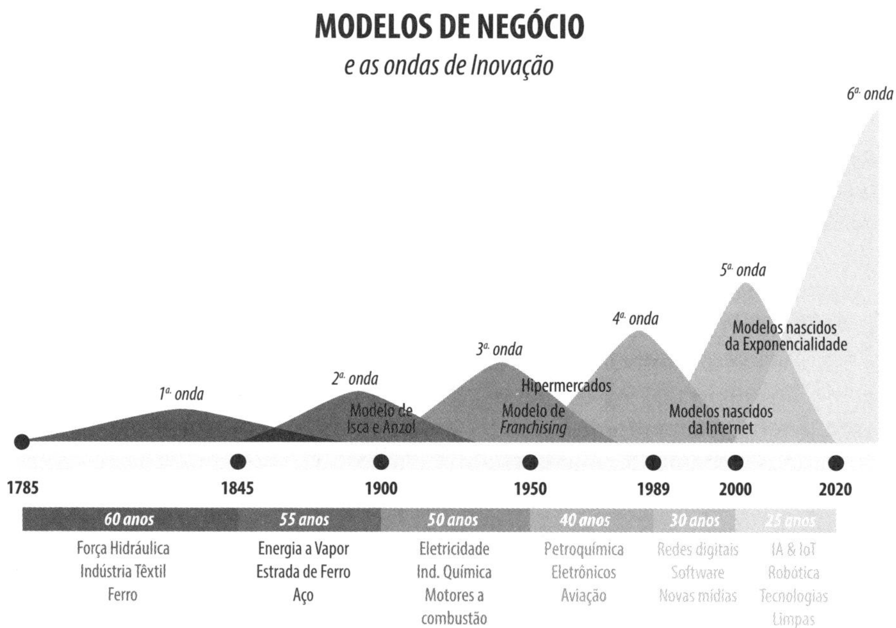

Figura 09 • As ondas de inovação e os modelos de negócio (Adaptado do Edelson Institute)

A partir de meados da década de 1990, começaram a surgir inovações tecnológicas que fomentaram a criação de novos modelos de negócios. A quinta onda de inovação, que tornou a internet uma realidade com o uso dos computadores pessoais e dispositivos móveis, gerou novos negócios que se consolidaram no mundo. Nesse mesmo período, foram descobertos os fundamentos da inovação disruptiva. A Figura 10 destaca os modelos advindos das duas últimas ondas: os que nasceram da internet, os que surgiram no período de transição entre a quinta e sexta ondas, e alguns que começam a se consolidar pela sexta onda. Esses modelos são uma fonte crucial para a análise estratégica da possibilidade de adoção pela empresa que formula uma estratégia ágil. A aplicação total ou parcial, ou mesmo a combinação desses modelos, pode resultar em uma proposição única de valor no mercado. É com esse intuito que demonstraremos as funcionalidades gerais de cada um.

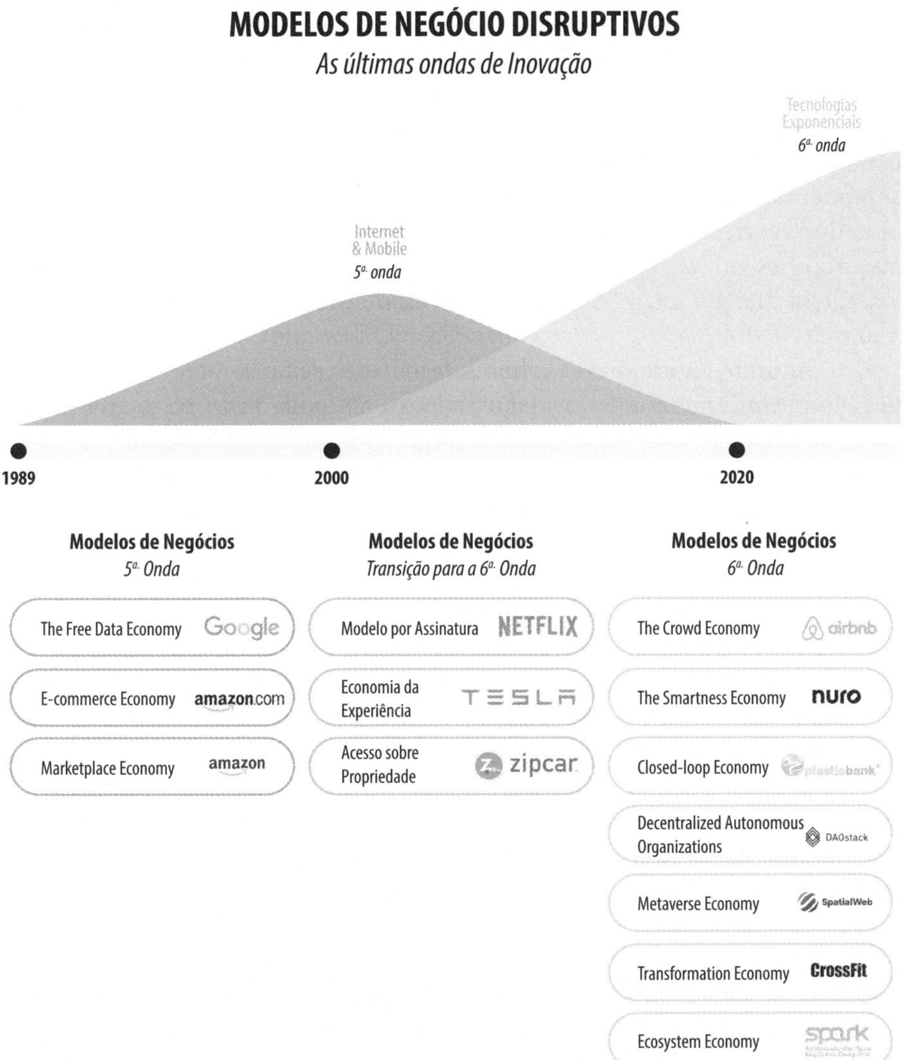

Figura 10 • Os Modelos de Negócio advindos das Inovações Disruptivas

Dentre os que surgiram na onda da internet e da mobilidade, destaca-se o Google, que adaptou o modelo isca e anzol para o mundo digital, oferecendo informações gratuitas e, por meio delas, gerando valor para seus negócios. Já a Amazon.com Inc. foi pioneira no uso da internet, começando como um e-commerce de livros e, posteriormente, expandindo para a venda de outros produtos, até se tornar um marketplace digital. Seu modelo de negócios é o vetor estratégico predominante, utilizado como diferencial de mercado.

Na sequência dos modelos adotados pelo Google e pela Amazon, emergiram outros três que sinalizaram tendências no mercado: de assinatura, de economia da experiência e de acesso sobre propriedade. O modelo por assinatura da Netflix é um exemplo de sucesso. Embora tenha começado com a locação de vídeos online, a empresa decidiu transformar seu modelo de negócios. Utilizando serviços de streaming, a Netflix implementou o modelo por assinatura e passou a oferecer aos clientes uma grande quantidade de serviços que podem utilizar a qualquer hora, por um preço fixo. Com 100 milhões de horas diárias de conteúdo de streaming em mais de 190 países, seu negócio atrai milhões de assinantes no mundo todo. Graças a seus diferenciais de mercado, a Netflix alcançou a marca de maior plataforma de venda de vídeos do mundo.

Um segundo modelo consolida a tendência de uma economia da experiência, centrada no cliente, e teve início a partir da Tesla Inc., uma empresa automotiva, de estilo de vida e energia, fundada em julho de 2003 nos Estados Unidos. Sua proposta de valor é fornecer veículos totalmente elétricos de classe superior (*best in class*). Para isso, adota um modelo de negócios que prioriza o relacionamento com seus clientes por meio de uma experiência digital omnichannel, vendas diretas ao consumidor e autoatendimento em nível aprimorado no site. Nele, os clientes customizam o próprio carro e adicionam recursos de uma forma que nenhum outro fabricante consegue oferecer. A experiência do cliente é realmente agradável, inovadora, disruptiva e única. Por isso, a fidelidade é extraordinariamente alta, com uma pontuação NPS (Net Promoter Score) de 96%.

O terceiro modelo é o de Acesso sobre Propriedade. Este modelo de negócios tem relação direta com a filosofia do compartilhamento e com a impossibilidade de posse de determinado bem. Em algumas situações, o modelo provê ao consumidor, temporariamente, algo que ele não conseguiria comprar sozinho. A Zipcar é uma empresa norte-americana de compartilhamento de carros que utiliza o acesso sobre propriedade para viabilizar negócios. A empresa transformou os clientes em proprietários de carros compartilhados. Eles não querem ter o incômodo de adquirir um carro novo, mas querem aproveitar o benefício de ter um carro. Com o uso eficiente de tecnologia, a empresa gerencia todos os aspectos do compartilhamento. A empresa não apenas proporcionaria economia de custos, mas também oferece conveniência ao cliente. A Zipcar não exige que os clientes levem os carros a um local específico; permite que os deixem conforme seu próprio conforto e conveniência. Trata-se um modelo de negócio essencialmente disruptivo, pois proporciona a mesma experiência de compra sem ter as implicações de propriedade.

Os modelos de negócio da sexta onda de inovação seguem sendo viabilizados por tecnologias, em especial as exponenciais. A Crowd Economy (ou Economia das Multidões) é uma forma de compartilhamento que permite às pessoas participarem do mercado de forma ampla. Há algumas denominações derivadas desse conceito, como o crowdsourcing e o crowdfunding, que utilizam dos mesmos fundamentos. A sociedade em rede abre espaço para as trocas efetivas de valor. O modelo *crowd* é utilizado pela Airbnb, Lyft e Uber e por outras empresas que viabilizam a integração entre pessoas por meio de plataformas. A Didi Chuxing, da China, é outro exemplo. É uma das maiores empresas da economia compartilhada, com presença global e operação em diversos países, inclusive no Brasil. A empresa possui uma ampla gama de modalidades de compartilhamento, que vai do usual transporte por aplicativo aos serviços financeiros.

A Smartness Economy (Economia da Inteligência) é toda e qualquer forma de utilização da inteligência artificial pelas organizações em seus produtos e serviços. Numa abordagem mais ampla, a economia da inteligência pode viabilizar as cidades inteligentes. A inteligência artificial passa a ser utilizada como uma nova camada a produtos e serviços, assim como aconteceu com o surgimento da eletricidade. O número de startups de inteligência artificial tem crescido significativamente. A Nuro, uma startup norte-americana especializada em robótica, utiliza a IA para criar veículos autônomos que geram receita entregando alimentos, mantimentos e pacotes. A IA é central para todos os aspectos dos negócios da Nuro, desde a seleção de onde implantar frotas, resolvendo problemas de percepção e planejamento à simulação de condições em estradas. A incorporação da IA e da inteligência generativa em modelos de negócio já é uma realidade. E o avanço de seu uso em modelos de negócio será comum em um futuro próximo.

A Closed-Loop Economy (Economia de Circuito Fechado) utiliza modelos de negócio para que nenhum resíduo seja gerado. A ideia está focada no reaproveitamento, para que os produtos sejam reutilizados, compartilhados ou reciclados. No processo fechado, todos os atores participantes geram e capturam valor, transformando o que seria desperdiçado em recurso valioso. O Plastic Bank é um exemplo de utilização desse modelo. É uma empresa com fins lucrativos, fundada e sediada em Vancouver, British Columbia, que constrói ecossistemas de reciclagem em comunidades subdesenvolvidas em um esforço para combater a poluição plástica e a pobreza em países em desenvolvimento. Neles, qualquer pessoa pode deixar seu lixo plástico em um coletor da empresa e receber "moedas de troca", pagas em dinheiro, bilhetes de metrô ou qualquer outra forma de recompensa. A empresa classifica o plástico e o vende para o reciclador. Dessa forma, o circuito do ciclo de plástico se fecha. As empresas interessadas em se tornar "*plastic neutral*" podem pagar pelos serviços oferecidos pela empresa.

A DAO – Descentralized Autonomus Organization (Organização Autônoma Descentralizada), como já havia ilustrado ao comentar sobre tecnologias no vetor processo e custo, é, na verdade, um modelo de negócio que viabiliza uma organização coletiva governada por blockchain e uso intensivo de inteligência artificial. Trata-se de uma organização automatizada, com pouquíssima intervenção humana — exceto o cliente —, que acessa a empresa de maneira autônoma, sem precisar interagir com pessoas. Esse modelo vem sendo utilizado por instituições de caridade, fundos de risco, propriedades coletivas e serviços de uma forma geral. A DAOstack e a Ethereum estão entre as organizações que o utilizam. A Ethereum é uma plataforma descentralizada, que executa contratos inteligentes e aplicações descentralizadas usando a tecnologia blockchain. A DAOstack é uma rede de stakeholders, sem órgão central de governança, sendo apenas um conjunto de regras codificado em uma blockchain. A capacidade de escala em um DAO é um de seus diferenciais estratégicos.

A Virtual Shared Space Economy, representada pela Economia do Metaverso, é um espaço virtual coletivo compartilhado, criado pela convergência de realidade física e digital virtualmente aprimorada. Inclui um modelo de negócios de elevado potencial para geração de valor. De certa forma, o Metaverso — o mais proeminente espaço virtual criado até o momento com o uso da Web3 e da *spatial web* — é uma evolução do Second Life, que já movimentou uma economia milionária. No entanto, é preciso distinguir os modelos no que tange às oportunidades. Por isso, não é recomendável apenas recriar um negócio estabelecido dentro dele. Os chamados "gêmeos digitais", empresas simplesmente replicadas para o mundo digital, são restritivos, enquanto o alcance desse modelo é quase infinito. Quando se acrescenta uma nova camada aos estratos digitais, adiciona-se uma economia inteira construída sobre ela. Referimo-nos uma economia combinatória que inclui realidade virtual e aumentada, *head-mounted displays* (HMDs), Internet das Coisas (IoT), inteligência artificial (IA), 5G, computação espacial, AR Cloud e outras tecnologias agregadas. A atuação em mundos híbridos é a base da nova lógica da competição. Tanto para o universo B2C como para o B2B, os modelos na economia dos espaços virtuais compartilhados representam uma nova maneira de fazer negócios e uma oportunidade de reinventar quase tudo, desde as jornadas do cliente até os processos operacionais.

A Transformation Economy (Economia da Transformação) é a busca pela transformação pessoal por meio de negócios que se propõem a viabilizá-la. Isso significa mais do que a experiência. Busca-se algo autêntico e significativo pela conexão no nível pessoal para passar por uma verdadeira sensação de transformação. A CrossFit utiliza esse modelo de negócio ao propor a seus clientes processos de transformação. Outro exemplo é o Kamalaya Wellness Sanctuary, da Tailândia. Nele, há um número crescente de proprietários que reconhecem a necessidade de se transformar e de se conectar com um propósito pessoal de maior sentido na vida. Cresce o número de empresas que estão propondo aos clientes transformações que os tornem melhores. Novos modelos de negócios no setor de serviços, como consultoria e desenvolvimento via coaching, estão mudando a maneira como os consumidores compram e como as empresas fazem negócios.

A Ecosystem Economy (Economia do Ecossistema) é uma nova forma de pensar os negócios em que as empresas sem bordas atuarão em conexão com outras empresas e com os mercados que elas atendem. Essa nova economia pressupõe a atuação em ambientes de alta complexidade, exigindo estratégias, modelos de negócio e capacidades específicas para o seu pleno desempenho. Os mercados e setores cobertos pelos ecossistemas de negócios são grandes, dinâmicos e interconectados globalmente. Os próprios setores serão reconfigurados para também representarem o mundo sem fronteiras claras, onde o que importa é a necessidade integral dos clientes ser atendida e não a configuração deles. O modelo de negócios de um ecossistema pode provocar disrupção em diferentes setores simultaneamente. De todas as disrupções, esta, certamente, é a que tem o potencial de produzir o maior rompimento na história das organizações.

As possibilidades de criação e utilização de modelos disruptivos não se limitam aos que aqui foram relatados, sobretudo pela evolução exponencial da inteligência artificial. Do contrário, a tendência é que novas possibilidades e combinações surjam, resultando em diferentes ofertas de valor para os clientes. A proposição de valor para os clientes é um componente inquestionavelmente estratégico. Assim, por meio de recursos, processos e parcerias-chave, será definida a proposta única de valor para segmentos de clientes, o que também gerará o valor a ser apropriado pela organização servidora e para outros stakeholders.

Uma proposta de valor é consistente quando há clareza sobre os *jobs to be done* e como empregá-los de forma precisa, numa provável relação de causa e efeito. Os *jobs to be done* são uma maneira para compreender melhor o comportamento dos clientes, usuários e consumidores. Olhar sob o ponto de vista deles ajuda a entender que os clientes querem resolver algo que são *jobs* em sua vida. Dessa forma, as empresas se orientarão por uma relação empática, o que aumentará suas chances de sucesso. Em certa ocasião, o McDonald's tinha como desafio aumentar as vendas de milk-shakes em suas lojas. Por um processo de observação, percebeu-se que metade dos milk-shakes era vendida pela manhã e consumida no carro. Questionados sobre porque faziam isso, os clientes responderam que queriam um produto que os acompanhasse enquanto dirigiam para o trabalho e que os sustentasse até o intervalo da manhã. Portanto, não queriam exatamente um milk-shake, mas algo que resolvesse aquela situação. Então, o McDonald's criou um milk-shake específico para seus clientes, com valor nutricional elevado, a fim de proporcionar o resultado esperado: sustentá-los por um período maior. Esse caso demonstra como a mudança de perspectiva para o comportamento do consumidor por meio da técnica *jobs to be done*, que foca a tarefa que o produto resolve, pode gerar maior resultado em inovação.

Olhar sob a perspectiva do cliente e entender seu comportamento levará a compreender suas necessidades, oriundas de problemas ou desejos, e suas expectativas de uma forma mais ampla. Os Mapas de Valor, os templates de personas, os *jobs to be done* e o Business Model Canvas são técnicas e instrumentos que poderão ser utilizados para a especificação aprimorada dos Modelos de Negócio. Nesse momento, vale ratificar, o importante é desenvolver e entregar uma real proposta de valor na perspectiva do cliente ou daquele que utiliza seus produtos ou serviços.

Assim, com os quatro elementos do direcionamento estratégico definidos, a primeira versão da estratégia está disponível. O passo seguinte é o processo iterativo de análise de riscos, que poderá levar a ajustes na estratégia formulada. Concluídas as iterações provenientes dos riscos, é chegado o momento de tradução das escolhas e definições da estratégia em objetivos e metas, para sua execução. A execução de uma estratégia ágil precisa manter os princípios utilizados na formulação da estratégia e as decisões tomadas, visando garantir agilidade e adaptação constantes. A metodologia mais adequada para sua execução e desdobramento é a de Gestão da Vitalidade Organizacional, que utiliza um guia estruturado pela composição de capacidade, vitalidade e valor. *Balanced scorecard*, gerenciamento pelas diretrizes e OKRs também podem ser utilizados para a execução da estratégia ágil. Entretanto, são ferramentas de base genérica, sem conexão direta com os modelos de estratégia, podendo ser utilizadas de forma dissociada deles. Já a ferramenta proposta está integrada com a estratégia ágil, a estratégia resiliente e as estratégias híbridas, o que confere agilidade, alinhamento e coesão. Por sua relevância e amplitude, a execução da estratégia será abordada no próximo capítulo. A Figura 11 representa a Estratégia de Negócio com a estrutura da Estratégia Ágil, suas derivações e o processo simultâneo de gestão de mudanças.

MACROPROCESSOS DERIVADOS DA ESTRATÉGIA

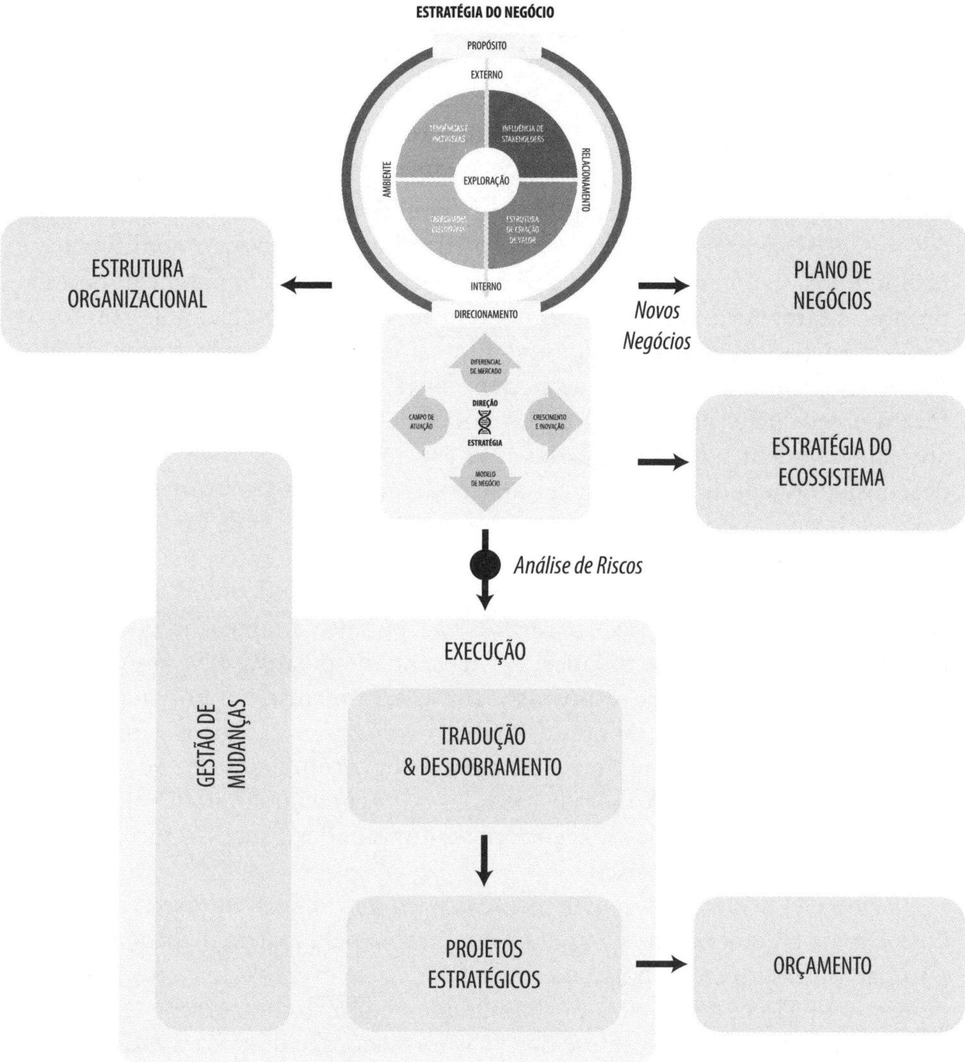

Figura 11 • Derivações da Estratégia de Negócios e a Gestão de Mudanças

5.2 A Gestão de Riscos Estratégicos

O maior risco é não arriscar.

Emerson de Almeida.

A gestão de riscos estratégicos é o processo pelo qual a estratégia de uma organização é sistematicamente avaliada com a intenção de identificar os riscos que possam afetá-la. Uma vez identificados, os riscos são qualificados e respondidos. Como a estratégia ágil é positiva, os riscos em potencial não são propositadamente analisados durante o processo de formulação. Portanto, as consequências negativas de algumas fontes de incertezas não foram examinadas; determinadas fontes que podem levar a condições desfavoráveis não foram objeto de exploração, como o poder de barganha; e as escolhas feitas até então podem ser reformuladas. Na estratégia competitiva, não se pode desconsiderar condições adversas que poderão afetar a organização no futuro, embora o foco primário das estratégias seja a busca de oportunidades.

Como já relatamos, as respostas aos riscos estratégicos permitem alterar definições anteriores de forma iterativa, estabelecendo-se mecanismos de defesa. Mas também é preciso verificar se potenciais ameaças poderão ser transformadas em oportunidades. A mentalidade positiva deve prevalecer e, em algumas situações, as respostas a riscos têm inclusive o potencial de gerar alguma antecipação. Assim, a análise de riscos estratégicos representa o cuidado com potenciais perigos futuros e as oportunidades que sua empresa ainda poderá capturar. Ao tomar medidas para gerenciá-lo, no nível corporativo e dos negócios, as organizações podem moldar seu sucesso futuro, minimizando a exposição ao risco.

É possível utilizar diferentes técnicas para a avaliação de riscos estratégicos. A mais recomendada é a análise qualitativa pela matriz de probabilidade e impacto. Essa técnica parte da identificação de eventos de risco. Por meio de fontes de risco, avalia-se a probabilidade de um risco ocorrer e estipula-se seu impacto potencial. De posse dessas informações, é descrita a estratégia de resposta ao risco e as ações para seu tratamento.

É igualmente recomendado que as organizações tenham uma política corporativa de riscos, na qual deve ser explícita a exposição ao risco que uma empresa está disposta a se expor dentro de padrões considerados institucionalmente razoáveis. Existem também padrões internacionais que podem orientar a gestão de riscos estratégicos, como o modelo integrado do COSO (Committee of Sponsoring Organizations of the Treadway Commission), a Norma ISO 31000 e o Modelo de Risco do IIA (Institute of Internal Auditors).

A relação das fontes de riscos estratégicos é o primeiro recurso para se desenvolver a análise e a consequente estratégia de resposta. A Figura 12 apresenta quatro dimensões de risco e suas respectivas fontes, que podem servir de base para a definição de fontes específicas de uma organização.

Na estratégia corporativa, a ideologia e os movimentos estratégicos são as principais fontes. Sobre a ideologia, é preciso avaliar se os valores estão sendo seguidos na prática organizacional e se existe a possibilidade de desvios no cumprimento da missão. Já os movimentos escolhidos precisam ser verificados quanto à sua validade, à sua viabilidade e ao seu potencial de gerar vantagens competitivas no longo prazo.

ANÁLISE DE RISCOS ESTRATÉGICOS

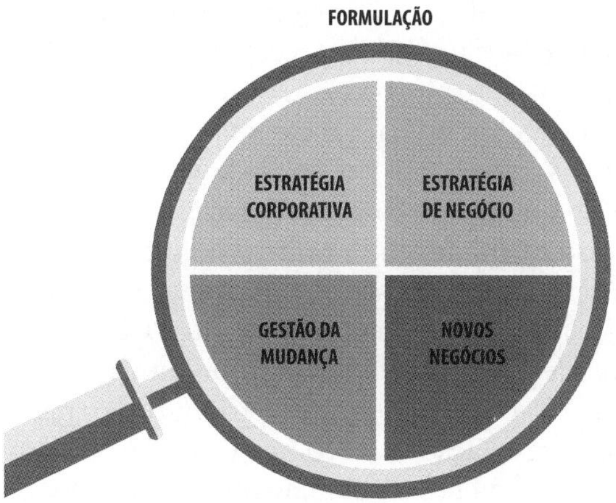

ESTRATÉGIA CORPORATIVA
Ideologia
Movimentos Estratégicos

ESTRATÉGIA DE NEGÓCIO
Tendências e Incertezas
Influência dos Stakeholders
Capacidades
Estruturas de Criação de Valor
Composição de Valor
Crescimento
Inovação
Modelo de Negócio
Estrutura Organizacional

GESTÃO DA MUDANÇA
Liderança
Engajamento e Comunicação
Alinhamento
Cultura Organizacional
Reforço e Celebração
Exclusão de Barreiras
Oposição

NOVOS NEGÓCIOS
Viabilidade Técnica
Viabilidade de Mercado
Viabilidade Financeira

Figura 12 • Dimensões e Fontes de Riscos Estratégicos

Na estratégia de cada negócio, há um volume maior de fontes a serem utilizadas na análise. As tendências e incertezas, além da influência dos stakeholders, podem gerar eventos de risco e são as primeiras fontes a serem examinadas. São exemplos de origem de riscos associados a exploração externa: pretensões estratégicas dos concorrentes que ameaçam a estratégia da companhia, ausência de mecanismos sistematizados de inteligência competitiva, poder de barganha de fornecedores, sindicatos, associações e clientes, possibilidade de novos entrantes no mercado, produtos substitutos, interferências governamentais ou legais, dentre outros. Também podem ser identificados riscos na parte interna, como ausência de determinadas capacidades que suportarão o futuro da empresa, nível motivacional inadequado, estruturas gerando valor insuficiente e movimentos para estruturação de ecossistemas que podem comprometer a estratégia. Quanto à composição de valor, para cada negócio, é necessário verificar se há riscos relativos à imitação da estratégia ou se o diferencial estratégico poderá se tornar menos efetivo com o tempo.

Os processos de crescimento e inovação, vitais para o desenvolvimento da empresa no mercado, podem conter uma série de riscos associados pela complexidade intrínseca desses movimentos. E os riscos inerentes ao modelo de negócios estão ligados a competitividade, lucratividade, valor percebido, valor distribuído e mudanças no ambiente de negócio. Por fim, a adequação da estrutura organizacional à nova estratégia é necessária para seu futuro desempenho. O desalinhamento entre estratégia e estrutura pode ocasionar uma série de riscos relativos à execução da estratégia e à sua operacionalização.

A formulação da estratégia requer mecanismos de gestão de mudanças para o devido engajamento do quadro de colaboradores e stakeholders externos. Inadequações no processo de mudança durante o período de desenvolvimento da estratégia poderá resultar em resistência à implementação da evolução que a organização precisa. Por isso, é preciso avaliar os riscos do processo de transformação no que se refere ao comportamento organizacional e à cultura. As principais fontes de risco são: liderança; processo de engajamento e comunicação; alinhamento em relação às escolhas estratégicas; propósito; cultura organizacional; desenvolvimento de competências; e a construção do senso de pertencimento pelos principais stakeholders. De todas as fontes, a cultura organizacional costuma ser a menos tangível, uma vez que está dispersa pela disseminação de crenças compartilhadas. Por isso, é altamente recomendável proceder à avaliação formal da cultura vigente antes ou durante a formulação da estratégia. A maioria dos modelos de *assessment* contém as variáveis que interferem em mudanças estratégicas. Com os resultados da cultura em mãos, fica claro o grau de oposição aos avanços organizacionais que se pretende alcançar.

E como tratamos nos capítulos anteriores, novos negócios podem surgir ao explorar-se oportunidades na estratégia ágil. Os riscos a eles associados são de três naturezas primárias: técnica, de mercado e financeira. Os riscos técnicos se referem à viabilidade operacional de produtos e serviços que serão ofertados ao mercado, a ideia do negócio, as características do setor (formação de cartéis, regulação e tecnologia) e a capacidade organizacional. Os riscos de mercado se referem a players e produtos concorrentes, necessidades de mercado, posicionamento de produtos, canais de vendas e localização, clientes-alvo, ações de marketing, market share, margem por produto, barreiras de entrada e operação. Os riscos financeiros envolvem as previsões de receita, de fluxo de caixa, lucros e perdas, investimentos, necessidade de capital, ponto de equilíbrio e probabilidade dos cenários que estão sendo considerados.

Essas são as fontes de risco indicadas para análise. Elas atendem o escopo estratégico de uma instituição e asseguram que não haja omissão de análise relevante nesse momento. No entanto, os riscos referentes à execução da estratégia não estão inseridos nessa análise, uma vez que o objetivo é a finalização da formulação da estratégia. Na fase de execução, é conveniente fazer análise de risco ao término da tradução e desdobramento, e durante o desenvolvimento de cada projeto estratégico, de forma sistematizada e frequente.

5.3 A Narrativa Estratégica

No campo da estratégia, o maior desafio das organizações continua sendo a gestão das mudanças provenientes das melhorias propostas pela estratégia. E dentre os aspectos abordados pela gestão de mudanças, evidencia-se a comunicação como o recurso central para o engajamento. Ela aumenta claramente as chances de sucesso ao auxiliar pessoas a concentrar sua atenção, energia e capacidades. Por estranho que possa parecer, as inúmeras pesquisas sobre o tema mostram que, para muitos colaboradores, é difícil compreender, de fato, qual é a estratégia da empresa. E aqueles que conseguem, acham muito difícil transmiti-la de forma eficaz, uma vez que há muitos stakeholders envolvidos e interesses distintos em sua implementação. Ou seja, trata-se de uma questão complexa, pois envolve muitas variáveis. Para solucioná-la, há também múltiplas ações que podem ser praticadas de forma integrada. E, nesse contexto, a narrativa estratégica tem um papel simplificador e relevante.

A narrativa estratégia não conseguirá suprir todas as necessidades de comunicação que uma estratégia e sua execução exigem. Não há fórmula para isso. E as agências ou áreas de comunicação não poderão redigi-la, pois esse não é o tipo de comunicação que está sendo buscado, embora as contribuições da comunicação sejam úteis em diversas situações. A narrativa não é uma forma de tradução da estratégia, tampouco sua síntese. Existem instrumentos mais eficazes para essas demandas, como os sistemas de performance e a estratégia de uma página (*one page strategy*). Apesar de o termo "narrativa" estar sendo amplamente utilizado, quase como um refrão, não nos referimos ao seu significado comum no nível estratégico.

Uma narrativa estratégica é um tipo especial de história que clarifica os componentes-chave do desenvolvimento organizacional ao prover sentido pela conexão entre *ethos*, aspiração e inspiração (Figura 13). Ou seja, em certo sentido, ela é ainda maior do que a própria estratégia, pois inclui o passado, a origem, sua essência e os aspectos característicos próprios da empresa, da região e de sua cultura organizacional. Esse é o *ethos*, o conjunto dos costumes e hábitos fundamentais que definiram o comportamento das pessoas ao longo do tempo, desde a criação da instituição. Portanto, há um enredo a ser contado e repetido para que seja internalizado. A palavra *ethos* vem do grego, que significa caráter, modo de ser. É a história que nos diz o caráter, o DNA organizacional e esse é, portanto, o primeiro atributo de uma boa narrativa estratégica.

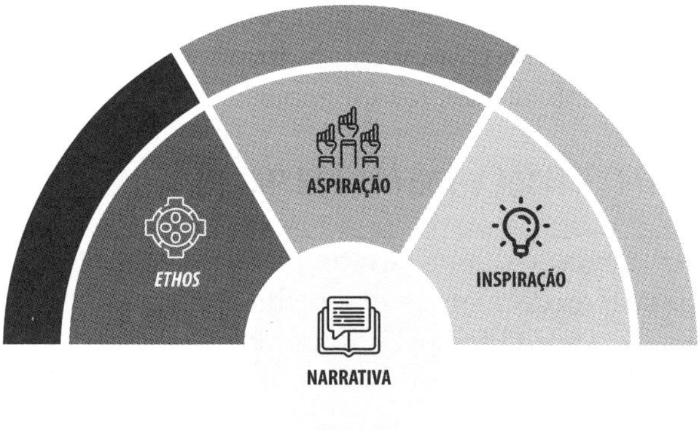

Figura 13 • Os componentes da narrativa estratégica

Mas a narrativa trata também do futuro, da direção escolhida que todos precisam abraçar, pois, na verdade, ele se constrói por meio da contribuição coletiva, pela unidade, pelo espírito de corpo. E a narrativa conta o que tornará a organização única, diferente de todas as outras, por ter sua própria aspiração de desenvolver-se, crescer e gerar prosperidade para toda a sociedade, com base em princípios igualitários. A aspiração é um desafio que motiva, confere responsabilidade a todas as partes e traz realização através das conquistas ao longo do caminho.

Entretanto, o que pode encantar é o terceiro componente da narrativa estratégica: a inspiração. Ela vem preponderantemente do propósito estratégico. Quando o propósito é enunciado e clarificado em uma narrativa, o significado das mudanças é dignificado para as pessoas. O propósito é uma mensagem para os colaboradores, o mesmo intento de uma narrativa. E uma organização precisa ser vista da mesma forma que nos relacionamentos interpessoais, e a narrativa se presta a mostrar quem a organização verdadeiramente é. Nós nos relacionamos com uma organização quando percebemos que há reciprocidade e autenticidade. Uma narrativa estratégica engaja se for contada na forma de uma conversa; a maneira de se contar uma história mostra à empresa como ela verdadeiramente é: um time de seres humanos.

Ideias-chave do **Capítulo 5**

- A direção estratégica de um negócio é o seu norte, a vertente futura sob o olhar que se tem no presente. Ela possui quatro componentes: o diferencial de mercado; o campo de atuação; as definições de crescimento e inovação; e o modelo de negócios.
- O diferencial de mercado é o coração da estratégia. É nessa oportunidade que se elabora a composição única de valor para o mercado. A primeira escolha a ser feita é do vetor estratégico predominante, a partir de cinco possibilidades: Processo e Custo; Produto e/ou Serviço; Proximidade com os Clientes; Modelo de Negócio; e Padrão. Escolhido o vetor, é feita a composição que pode conter características inerentes aos demais vetores.
- O Vetor Processo e Custo está estruturado em cinco pilares: excelência operacional, redes dinâmicas de pessoas, tecnologia integrada, estrutura *flat* e liderança em valor. A composição de valor utiliza as características desses pilares de forma integral ou parcial.
- O Vetor Produto e/ou Serviço é decomposto em três diferentes ênfases: diferenciação, inovação e atributos singulares. A composição de valor é montada a partir da escolha de uma ênfase, que será a dominante.
- O Vetor Proximidade utiliza uma escala com quatro níveis de conexão relacional, que abrange da menor intensidade de relacionamento até o nível mais duradouro. O nível inicial é o de prontidão no atendimento, depois vêm o nível de adaptação modular de produtos, a agregação pela customização e, finalmente, o nível de oferta de soluções totais para os clientes.
- O Vetor Modelo de Negócio pode ser adotado quando há a possibilidade de inovação no mercado a partir dele. Modelos disruptivos oriundos de tecnologias exponenciais devem ser avaliados a partir das novas economias que estão sendo originadas.
- O segundo elemento do direcionamento é o campo de atuação futuro de uma organização, que poderá ser definido por setor, segmento de mercado, geografia ou determinado perfil de cliente.
- A partir da definição dos campos de atuação são tomadas as decisões de crescimento e inovação que o suportará. O crescimento poderá ser inorgânico, por inovação em processos, produtos e modelo de negócio ou por investimento em produtos atuais. Na situação de crescimento inorgânico as possibilidades são: fusões e aquisições, contratos e licenciamento ou em estruturas de valor.
- A parte final do direcionamento é reservada para a especificação do modelo de negócio, momento em que é consolidada a proposta de valor para os clientes.
- Concluída a primeira versão do direcionamento, faz-se a análise de riscos estratégicos. As dimensões de riscos a serem investigadas são relativas à estratégia corporativa, à estratégia dos negócios, à gestão da mudança e aos novos negócios. Essa etapa faz parte do método iterativo de formulação da estratégia. Portanto, as ações de resposta a riscos poderão modificar as definições prévias.

- Para potencializar a comunicação da estratégia, podem-se utilizar recursos adicionais mais efetivos. Dentre eles, destaca-se a narrativa estratégica, que é um tipo especial de história que clarifica os componentes-chave do desenvolvimento organizacional ao prover sentido pela conexão entre *ethos*, aspiração e inspiração.

REFERÊNCIAS

ABOVITZ, Rony; BANERJEE, Sumit; GILLILAND, Guy; LIU, Christy; SACKEY, Edwardo; TIMASHKOV, Alexey; TROLLINGER, Rob. How the Metaverse Will Remake Your Strategy. *BCG*, 13 de julho de 2022.

BONCHEK, Mark. How to Build a Strategic Narrative. *Harvard Business Review*, 25 de março de 2016.

CHADHA, Amit; HASIJA, Sameer. How to Design for Disruption. *INSEAD*, 2022.

DIAMANDIS, Peter H.; KOTLER, Steven. *The Future Is Faster Than You Think: How Converging Technologies Are Transforming Business, Industries, and Our Lives*. Nova York: Simon & Schuster, 2020.

EVERSON, Miles E.A. et al. Enterprise Risk Management: Integrating with Strategy and Performance - Executive Summary. COSO, junho de 2017.

O'REILLY III, Charles A.; TUSHMAN, Michael L. *Lead and Disrupt: How to Solve the Innovator's Dilemma*. 2ª edição. Stanford: Stanford Business Books, selo da Stanford University Press, 2021.

06

Gestão da Vitalidade Organizacional

A mudança e a incerteza sobreviverão às crises. Ao desenvolverem a capacidade de inovação e reinvenção, as empresas poderão desfrutar do benefício duradouro da vitalidade corporativa.
MARTIN REEVES

Uma vez elaborada a estratégia de uma organização, é hora de fazê-la funcionar e de mantê-la viva pelas adaptações e evoluções que serão necessárias no tempo. Uma estratégia bem elaborada pode permanecer válida por muitos anos, até que uma mudança contextual surja. As mudanças contextuais são caraterizadas por potencial perda de valor futuro em larga escala, prováveis transformações em determinados setores ou no ambiente competitivo, oportunidades de disrupção ou por reação à concorrência, alteração em regulamentações ou até mudanças tecnológicas. É muito comum também revisitar a estratégia corporativa ou de negócio quando ocorre mudança de CEO. Mas, a despeito de mudanças adaptativas, evolutivas ou contextuais, o processo de implementação da estratégia deve se manter ativo e operante para assegurar a coerência em relação às decisões tomadas por ocasião da formulação e o alcance dos resultados pretendidos.

A execução de uma estratégia requer o compromisso e engajamento de todas as áreas. É uma tarefa naturalmente complexa que envolve a aplicação rigorosa de instrumentos de gestão para a tradução e o controle de performance, as práticas de gestão de mudança e a elevada maturidade na gestão dos projetos estratégicos. Os índices alarmantes de fracasso na execução de estratégias em todo o mundo demonstram claramente que os desafios são elevados e requerem a devida atenção.

6.1 Os macroprocessos para a execução da estratégia

A execução de uma estratégia é uma articulação entre diferentes áreas da gestão. Em primeiro lugar, ela envolve a adoção de um sistema de performance, que será o recurso utilizado para traduzir a estratégia em objetivos, indicadores e metas de forma integrada e coesa. De posse das metas claras e factíveis, determinam-se os projetos necessários ao seu alcance. Em paralelo, é necessário também gerenciar o processo de mudança, particularmente quanto aos aspectos do comportamento organizacional e da cultura. O conjunto dos projetos para a realização da estratégia é o portfólio de projetos estratégicos da companhia. A visão integrada do portfólio é um recurso eficaz para fornecer visibilidade, melhor utilização de recursos, previsão de riscos e retornos e um conjunto equilibrado e preciso de iniciativas. A sua boa gestão contém os ingredientes para fornecer feedback sobre a realização da estratégia e de sua eficácia. A gestão do portfólio envolve a triagem, a seleção, a priorização e o balanceamento da carteira de projetos advinda da estratégia e pode abranger todos os projetos da empresa para a otimização dos investimentos. A gestão é necessária para que os projetos mais relevantes sejam devidamente selecionados e priorizados em termos de recursos. As empresas que praticam a priorização como um processo adaptativo fortalecem a agilidade organizacional. Finalmente, cada projeto é concebido e avaliado quanto ao seu grau de desafio para que seja desenvolvido e executado com sucesso. Esses macroprocessos podem ser vistos na Figura 01.

Portanto, a execução de uma estratégia começa pela decisão de qual será o sistema de gestão de performance a ser utilizado. Observe que ele é um macroprocesso central no fluxo de gestão estratégica. Para a melhor compreensão sobre os sistemas de performance mais utilizados pelas organizações, sua aplicabilidade e suas diferenças, é preciso conhecer a história desde a criação desse importante instrumento. Veja, na Figura 02, a linha do tempo que mostra a perspectiva histórica do desenvolvimento dos principais sistemas de performance. Nessa perspectiva histórica, estão sendo omitidas as referências dos pesquisadores que fundamentaram a área de gestão de performance, uma vez que a finalidade é apresentar os modelos mais utilizados pelas organizações. O primeiro sistema de performance foi criado por Peter Drucker, em 1958, e recebeu o nome de Gestão por Objetivos (MBO, do inglês, Management by Objectives). Uma década depois, em 1968, Andrew Grove, então presidente da Intel, decidiu adotar a Gestão por Objetivos na empresa. Mas, ao se deparar com o desafio da mensuração, decidiu utilizar a ideia da gestão por objetivos dando ênfase à necessidade de métricas claras e à determinação de resultados críticos a serem alcançados. Assim, foi criado o OKR (do inglês, Objective and Key Results), um sistema de performance que foca os resultados-chave a serem alcançados.

Figura 01 • Os macroprocessos para a execução da estratégia ágil

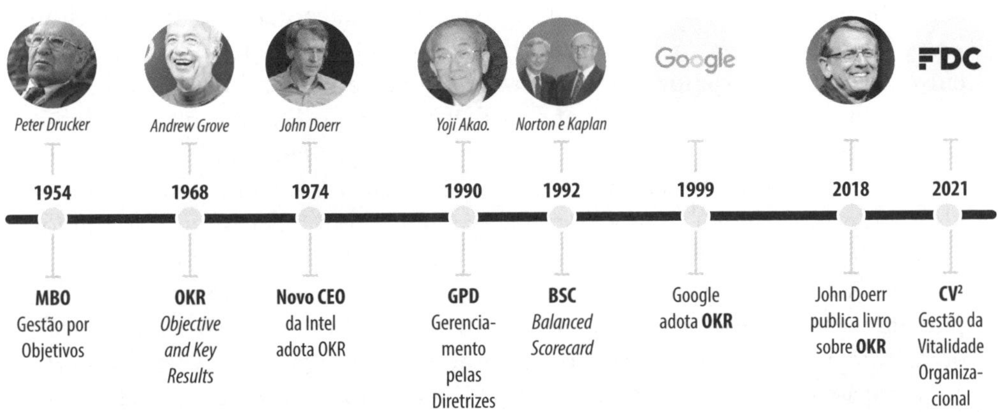

Figura 02 • O histórico de desenvolvimento dos sistemas de performance

O OKR passa a ser adotado como o sistema de gestão da performance da Intel e é mantido e aperfeiçoado por John Doerr, presidente que sucedeu a Andrew Grove. Já em 1990, fruto do desenvolvimento da teoria da qualidade no Japão, surge o terceiro sistema de gestão de performance: o Gerenciamento pelas Diretrizes (GPD). O método, criado por Yoji Akao, evoluiu os sistemas ao acrescentar novos recursos, notadamente o desdobramento de diretrizes (objetivos) pela organização. Esse novo recurso viabiliza o entendimento das áreas de uma empresa sobre a estratégia elaborada e clarifica os papeis e a contribuição de todos para sua execução. No Brasil, o GPD foi disseminado por empresas dos mais variados setores sob a orientação e consultoria liderada por Vicente Falconi, professor emérito da UFMG e referência no país na área de gestão da qualidade.

Dois anos após a criação do GPD, os professores da área de controladoria de Harvard, David Norton e Robert Kaplan, conceberam o Balanced Scorecard (BSC). O novo instrumento, também baseado em objetivos, aprimorou os sistemas de performance ao incluir as perspectivas e suas correlações, numa relação de causa e efeito. Dessa forma, os objetivos são encadeados mediante uma lógica que leva aos resultados econômico-financeiros, o principal intuito que esses pesquisadores buscavam demonstrar. O BSC foi bem aceito, tanto no setor privado quanto no setor público, em vários países.

Já em 1999, o Google e outras empresas no Vale do Silício adotaram o OKR, influenciados por John Doerr, acionista e conselheiro de muitas empresas na região. O OKR é um sistema mais flexível, fator que agrada organizações com uma cultura adocrática, como as empresas de tecnologia do Vale do Silício, na Califórnia. Em 2018, décadas depois do surgimento do OKR, John Doerr publicou o livro *Avalie o que importa* [Alta Books, 2019], que, além de descrever a evolução do OKR ao longo dos anos, apresenta o método, sua aplicação e casos de sucesso. Em 2021, a Fundação Dom Cabral decidiu investir no desenvolvimento de um modelo que fosse aderente aos desafios enfrentados pelas organizações em um mundo de alta volatilidade. A demanda foi feita pelo diretor-presidente da FDC, Antonio Batista, que ponderou sobre a necessidade de se manter os princípios da agilidade, que são utilizados na Estratégia Ágil, também no processo de execução. Dessa forma, foi então idealizado um sistema de performance coerente com a filosofia e princípios da agilidade: O Modelo de Gestão da Vitalidade Organizacional (CV2).

Os sistemas de gestão de performance trouxeram uma contribuição importante para todas as organizações no desafiador processo de execução de estratégias. Eles facilitaram o fluxo de comunicação entre áreas e entre a operação e a direção das empresas, integraram esforços, estabeleceram correlações gerenciais para melhoria de resultados, clarificaram papéis, responsabilidades e a contribuição individual para a estratégia, determinaram mecanismos para a definição de metas e promoveram o controle e o monitoramento de todo o processo. Além disso, possibilitaram que todas as definições estratégicas fossem traduzidas em objetivos, tornando tangível a aplicação da estratégia e sua compreensão de forma ampla.

O histórico de desenvolvimento dos sistemas de gestão de performance mostra uma evolução notável. A cada modelo que surge, incorporam-se avanços. Por isso, não há concorrência entre eles, e todos podem ser úteis, a depender de cada realidade organizacional. Por exemplo, o fundamento primário dos OKRs, de serem objetivos com resultados-chave, aprimora a definição de objetivos e aperfeiçoa o modelo criado por Peter Drucker. Um OKR mostra a distinção com relação aos indicadores-chave de desempenho (KPIs), que estão focados no desempenho de atividades e não no resultado. Os KPIs são os indicadores quantificáveis críticos de progresso em direção a um resultado pretendido. Eles são igualmente relevantes para a melhoria estratégica e operacional, pois são precursores do sucesso futuro por fornecerem informações sobre a performance dos processos. No entanto, as metas estratégicas devem ser orientadas a resultados, que são a maneira de se mensurar o alcance da estratégica. Portanto, o conceito de OKR, na essência, é um fundamento necessário e deve embasar todos os modelos de gestão da performance.

Vamos então conhecer como o raciocínio evolutivo e os princípios de agilidade podem ser aplicados ao sistema de performance para a tradução, o desdobramento e o monitoramento de uma estratégia.

6.2 O Modelo de Gestão da Vitalidade Organizacional

A Vitalidade Organizacional, uma capacidade necessária à sustentação de crescimento e inovação para a criação de valor, é a base desse modelo de gestão. É a vitalidade que assegurará agilidade estratégica no longo prazo, uma vez que sua função é viabilizar os avanços que se pretende alcançar. A partir desse entendimento, é possível traduzir a estratégia e definir a aspiração futura de forma sistêmica e integral. O que será apresentado a seguir demonstra essa lógica por meio de um processo de quatro fases, cuja fase final é a integração com o macroprocesso de gestão dos projetos estratégicos (Figura 03).

A primeira fase é a tradução completa da estratégia formulada em objetivos. Nesse momento, a intenção é assegurar que as mudanças que a estratégia se propõe a realizar sejam implementadas. Ou seja, estão sendo explicitados os movimentos que a organização terá que fazer para alcançar o patamar estratégico pretendido. Portanto, o que já foi conquistado e será mantido não faz parte da etapa de tradução, a não ser que para manter determinadas posições sejam necessários esforços de mudança. Por exemplo, para uma empresa continuar entre as dez mais atrativas no mercado, ela terá que realizar melhorias, pois seus concorrentes investirão muito nessa área e poderão superá-la. Por outro lado, como os recursos são normalmente limitados, deve-se optar por não avançar em melhorias em áreas, capacidades, produtos e negócios que não foram contemplados na estratégia. Por isso, todos os objetivos estratégicos definidos têm que estar alinhados com a estratégia e não deverão ser criados à revelia dela.

Assim, a tradução deve ser feita de forma integral, observando-se os aspectos transformacionais. Há variações na forma em que a tradução integral da estratégia é feita. Uma opção é definir os objetivos consolidados de toda a empresa em um mecanismo que os represente em uma única página, o que é muito usual. No entanto, pode não ter sentido consolidar determinados objetivos quando há negócios muito distintos. Uma empresa que comercializa produtos diferentes para a construção civil e para o saneamento básico terá interesse de definir metas de crescimento por negócio, e pode não fazer sentido consolidá-los. Quando há situações tão distintas, algumas empresas optam, por exemplo, por definir diretamente os objetivos de cada unidade de negócio e consolidam apenas informações financeiras. A melhor alternativa deve ser analisada para cada caso em particular. A prática tem demonstrado que, em organizações maiores e/ou mais complexas, a tradução no nível dos negócios tem mais sentido.

A segunda fase se refere à mensuração pela definição dos indicadores e metas. Nesse momento, é possível fazer alguma adaptação nos objetivos pelo maior entendimento que se adquire ao se definir indicadores. O método iterativo deve também ser adotado no processo de quatro fases. Um objetivo pode ter mais de um indicador, mas é de bom senso fazer um esforço para definir a menor quantidade possível de indicadores. Há uma recomendação empírica quanto à quantidade de indicadores por objetivo que pode ser adotada. A quantidade máxima não deve ser superior a cinco. Uma grande quantidade de indicadores pode sinalizar a necessidade de aumento de objetivos. Para cada indicador será estipulada uma meta a ser cumprida em determinado prazo.

A fase seguinte é a de desdobramento dos objetivos nas áreas da empresa. O desdobramento não necessariamente precisa ser feito. Algumas empresas preferem manter o acompanhamento dos objetivos apenas de forma consolidada no nível da empresa, desdobrados na diretoria executiva ou no nível das unidades de negócio. Outras optam por não desdobrar temporariamente, para aprender com o processo. Cada situação particular deve ser analisada para se chegar a melhor forma de acompanhamento da execução. A fase final é a de identificação dos projetos estratégicos necessários para apoiar as mudanças. O conceito de iniciativas estratégicas (programas, projetos e ações) também pode ser utilizado, mas, nesse momento, se isso for viável, seria preferível tratar no nível de projeto.

Figura 03 • O processo de quatro fases do sistema de performance

O processo de quatro fases é então concluído com os projetos necessários ao alcance dos objetivos e com as informações básicas de cada projeto. Assim, a partir de agora, vamos nos aprofundar no conhecimento sobre cada etapa.

6.2.1 A Tradução da Estratégia

A tradução da estratégia em objetivos é um momento que requer cuidado e zelo para assegurar uma correspondência fidedigna entre estratégia e execução. Uma tradução falha ou incompleta pode comprometer a consistência de uma boa estratégia e resultar em perda de integridade e insucesso. Além disso, a tradução em objetivos precisa preservar os fundamentos utilizados na formulação da estratégia e ter relações de causa e efeito capazes de assegurar a consistência entre os objetivos. Uma lista de objetivos pode ser algo muito simples para representar toda a complexidade de uma composição singular de valor e, assim, levar à inexatidão dos diferenciais formulados. A conexão entre estratégia e execução tem que existir (Figura 04). Ao transpor um modelo de análise estratégica para a perspectiva de execução por objetivos, deve-se assegurar a integridade, a coesão e a lógica estratégica.

Os sistemas de performance mais utilizados pelas organizações, incluindo o BSC, não foram projetados para a tradução fiel e exata de uma estratégia em nenhuma de suas variações. Foram concebidos para serem utilizados de forma independente de qualquer estrutura de estratégia. Essa intencionalidade parece positiva por sua flexibilidade de uso com qualquer metodologia de planejamento ou formulação de estratégia, mas, às vezes, a completa independência pode gerar uma tradução não verdadeira.

No Balanced Scorecard, o recurso das perspectivas (econômico-financeira, cliente, processos internos e aprendizagem e crescimento) foi um avanço marcante e valoroso para os sistemas de performance, que minimiza a possibilidade de inconsistências. No entanto, isso não evita que falhas por omissão possam ocorrer em sua tradução. Observe que a correlação existente entre as perspectivas no BSC garante a lógica operacional para se alcançar resultados econômico-financeiros para a empresa, o que é pertinente e deve ser considerada, uma vez que estratégia serve para criar valor. Por outro lado, a lógica na qual a estratégia foi elaborada é diferente. Os métodos e técnicas de análise competitiva e estratégica de negócios não incluem a correspondência da gestão operacional.

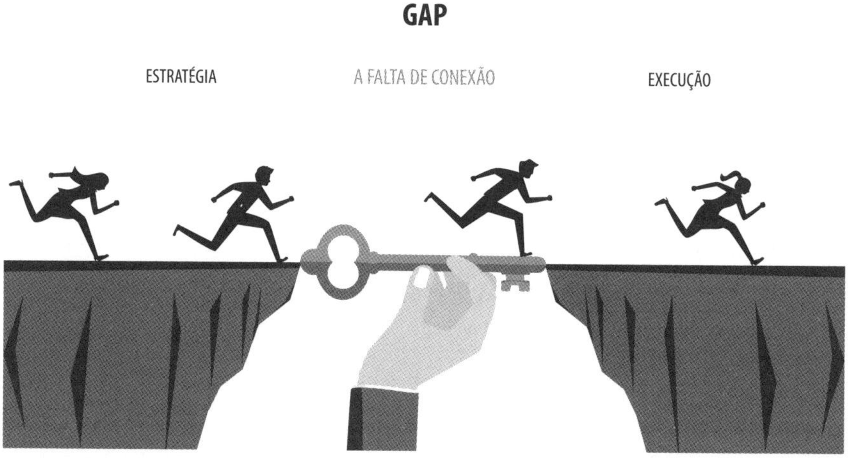

Figura 04 • O *gap* comum entre Estratégia e Execução

Por todas essas razões, o desenvolvimento do Modelo de Gestão da Vitalidade Organizacional contou com pressupostos norteadores essenciais para garantir sua evolução. Ainda no momento anterior à ideação, para que eu pudesse conceber o modelo para a tradução da estratégia, fiz um exercício sistêmico de abstração, imaginado premissas essenciais ao seu desenvolvimento. Além disso, os progressos já alcançados pelos sistemas de performance foram considerados, como o conceito de objetivo com resultado-chave, as regras de desdobramento e as correlações. Os princípios que adotei foram:

- **Conexão**: para a relação coesa entre os componentes da estratégia e as dimensões do sistema de performance, visando assegurar a integridade da tradução;
- **Agilidade**: para a permanência das premissas que regem a agilidade estratégica;

- **Causalidade**: para garantir que a tradução manterá a lógica estratégica e as relações de causa e efeito da criação de valor para todos os stakeholders;
- **Simplicidade**: para facilitar a comunicação e apropriação dos conceitos por meio de um modelo fácil de usar e, ao mesmo tempo, eficaz na utilização;
- **Clareza**: ao possibilitar a definição de objetivos inteligíveis, mensuráveis e exequíveis em quantidade apropriada.

Assim, o Modelo de Gestão da Vitalidade incorpora fundamentos que sustentam a Estratégia Ágil e podem assegurar sua execução e desenvolvimento. Esses fundamentos foram transpostos pela relação entre Capacidade, Vitalidade e Valor (Figura 05), que passaremos a chamar também de **CV2**, sigla que representa as iniciais da fórmula.

O conceito de **Capacidade** é o mesmo utilizado na Estratégia Ágil. É composto por objetivos que expressem as necessidades de alcance de competências, aquisição de recursos, melhoria do clima organizacional e mudanças relacionadas à cultura organizacional.

A **Vitalidade** é a habilidade de sustentar crescimento e reinvenção pela eficácia futura da gestão. As empresas que se orientarem pela contínua melhoria de vitalidade terão os melhores resultados e mitigarão a tendência de declínio natural ao longo do tempo. Assim como os seres vivos, à medida que envelhecem, as organizações perdem sua vitalidade, fato já comprovado por várias pesquisas. Da mesma forma, à medida que crescem, também perdem vitalidade. Por isso, esse é o elemento central de uma estratégia, que necessita de contínuo desenvolvimento, ou seja, de revitalização.

GESTÃO DA VITALIDADE ORGANIZACIONAL

Figura 05 • A fórmula do Modelo de Gestão da Vitalidade Organizacional (**CV2**)

A revista *Forbes* adota o índice de Vitalidade Corporativa, calculado pelo BCG Henderson Institute, para a definição do Fortune Future 50, desde 2019. Esse índice é usado para apurar o ranking das empresas de capital aberto de maior vitalidade no mundo. O índice é baseado em um sistema que analisa dezenas de fatores para identificar empresas construídas para um crescimento robusto, que têm a inovação em seu DNA e retornos de mercado descomunais, nas palavras dos responsáveis pela divulgação do ranking. O cálculo da vitalidade corporativa envolve o potencial de mercado (30%) e a capacidade da empresa de cumprir esse potencial no futuro (70%). São dezenove fatores que indicam a capacidade de prever o crescimento, e incluem definições estratégicas, de tecnologia e investimentos em P&D e de liderança. Essas métricas são preditivas, voltadas para o futuro; portanto, independem do desempenho atual da organização. No entanto, as organizações com um grau elevado de fragilidade em termos de performance são excluídas da apuração. Já as empresas que possuem simultaneamente desempenho e vitalidade são ambidestras e desfrutam de uma vantagem ainda mais distinta.

As empresas vitais têm maior capacidade de recuperar seus negócios em momentos de crise, por isso são superiores às demais. Como dissemos, elas também conseguem lidar muito bem com o declínio natural ocasionado pela idade e pelo crescimento, fortalecendo seus diferenciais e a inovação estratégica. A exploração de oportunidades e o desenvolvimento contínuo de opções de crescimento futuro, proporcionados pela adoção da Estratégia Ágil, asseguram o sucesso duradouro no longo prazo. A CrowdStrike, que atua no setor de segurança cibernética, é uma referência no mundo quando se trata de vitalidade. Seu desempenho pode ser observado no Caso 6.1.

A vitalidade necessita da capacidade para se manter elevada. Esses dois componentes precisam andar juntos, em sintonia, para gerar valor. O **valor** é o resultante da fórmula. Assim, pode-se afirmar que valor é o resultado da vitalidade. As empresas que mantêm sua vitalidade criam mais valor em longo prazo. O Valor gerado pela vitalidade é de três naturezas:

- O Valor percebido pelos clientes, usuários e consumidores;
- O Valor distribuído aos parceiros, aos colaboradores e à sociedade;
- O Valor apropriado pela organização, sendo ele financeiro ou não.

Dessa maneira, é possível assegurar que a estratégia formulada terá todos seus componentes traduzidos, preservando sua integridade. Vejamos, então, onde estão os três componentes da fórmula do Modelo de Gestão da Vitalidade na Estratégia Ágil. Essa relação é direta, como será demonstrado a seguir, e pode ser útil para atestar a conexão.

Caso 6.1
Assegurando o futuro pela vitalidade

A CrowdStrike Holdings Inc., fundada em 2011, é uma empresa estadunidense líder global no setor de segurança cibernética. Seus clientes são corporações e governos de diversos países. A empresa comercializa um sistema de solução integrada, o Falcon, para necessidades de segurança de *endpoint*, uma abordagem para a proteção de redes de computadores que são conectadas remotamente a dispositivos clientes. Trata-se de uma plataforma criada para proteger dispositivos finais de acesso a redes contra uma grande variedade de ameaças conhecidas ou não, que utiliza inteligência artificial, *machine learning* e detecção de comportamentos anômalos. O Falcon é um sistema único que opera a partir da nuvem, não causando impacto no desempenho dos equipamentos, e é compatível com qualquer tipo de dispositivo final. Ele monitora softwares desatualizados e vulnerabilidades de hardware, contas de usuários e acessos. A CrowdStrike também presta serviços de consultoria especializada em segurança para seus clientes.

George Kurtz, um dos fundadores e CEO da CrowdStrike, incentivou a inovação desde o início da empresa, com uma abordagem diferente em relação a ameaças. Para ele, as empresas estavam centradas em identificar e interromper malwares em vez de combater as violações de segurança. Essa abordagem inovadora foi a base do Falcon. Em 2020, Kurtz ficou em 7° lugar no ranking CRN Top Executives dos 25 principais disruptores globais, e a CrowdStrike foi eleita uma das empresas de mais rápido crescimento na América do Norte pela Deloitte Technology Fast 500 de 2021. Inovação e crescimento sempre foram as prioridades estratégicas da companhia, o que fez com que ela se tornasse a organização de maior vitalidade do mundo segundo o ranking da Fortune Future 50, em 2023. Mais de mil empresas de capital aberto foram avaliadas e ranqueadas pela *Fortune Magazine*. Elas foram avaliadas com base no crescimento futuro esperado e na capacidade de entrega em relação ao potencial de mercado segundo critérios de estratégia em ambientes dinâmicos.

A CrowdStrike tem desenvolvido e incorporado tecnologias para promover o aprimoramento dos seus produtos face às constantes mudanças provenientes de novas ameaças e inovações no setor. Mesmo durante a pandemia, fez importantes aquisições para assegurar sua vitalidade futura mantendo, ao mesmo tempo, um alto desempenho em um momento da crise. As empresas Preempt Security, fornecedora de tecnologia de controle de acesso, e a SecureCircle, uma empresa de segurança cibernética provedora de tecnologia de proteção de dados em trânsito, repouso ou em uso, foram incorporadas à holding.

A atuação da CrowdStrike tem se mostrado diferenciada no mercado. Dentre suas muitas qualidades e atuações, destacam-se a participação na investigação e resposta ao ataque cibernético ao escritório de gestão de pessoal dos Estados Unidos (OPM), onde os dados pessoais de 21,5 milhões de pessoas foram furtados; a resposta ao ataque massivo ao SolarWinds, que pode ter envolvido mais de mil hackers; e a proteção de dispositivos finais de órgãos governamentais de muitos países.

A empresa se adapta rapidamente e de forma iterativa às mudanças ambientais e às necessidades dos clientes à medida que novas ameaças e desafios surgem. A busca proativa por melhorias tecnológicas para prover segurança e garantir a integridade dos sistemas de seus clientes é uma prioridade. Assim, ela desenvolve parcerias com empresas de segmentos-chave, como empresas de segurança de ponta, de segurança de e-mail, de detecção e resposta de rede e de firewall. Um exemplo é a CrowdXDR Alliance, um ecossistema tecnológico com várias empresas atuando para impedir violações em todos os lugares, tendo como parceiros empresas como Cisco, Google Cloud, Vectra, Menlo Security e Fortinet.

A CrowdStrike conta também com um fundo de investimento em startups de segurança e TI em parceria com a Accel, coinvestindo recursos financeiros e compartilhando recursos e tecnologia. Desse fundo de investimento fazem parte startups como a DoControl, com sua plataforma de controle de acesso e dados; a ThreatWarrior, provendo sistemas de detecção de ameaças de rede nativa na nuvem; a Sisgill, que possui plataforma contra ameaças da deep e darkweb; e a Abnormal Security, que integra segurança comportamental baseada em IA.

A responsabilidade social e a inclusão também estão presentes em suas ações e têm o propósito integrado de contribuir com a perenidade da empresa. Seu programa de Bolsas de Estudo NextGen oferece auxílio financeiro para formar a próxima geração de talentos em cibernética e IA. Ela também investe continuamente no fundo Thurgood Marshall College Fund (TMCF), que apoia quase 300 mil estudantes negros, e apoia financeiramente o programa Arkwright Engineering Scholarship de bolsas de estudos em engenharia no Reino Unido.

A vitalidade da CrowdStrike também pode ser comprovada historicamente, nas taxas de crescimento de receita superiores a 50% ao ano. São índices constantes, inabalados pelas crises, obtidos pela excelência dos mecanismos de gestão existentes na sua operação e pelo foco determinado em inovação. A taxa média estimada de crescimento anual do setor é significativamente menor, de 12,8%, o que evidencia a vantagem competitiva da CrowdStrike. E se existiu algum segredo para o sucesso, além da composição estratégica de valor, ele provavelmente esteve na ajuda em proteger mesmo aqueles que não são clientes, nas palavras da própria empresa.

Identificando a **Capacidade**

O *locus* principal da Capacidade na Estratégia Ágil é a dimensão "Capacidades Distintivas". Todas as capacidades necessárias que foram especificadas, as estratégicas e as dinâmicas, terão que ser alcançadas no futuro. Além das capacidades distintivas, que podem envolver a aquisição ou o desenvolvimento de competências e a disponibilização e a capacitação em recursos, é também necessário fortalecer o clima organizacional, sobretudo nos aspectos que podem interferir no desempenho futuro das capacidades. O desenvolvimento de novas capacidades também pode envolver uma mudança de mentalidade e o consequente ajuste na cultura organizacional. A Figura 06 demonstra onde aconteceram as definições relativas à Capacidade na estrutura da Estratégia Ágil, destacando-se os atributos diretamente relacionados.

CAPACIDADE

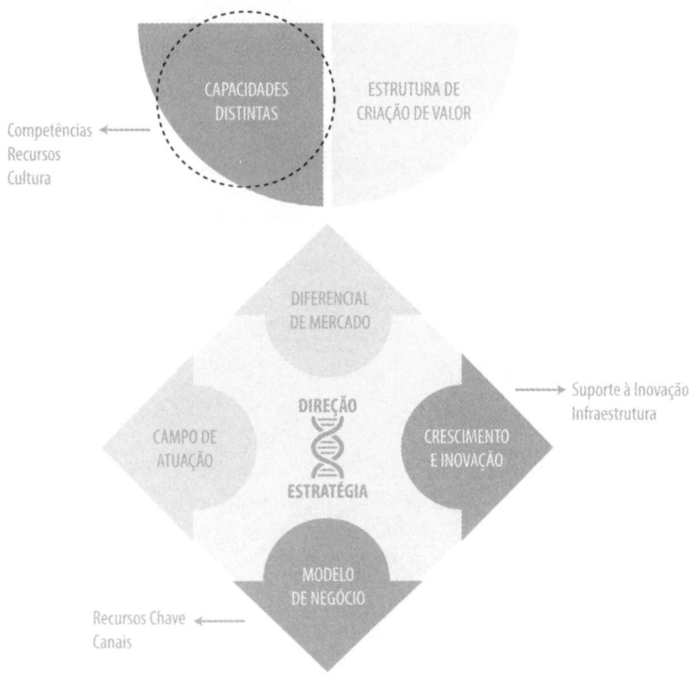

Figura 06 • O *locus* da Capacidade na Estratégia Ágil

Além da dimensão das Capacidades Distintivas, para cada negócio, foram definidos os recursos necessários à inovação e a infraestrutura necessária para crescer (Dimensão Crescimento e Inovação). E na dimensão "Modelo de Negócio", foram especificados os recursos necessários à proposta de valor e os canais que serão utilizados. Havendo necessidade de melhorar ou desenvolver novos recursos, essas definições precisam ser traduzidas em objetivos.

Identificando a **Vitalidade**

O *locus* principal da Vitalidade na Estratégia Ágil é a dimensão "Crescimento e Inovação", que foi definida para cada negócio. No entanto, a Vitalidade foi amplamente especificada na Estratégia Ágil. Esse fato demonstra coerentemente a relevância desse fator como o elemento central da fórmula. A Vitalidade então se refere a todas as definições relacionadas ao crescimento, à inovação e à melhoria da gestão. A Figura 07 demonstra onde aconteceram as definições relativas à Vitalidade na estrutura da Estratégia Ágil.

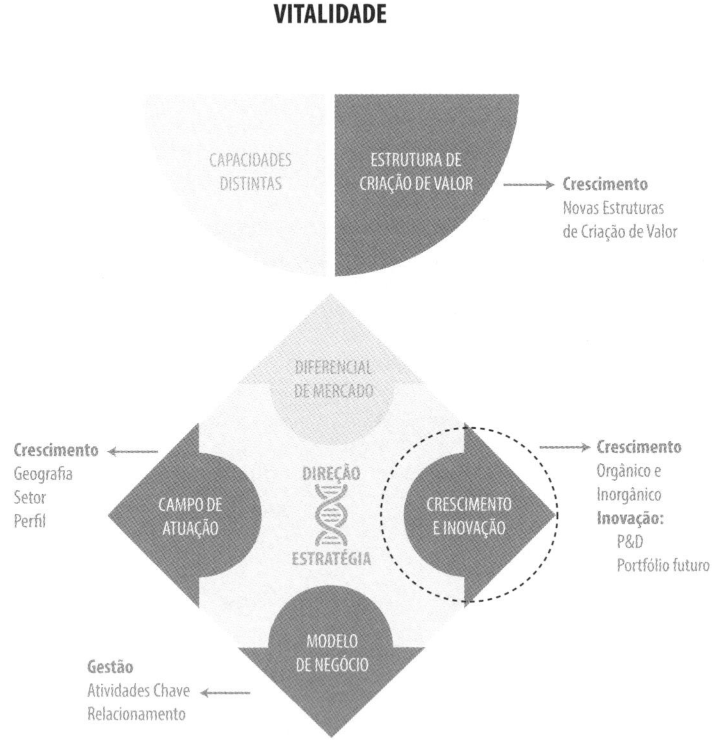

Figura 07 • O *locus* da Vitalidade na Estratégia Ágil

Na dimensão principal (Crescimento e Inovação), foram detalhadas as estratégias de crescimento orgânico e inorgânico e o que será preciso pesquisar e desenvolver no futuro (P&D) para compor o portfólio. As definições de crescimento inorgânico podem ser de três formas: Fusões e Aquisições, Contratos e Licenciamento ou por novas estruturas de criação de valor, como alianças, redes ou ecossistemas (dimensão Estrutura de Criação de Valor). Na dimensão "Campos de Atuação", também foram feitas escolhas quanto às formas de crescimento por geografia, por setor/segmento de mercado e por perfil de cliente. Finalmente, na dimensão "Modelo de Negócio", pode haver alguma melhoria em gestão: atividades-chave e processos de relacionamento. Esses atributos podem conter necessidades de adaptação, melhoria ou aquisição de novas conquistas para a organização, as quais deverão ser traduzidas em objetivos e metas.

Identificando o **Valor**

Pode-se afirmar que o *locus* principal de Valor na Estratégia Ágil é a dimensão "Modelo de Negócio", que foi definida para cada negócio. No Modelo de Negócio, encontra-se a Proposta de Valor para os clientes, a prioridade de qualquer organização. Mas é nessa dimensão também que estão o valor distribuído para canais e parceiros-chave e o valor apropriado pela organização. A Figura 08 demonstra onde aconteceram as definições relativas ao Valor na estrutura da Estratégia Ágil.

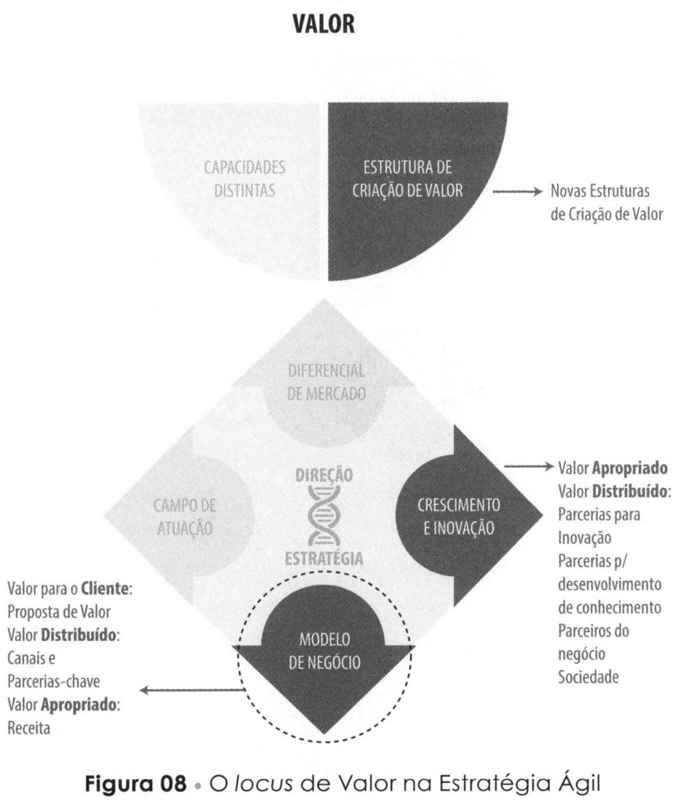

Figura 08 • O *locus* de Valor na Estratégia Ágil

O valor também poderá ser encontrado em novas estruturas de criação (dimensão Estruturas de Criação de Valor), caso tenha sido identificada alguma possibilidade de aumento de valor. No entanto, é importante lembrar que as definições de novas estruturas de valor são orientações de evolução mais amplas, que podem ou não ser definidas para cada negócio específico. Na dimensão "Crescimento e Inovação", essas definições ficarão mais claras, sendo possível identificar o valor apropriado em função do crescimento e o valor distribuído a parceiros de inovação, a parceiros para desenvolvimento de conhecimento, a parceiros de negócio e à sociedade. O valor para os colaboradores é o único tipo que não consta das definições estratégicas e pode ser incluído nesse momento. A tradução de uma estratégia pode e deve incluir objetivos complementares, que não foram discutidos durante a formulação da estratégia, mas que são necessários para a excelência da execução.

A dimensão que ainda não foi traduzida é a principal da Estratégia Ágil: o diferencial de mercado. Exatamente por ser o coração da estratégia, ele contém as definições de Capacidade, Vitalidade e Valor. A Figura 09 apresenta os campos dessa dimensão que poderão ser traduzidos.

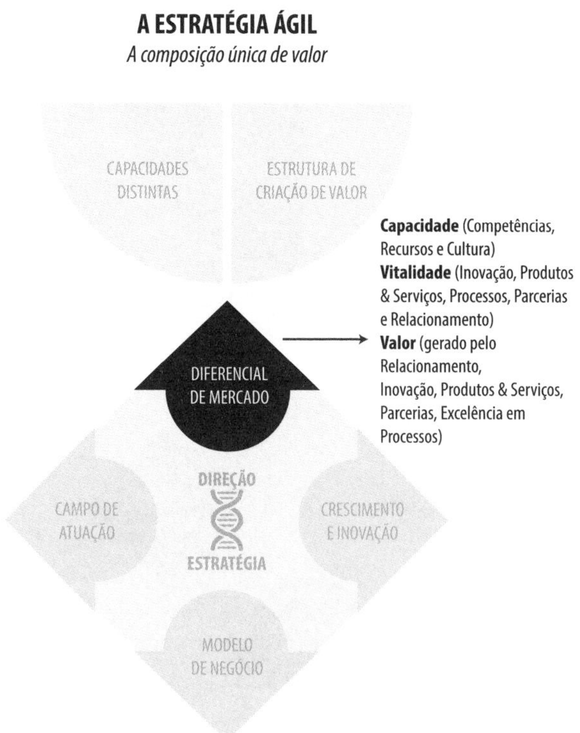

Figura 09 • A tradução do diferencial de mercado

Um diferencial de mercado consistente se caracteriza pela singularidade da formação, por fortes barreiras à imitação e pelo potencial de perenidade, sendo sua tradução imprescindível. Os atributos analisados para a criação da composição única de valor referem-se às principais dimensões organizacionais. Quanto à Capacidade, é possível especificar os atributos diferenciadores por competências, recursos e cultura; quanto à Vitalidade, os diferenciais podem incluir aspectos inerentes aos processos do negócio e de inovação, produtos e serviços, composição de parcerias e características intrínsecas de relacionamento pela experiência dos clientes; e os diferenciais de Valor têm origem na percepção dos clientes e da sociedade, na qualidade dos produtos e serviços entregues, nos acordos com parceiros e na excelência em processos internos e externos à organização.

A avaliação das conexões entre estratégia e execução tem auxiliado empresas a evitar a omissão de decisões estratégicas tomadas durante a fase de formulação. No entanto, ela não deve ser vista como exaustiva. A Estratégia Ágil permite maior flexibilidade em seu processo por estímulo à inovação, sendo desejável que aconteçam reflexões diferentes e irrestritas. É importante saber lidar com o paradoxo entre rigor e imaginação a todo o momento, e é por isso que as conexões não são absolutas. A melhor recomendação para a tradução é fazer revisões frequentes para não perder oportunidades. E sempre fazer uma verificação final, revendo toda a documentação produzida. O método iterativo também proporciona maior consistência. Por outro lado, é preciso igualmente considerar que a tradução explicita uma lógica correlacional que favorece reflexões complementares. Agora, sob um novo olhar estratégico centrado na vitalidade, é possível criar objetivos que possam sustentar melhor esse incontestável fator competitivo.

A Guia Estratégica, ou simplesmente Guia, é o instrumento a ser empregado para a tradução da estratégia, que contém as variáveis da fórmula do Modelo de Vitalidade Organizacional.

A Figura 10 apresenta a Guia com exemplos genéricos de objetivos para facilitar o entendimento de sua utilização. As Guias são instrumentos fáceis de visualizar e entender, retratando o que precisa ser comunicado pelas áreas ou por toda a empresa. Adote como premissa que a recomendação "menos é mais" funciona bem na Guia, desde que ela não se torne incompleta. Veja que, no exemplo da Figura 10, não há indicadores e metas, pois os mesmos serão definidos na sequência. No entanto, nada impede a inclusão de alguns números para tornar a comunicação mais efetiva.

Continuando no exemplo, observe que foram definidos objetivos de capacidade para potenciar a competência de relacionamento com clientes e melhorar a interação entre stakeholders. No segundo, foi destacado que o objetivo deverá ser alcançado utilizando plataformas digitais, que é o principal projeto nele contido. A explicitação de um projeto ou ação na sequência de um objetivo pode ser feita quando for elucidador. Veja que os dois objetivos de capacidade são necessários para o alcance dos objetivos de vitalidade, embora alguns deles possam existir sem necessitar de aumento de capacidade.

A Guia divide a dimensão Vitalidade em dois blocos: o primeiro, Gestão; o segundo, Crescimento e Inovação. Os objetivos de Gestão podem gerar valor diretamente (dimensão Valor) e/ou viabilizar crescimento e inovação. Os objetivos exemplificados em Gestão foram: aumentar a produtividade da produção e melhorar a agilidade organizacional, ambos definidos para apoiar o ambicioso crescimento da empresa. Em Crescimento e Inovação, há o objetivo de desenvolver modelos de negócio que favoreçam valor distribuído, visando a atração de parceiros para a atuação em ecossistema. O segundo objetivo, aumentar o mercado pela internacionalização e por portfólio, destaca as decisões tomadas na estratégia que gerarão valor para todas as partes.

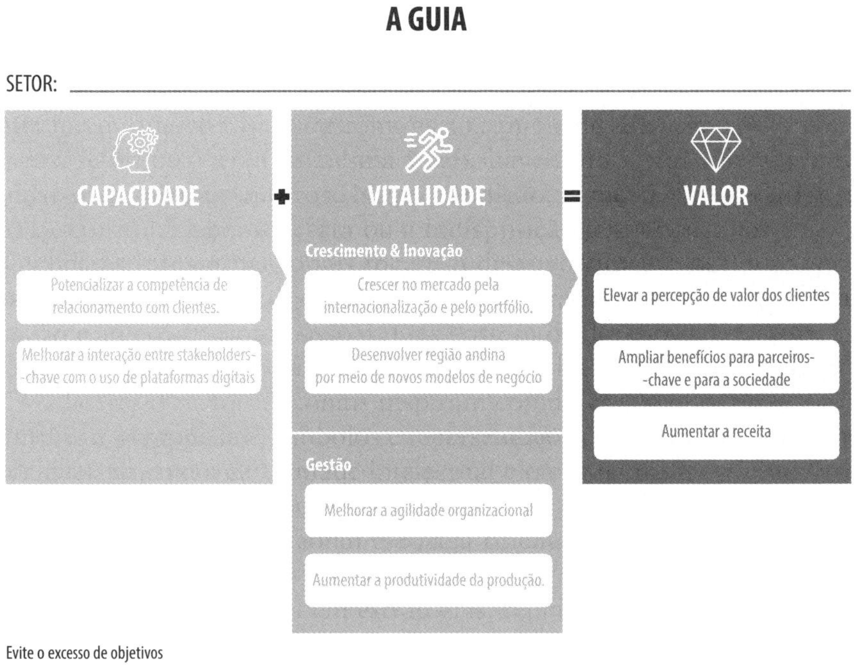

Figura 10 • Exemplo de uma Guia elaborada

Por fim, os objetivos de Valor definidos são resultantes da dimensão Vitalidade, em coerência com a fórmula Capacidade + Vitalidade = Valor. Por isso, eles geralmente não contêm ações ou projetos associados. Nessa dimensão, é usual serem apresentados, além dos objetivos, as metas desses objetivos. Embora não seja necessário explicitar metas na Guia, porque todos os indicadores e metas serão descritos em outro instrumento, as empresas preferem destacar as metas finalísticas, principalmente as financeiras. Por isso, é importante verificar se os objetivos de valor deixam claro o resultado final a ser alcançado. Qualquer resultado intermediário, como crescimento de vendas, é um objetivo que não faz parte dessa dimensão. O crescimento em volume de vendas faz parte da dimensão Crescimento e Inovação. A recomendação é sempre verificar se a fórmula está sendo efetivamente empregada.

É possível representar a tradução integral de uma estratégia em uma única Guia. No entanto, quando a estratégia é muito complexa ou quando há vários direcionamentos em função de diferentes negócios, é preciso traduzir a estratégia em mais de uma Guia. No primeiro caso, de alta complexidade, a estratégia é traduzida nas Guias das diretorias e depois, se fizer sentido, ela poderá ser consolidada. No segundo caso, as Guias por negócio são muito úteis para acompanhar estratégias que podem ser diferentes.

O CEAT - Colégio Evangélico Alberto Torres, integrante da Rede Sinodal de Educação, é uma organização centenária que, desde 1892, atende alunos do Vale do Taquari- RS. A instituição implementou a Estratégia Ágil e sua tradução via Modelo de Vitalidade em substituição ao Balanced Scorecard. O CEAT é referência no setor educacional e detém diferenciais de mercado que endossam sua longevidade: pensamento e prática filosófica, conhecimento amplo das ciências, sustentabilidade, disciplina do trabalho, organização e uso de estratégias de aprendizagem e tecnologia educacional em harmonia com a valorização do ser humano e da cultura. A direção e seus gestores optaram pela adoção de uma Guia única, o que favoreceu a integração e a comunicação. Indicadores e metas anuais são acompanhados em um sistema de informação desenvolvido especialmente para contemplar o Modelo CV2.

Já a Vesuvius, líder global em engenharia e tecnologia de fluxo de metal fundido, adota os princípios da Estratégia Ágil no Brasil e utiliza as Guias do Modelo de Vitalidade para implementar a estratégia de cada negócio. É com o lema "Think beyond – Shape the future" que a empresa avança estrategicamente para moldar seu mercado ao oferecer inovação e tecnologias diferenciadas.

Um recurso adicional que pode auxiliar no processo de tradução é a utilização do domínio das categorias contidas em cada dimensão do modelo. A compreensão sobre essas categorias de objetivos pode demonstrar o significado de cada parte do modelo. Assim, pertencem à dimensão Gestão: os objetivos relativos à melhoria de processos; as modificações ou inclusões de sistemas de informação; as melhorias em práticas gerenciais (p. ex., gestão informacional); os novos sistemas de gestão (p. ex., gestão baseada em valor); as mudanças na estrutura organizacional ou em papéis e responsabilidades. Da mesma forma, as demais categorias de objetivos mais comuns, por dimensão, estão representadas na Figura 11.

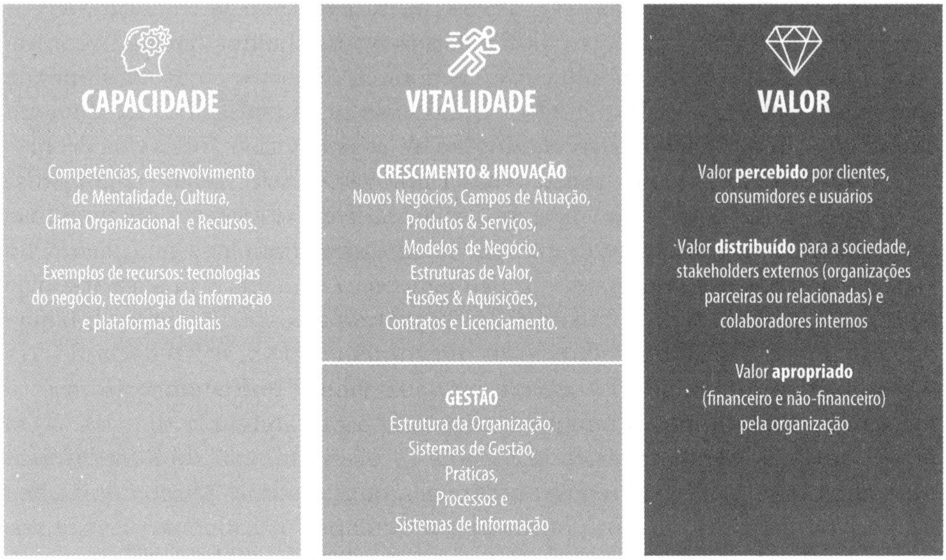

Figura 11 • Categorias de objetivo da Guia, por dimensão

6.2.2 Mensuração, Desdobramento e Identificação de Projetos

Uma vez que a estratégia tenha sido traduzida por meio das Guias, o passo seguinte é a definição de indicadores e metas (Fase de Mensuração, Figura 03). Cada objetivo da Guia terá seus indicadores e metas correspondentes. Eles devem ser precisos e delimitados para retratar a realidade futura a ser alcançada e não causar distorções na gestão. Sendo as metas utilizadas como mecanismo de incentivo e avaliação de desempenho das equipes, é necessário verificar a possibilidade de alteração de resultados reais, desvios de finalidade ou mesmo desincentivo a práticas não contempladas pelos indicadores.

As métricas podem levar a graves erros organizacionais quando inapropriadamente estipuladas. A curadoria descrita no Quadro Q1 ilustra alguns eventos que levam a essas descaracterizações. É recomendável ter um número pequeno de indicadores por objetivo para facilitar as análises e minimizar os esforços de apuração. O número de indicadores por objetivo não deve ser superior a cinco. Assim, eles vão deixar ainda mais claro o que se pretende com cada objetivo. Às vezes, a redação do objetivo precisa ser adaptada conforme o entendimento evolui durante a definição de métricas. Essa melhoria constante faz parte dos processos iterativos incrementais.

Q1 – A Doce Ilusão das Metas

Aqueles que acreditam que o que não pode ser mensurado não existe, também acreditam que o que pode ser mensurado existe.

Aaron Haspel

Tanto no mundo dos negócios quanto no setor público, há o que se pode chamar de saliência das métricas: uma predisposição generalizada para se expor números sobre desempenho por KPIs de crescimento, lucro, taxas de criminalidade, posições em rankings, dentre outros. Vivemos na era da responsabilização mensurada, da recompensa por performance, na crença de que aquilo que apuramos é a genuína transparência da verdade. As métricas são relevantes instrumentos de gestão e, quando usadas de forma adequada, podem, sem dúvida, apoiar processos de decisão. Mas há o lado perverso dos indicadores, que podem distorcer a realidade. O problema não são as métricas em si, mas a fixação de métricas, o excesso ou inadequação de seu uso. Pensar que as métricas transmitem toda a verdade, que promovem comportamento de criação de valor ou que motivam pessoas, pode ser enganoso.

Depois de muitos anos implementando-se sistemas de performance nas organizações, seus benefícios começam a ser questionados em função da inconsistência dos resultados. Recentes pesquisas nas áreas de gestão de pessoas, gestão de inovação e no campo da orientação a resultados têm demonstrado certa miopia no uso de indicadores, especialmente quando se configuram como metas a serem alcançadas e recompensadas.

Relevância técnica

Os erros cometidos na iniciativa privada e no governo, preponderantemente em educação e saúde, têm causado danos que poderiam ser evitados. Quando se atrelam bônus ao alcance de metas, todos aprendem rapidamente que o que importa é o seu próprio painel de bordo, mesmo que isso possa destruir o valor futuro da organização. Onde há recompensa, a fixação de métrica convida jogadores. Vejamos alguns exemplos.

Nas empresas, os gestores podem se valer do artifício de redução de custos investindo pouco na marca, no marketing, em manutenção ou na capacitação para melhorar o resultado de curto prazo. No Setor de Saúde, os hospitais americanos, que recebem incentivos do governo por seus resultados, têm recusado casos complexos e idosos para melhorar seus índices de sucesso em cirurgias. E o Setor de Educação tem preparado profissionais para lidar com exames, fornecendo montanhas de informação no lugar do desenvolvimento de capacidades humanas e analíticas e do pensamento crítico. Dessa maneira, o futuro das empresas pode estar sendo comprometido, o índice de óbitos aumentando e as competências relevantes sendo relegadas. Tudo isso por causa de indicadores a serviço das avaliações.

Uma clara distinção entre o que pode e deve ser mensurado e o que não pode e não deve ser mensurado fará diferença para todas as organizações que buscam a efetividade. O conhecimento prático, usualmente tácito, é produto da experiência. Ele pode ser aprendido, mas não pode ser transmitido em fórmulas genéricas. As escolas de negócio são responsáveis por estratégias de ensino e cabe a elas orientarem sobre a transformação de conhecimento implícito em aprendizagem organizacional.

Principais descobertas

O conhecimento técnico é suscetível a uma formulação precisa, transmitindo uma aparência de certeza. No entanto, esse raciocínio é falho por não avaliar o conhecimento empírico e as peculiaridades das circunstâncias. Por exemplo, os benefícios dos processos de criação não estão sujeitos a cálculos precisos e, assim, dificilmente serão traduzidos por metas. Um painel de bordo composto por metas pode levar os colaboradores a perderem a compreensão sistêmica, a reduzirem a competência visionária e a não se arriscarem com inovações. "O calculista é inimigo do imaginativo", diz o ditado.

Entretanto, os incentivos pelo desempenho são eficazes quando:

- O trabalho a ser feito é repetitivo e envolve a produção ou venda de mercadorias ou serviços padronizados;
- Existe a possibilidade de exercer escolha sobre o que se faz;
- Há pouca satisfação intrínseca;
- O desempenho baseia-se quase exclusivamente no esforço individual;
- O trabalho não inclui ajudar, encorajar e desenvolver pessoas.

Ainda há muitos empregos nessa condição, mas à medida que a inteligência cognitiva e a robótica avançam, essas funções se tornarão mais escassas.

Finalmente, é possível deduzir que os sistemas de métricas podem provocar disfuncionalidades que encapsulam riscos de alguma forma, uma vez que:

- Trabalhadores que são recompensados pela realização de tarefas mensuráveis reduzem o esforço dedicado a outras tarefas;
- A promoção do desempenho de curto prazo é capaz de comprometer o longo prazo;
- Os custos envolvidos na apuração de métricas podem ser contraproducentes;
- A mensuração de resultados, quando as pessoas envolvidas têm pouco controle sobre esses, equivale a recompensar a sorte. Aqueles que são penalizados se sentem injustiçados;
- Um contrato de metas tende a desencorajar o ato de assumir riscos e inovar, que são elementos empreendedores da condição humana;
- A recompensa individual tem correlação com o desestímulo à cooperação e ao propósito comum.

As pessoas são reconhecidas em parte por sua experiência e por habilidades não quantificáveis. Muitos assuntos importantes estão sujeitos a julgamento e interpretação. A questão não é de métricas versus julgamento, mas de métricas que informam o julgamento, o que inclui saber quanto peso dar às métricas, reconhecer suas distorções características e apreciar o que não pode ser mensurado.

As Guias então podem ser desdobradas segundo critérios de cada empresa. O usual é fazer o desdobramento pela estrutura organizacional. Assim, a Guia de uma diretoria pode ser desdobrada nas Guias de suas gerências e daí por diante. Cada Guia desdobrada pode conter objetivos da Guia superior e objetivos próprios. O imprescindível nesse momento é verificar se as consolidações levam à integralidade dos objetivos da Guia superior.

Agora é preciso verificar quais serão os projetos estratégicos necessários para alcançar cada objetivo estratégico. Em determinadas situações, melhorias pontuais, ações gerenciais ou de rotina podem ser suficientes, mas são os projetos que viabilizarão a estratégia preponderantemente. Por isso, nossa atenção deve estar centrada neles.

Quando nos referimos aos altos índices de insucesso na execução de estratégias, estamos, na realidade, reportando falhas no processo de concepção, planejamento, desenvolvimento e implantação desses projetos, incluindo também os fatores relativos ao comportamento organizacional e à cultura, que estão associados à área de conhecimento em gestão de mudanças.

Cada projeto identificado precisará passar por uma primeira definição de escopo e de recursos. Esse trabalho é necessário para determinar o total de investimentos a serem realizados para posterior aprovação, mesmo estando sujeito a variações, por ainda estar em um nível de abstração elevado. Portanto, recomenda-se descrever os produtos que serão entregues no tempo, os custos totais, os recursos necessários e as áreas a serem demandadas. O conjunto dessas informações fornecerá uma primeira ideia sobre a viabilidade de execução da estratégia. Assim conclui-se o processo de quatro fases do sistema de performance. O passo seguinte é gerenciar o portfólio de projetos de forma integrada.

6.2.3 Gestão do Portfólio de Projetos

Com os objetivos mensurados e os projetos identificados e dimensionados, tem-se a visão preliminar do conjunto: o portfólio dos projetos estratégicos. O portfólio de projetos representa o esforço real para a execução da estratégia e deve ser gerenciado de forma integrada para assegurar sua realização. A boa gestão de portfólio otimiza recursos, clarifica o alcance de objetivos de longo prazo, concentra esforços em prioridades, estimula a colaboração entre equipes, melhora o índice geral de sucesso ao reduzir riscos organizacionais e agiliza os processos de tomada de decisão.

A Figura 12 mostra o fluxo completo da execução da estratégia, da tradução ao provimento de informações para o orçamento. Os projetos que ainda não tiverem as informações sobre escopo e recursos no momento anterior à definição do orçamento anual serão classificados para posterior avaliação. É comum que haja projetos ainda incipientes, sem escopo delimitado, notadamente aqueles de maior singularidade, porque a compreensão do escopo total depende de ideação e de iterações que precedem a definição de seus produtos. Por isso, é sempre necessário criar reservas orçamentáveis tanto para projetos de maior incerteza quanto para adaptações futuras. As inovações são menos precisas quanto ao escopo dos produtos que serão entregues. E os setores mais dinâmicos apresentam essa característica de maneira mais ampla. Quanto menos previsível for um setor ou segmento da economia, maiores deverão ser as reservas para o futuro.

Uma vez realizadas as definições mínimas de cada projeto, é possível iniciar a gestão de portfólio dos projetos estratégicos, começando pela triagem. A triagem de projetos é uma forma de classificação que permite tratar e acompanhar projetos de forma distinta. Por exemplo, é possível distinguir aqueles que já têm verba aprovada, classificar os mais estratégicos para acompanhamento corporativo, separar os menores e de pouco investimento dos demais e até reconhecer ações que se enquadrem mais como rotinas do que como projetos propriamente ditos.

Os projetos triados para avaliação passarão pelos processos de seleção, priorização e balanceamento. A seleção é útil quando os recursos financeiros para a realização de todos os projetos são limitados, o que é muito frequente. Os critérios de seleção precisam ser definidos de antemão. Assim, alguns projetos podem não ser selecionados por possuírem um retorno sobre o investimento baixo, uma taxa interna de retorno insatisfatória ou quaisquer critérios que possam excluir projetos de menor relevância. Os projetos selecionados e que não foram aprovados antecipadamente serão movidos para a etapa de priorização. Da mesma forma, os critérios precisam ser definidos para que se possa pontuar os projetos e ranqueá-los. Uma composição de poucos critérios pode ser elaborada levando-se em consideração fatores que contribuam para a geração de benefícios e resultados no curto e no longo prazo. Uma composição de dois fatores de resultado no curto prazo e dois de longo prazo pode ser uma combinação interessante. Por exemplo, o valor percebido pelos clientes e o valor apropriado (curto prazo) complementados pelo grau de inovação e de aumento de capacidade, que podem prover maior perenidade, são critérios balanceados e capazes de compor uma priorização equilibrada. Já o critério de complexidade, embora tenha sido muito utilizado pelas empresas nos últimos tempos, é inadequado para a priorização, uma vez que a maior ou menor complexidade não é, por si só, um critério que indique relevância estratégica. Os atributos para a priorização devem refletir o que for mais estratégico.

A avaliação de atributos de cada projeto deve utilizar escalas numéricas. Desse modo, obtém-se uma pontuação para cada projeto e uma lista decrescente com os projetos da maior pontuação para a menor. Os prioritários deverão receber mais recursos e maior atenção por parte da direção. Há organizações que preferem utilizar a priorização para fazer a seleção, o que também é viável. Os projetos não prioritários podem ser eliminados até que o montante de investimento no qual a empresa está disposta a fazer não seja ultrapassado, considerando-se as reservas. No entanto, o processo de balanceamento, a última etapa da gestão do portfólio de projetos, pode indicar, por exemplo, que há carência de determinados projetos ou um excesso de investimento em determinadas categorias, o que exigirá uma reavaliação de todo o portfólio. O desbalanceamento pode comprometer a consistência e eficácia de uma estratégia. Por isso, essa iteração é necessária e providencial. Concluída essa etapa, os investimentos dos projetos selecionados e priorizados comporão o orçamento anual.

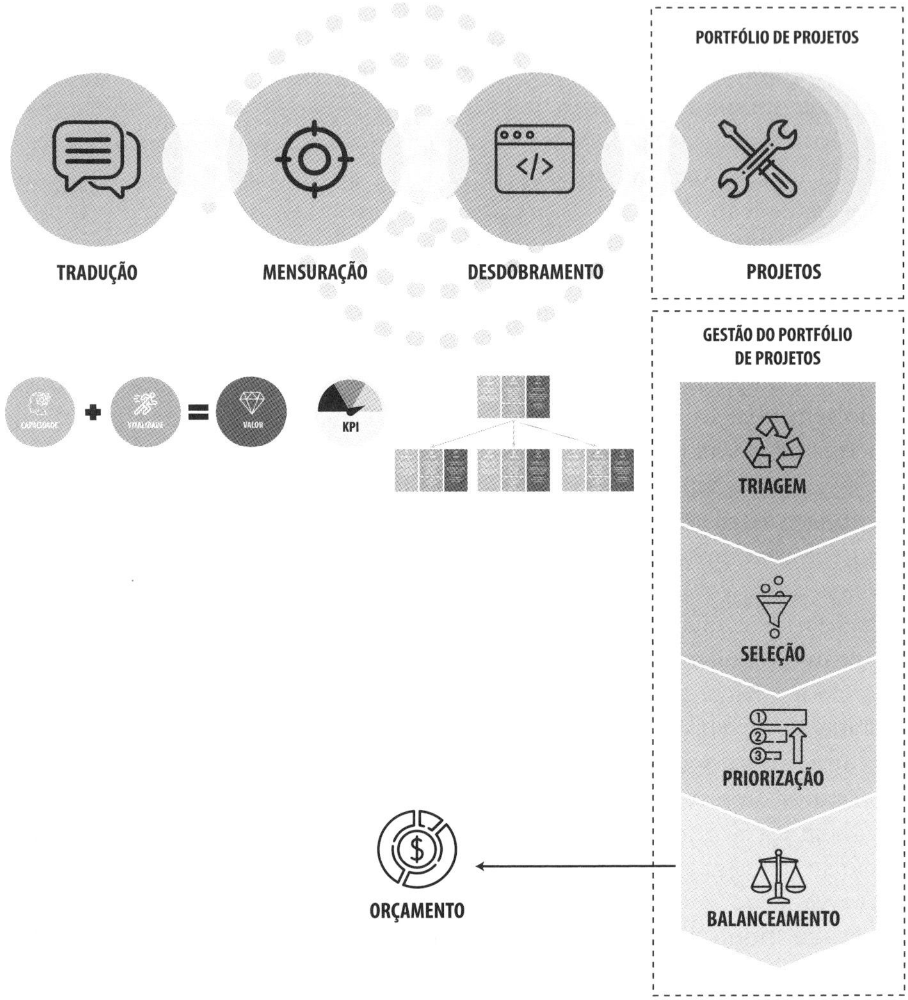

Figura 12 • A execução da estratégia: da tradução ao orçamento

As fases do processo de Gestão do Portfólio de Projetos apresentadas aqui correspondem àquelas necessárias ao processo de orçamentação. Não é o propósito deste capítulo discorrer sobre o balanceamento do portfólio de projetos e sobre as análises necessárias à sua melhor composição e monitoramento, que são atribuições inerentes a um PMO (Project Management Office). Essas informações foram objeto de análise em meu livro anterior, *Da estratégia ágil aos resultados*, onde o foco foi o sucesso da execução de uma Estratégia Ágil.

6.3 O Roadmap da Estratégia

A entrega final do processo estruturado de execução de uma estratégia é uma lista priorizada de projetos que deverão ser desenvolvidos e implementados. O sucesso de todos esses projetos representará o sucesso da estratégia formulada, desde que todas as etapas desse processo tenham sido executadas com exatidão. Em uma estratégia clássica, pode-se afirmar que a visão de longo prazo foi concretizada. Mas para certificar-se disso, as organizações utilizam um instrumento que conecta a visão estratégica com os planos de implementação (o conjunto dos projetos no tempo): o Roadmap da Visão. Esse instrumento descreve os principais produtos e resultados na ordem em que eles devem ser entregues. O roadmap é uma representação visual da direção estratégica da empresa e dos planos para alcançá-la. Ele proporciona um panorama geral do caminho a ser percorrido com seus principais marcos.

Na execução da Estratégia Ágil não é diferente, tendo o roadmap a mesma finalidade: a execução bem-sucedida da estratégia. No entanto, a visão de longo prazo pode não ser necessariamente o marco conclusivo. Afinal, a estratégia é um portfólio, não um roadmap. Mas ele é muito útil para apresentar os marcos que deverão ser alcançados em um roteiro até a entrega final da estratégia. O essencial é ter consciência de que tanto os marcos quanto os produtos e resultados poderão ser adaptados à medida que a dinâmica externa se modificar. O roadmap reforça o entendimento sobre a direção futura e faz com que toda a organização esteja na mesma página. Acredito que, diante da volatilidade crescente, a direção estratégica deva ser ainda mais reforçada. O alinhamento organizacional não pode correr o risco de se perder.

Um roadmap bem projetado é aquele que contém os marcos mais relevantes, onde cada marco a ser alcançado representará uma conquista a ser comemorada. Dessa forma, deve-se então escolher com atenção quais marcos representarão avanços dignos de celebração. Celebrar e reconhecer os sucessos das equipes de projeto é uma forma eficaz e autêntica de gerenciar os processos de mudança.

Um marco pode ser representado por diferentes sinais de progresso. Os mais comuns são:

- Uma intenção: uma empresa que precisa se destacar em um mercado altamente dinâmico pode querer posicionar-se entre as empresas mais inovadoras, por exemplo. As intenções estratégicas são geralmente dignas de nota;
- Um movimento estratégico: uma mudança de vetor estratégico, o desenvolvimento de um novo negócio ou uma extensão na cadeia de

valor dos clientes são tipos de movimentos estratégicos de maior perspectiva em uma companhia;

- Um objetivo estratégico (ou o objetivo de determinado projeto);
- Um produto de um projeto;
- Uma etapa relevante;
- Um resultado intermediário que mereça destaque.

Vejamos um exemplo de aplicação: ao iniciar o processo de formulação da estratégia, uma empresa recebe orientações do Conselho de Administração para analisar mudanças significativas. A avaliação da diretoria executiva resulta na definição de movimentos estratégicos. Entre eles, destaca-se a internacionalização da empresa, com atuação prevista na América Latina dentro de cinco anos. A partir desses movimentos, são formuladas as estratégias de negócios, sendo o negócio de soluções de gestão o escolhido para apoiar o movimento de internacionalização. Para isso, a empresa traduz as definições estratégicas numa Guia, que contém os objetivos estratégicos de valor que deverão ser alcançados para que sua aspiração maior se realize e os objetivos de aumento de vitalidade. Dentre eles, destacam-se:

Objetivos de **VALOR**:

- Ser a melhor empresa para se trabalhar;
- Ser a primeira opção dos clientes que ela classifica como especiais.

Objetivos de **VITALIDADE**:

- Aumentar a base de clientes especiais;
- Aumentar as vendas nos clientes especiais;
- Melhorar a lucratividade nos clientes especiais.

Na sequência, são descritos os indicadores e as metas desses objetivos. Para fins de exemplificação, os objetivos de vitalidade são definidos assim:

- Aumentar a base de clientes – indicador: quantidade de clientes – meta: de 65 para 120 clientes;
- Aumentar as vendas nos clientes especiais – definem-se dois indicadores:
    - Quantidade de soluções por cliente – meta: de 8 para 14 soluções;
    - Serviços de Suporte por cliente – meta: de 4 para 6 serviços;
- Melhorar a lucratividade por cliente – indicador: lucratividade – meta: de 6 para 8%.

Avançando um pouco mais no processo de execução, são relacionados os projetos para cada objetivo de vitalidade e os produtos que cada projeto deveria entregar. A Figura 13 apresenta essas definições.

Figura 13 • Definição de projetos e produtos dos objetivos de vitalidade

Com esse nível de detalhamento da execução, é possível agora montar um roadmap com marcos conclusivos e realistas. A tarefa então é identificar os marcos mais representativos da estratégia para inseri-los em algum diagrama que represente as atividades no tempo. A representação visual mais comum de um roadmap é o diagrama de linha do tempo, embora tabelas também possam ser utilizadas. A Figura 14 apresenta a linha do tempo com os marcos mais relevantes desse exemplo.

Para compor a linha do tempo, foram escolhidos cinco tipos de marcos: produtos dos projetos; etapa em destaque; intenção estratégica; resultado intermediário; movimento estratégico. Observe que alguns produtos dos projetos foram selecionados para os três primeiros anos (em negrito). Por representarem a finalização do ciclo de vida de um projeto, os produtos costumam ser marcos representativos e são muito empregados. Além deles, foi incluída uma etapa considerada relevante no primeiro ano: a autorização de funcionamento no México. Uma intenção estratégica foi adicionada no segundo ano: estar entre as melhores empresas para se trabalhar, um reconhecimento institucional conferido por uma entidade externa. E dois resultados intermediários mereceram destaque: a liderança no Brasil e o alcance de cem clientes especiais. Finalmente, no quinto ano, o movimento estratégico de internacionalização pode ser considerado cumprido, tendo em vista que todas as conquistas previamente estabelecidas foram alcançadas.

ROADMAP ESTRATÉGIA 20XX

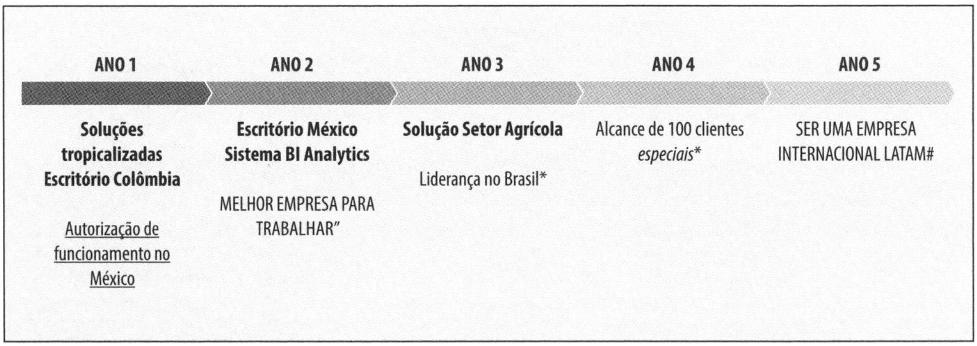

Negrito: *Produtos* dos projetos
Sublinhado: *Etapa* que merece destaque (marco adicional criado no ROADMAP)
": *Intenção* estratégica
***:** *Resultado* intermediário importante
#: *Movimento* estratégico

Figura 14 • Exemplo de Roadmap de Estratégia

Ideias-chave do **Capítulo 6**

- Os macroprocessos para executar uma estratégia incluem a tradução da estratégia em objetivos por meio de: um sistema de performance; gestão dos aspectos comportamentais e culturais inerentes à mudança; gestão dos projetos necessários ao alcance dos objetivos; gestão integrada do portfólio de projetos. A adoção combinada dos quatro macroprocessos agilizará a execução.
- A história dos sistemas de performance no mundo apresenta uma clara evolução dos fundamentos que sustentam a definição e o monitoramento das estruturas de controle de uma estratégia. Da origem pela Gestão por Objetivos, é criado o Modelo OKR. Na sequência, são desenvolvidos dois novos sistemas de performance: o Gerenciamento pelas Diretrizes (GPD) e o Balanced Scorecard (BSC). E para atender aos princípios da agilidade, o Modelo de Vitalidade Organizacional (CV2) é concebido e passa a ser utilizado pelas organizações a partir de 2021.
- Vitalidade Organizacional é a capacidade necessária à sustentação de crescimento e inovação para criar valor. Trata-se de uma condição estratégica estabelecida que assegurará o futuro da organização que tem como base de sustentação a eficácia gerencial.
- O Modelo de Gestão da Vitalidade adota uma fórmula descomplicada para a tradução da estratégia: Capacidade + Vitalidade = Valor. A Vitalidade é desdobrada em dois componentes: Crescimento e Inovação e Gestão. O Valor resultante pode ser apropriado pela empresa, distribuído entre parceiros, colaboradores e a sociedade e gerado para os clientes, sendo reconhecido por eles. O instrumento de uma página para a definição dos objetivos estratégicos (template), que representa o modelo, é chamado de Guia.
- Há uma conexão direta entre os componentes do Modelo de Vitalidade Organizacional e as definições estratégicas oriundas do processo de formulação da Estratégia Ágil. Essas verificações são recomendadas para garantir a integridade entre estratégia e execução.
- Cada objetivo contido na Guia precisa ter seus indicadores e a meta correspondentes. Por opção da empresa, uma Guia também pode ser desdobrada em outras Guias, numa relação hierárquica. E para que cada objetivo seja alcançado, são definidos os projetos estratégicos necessários à implementação das mudanças previstas.
- O conjunto de todos os projetos estratégicos representa a mudança que será feita para a execução da estratégia formulada e é chamado de "portfólio". Sua efetiva gestão é o que assegurará o sucesso da execução. A gestão do portfólio de projetos é realizada por meio de triagem para separar eventuais definições não estratégicas ou disformidades; de seleção, em função de alguma restrição da companhia; de priorização, visando agilizar o que for mais relevante; e de balanceamento, que certifica o equilíbrio organizacional dos investimentos futuros.
- A criação de um ROADMAP da estratégia é um recurso prático e útil. O roadmap é uma representação visual da direção estratégica da empresa e dos planos para alcançá-la que proporciona um panorama geral do caminho a ser percorrido com seus principais marcos.

REFERÊNCIAS

ANDERSON, Robert J.; ADAMS, William A. *Scaling Leadership: Building Organizational Capability and Capacity to Create Outcomes that Matter Most*. Nova Jersey: Wiley, 2019. Prefácio de Ed Catmull.

ATLURI, Venkat; DIET, Miklos; SCHWA, David. As Sector Borders Dissolve, New Business Ecosystems Emerge. 2017. Disponível em: https://www.mckinsey.com/business-functions/strategy-and-corporate-finance/our-insights/as-sector-borders-dissolve-new-business-ecosystems-emerge. Mckinsey & Company, 2017 Acesso em: dezembro de 2023.

CHANDRASHEKHAR, V.; SAXENA, Arjun; GI, Vladislav; JAIN, Prateek. Strategic Performance Measurement: Creating a Common Language to Drive Execution. *Strategy&*, PwC, 2017.

MULLER, Jerry Z. *The Tyranny of Metrics*. Princeton: Princeton University Press, 2018.

REEVES, Martin; HANSELL, Gerry; HASSAN, Fabien; CHAN, Benjamin. Measuring and Managing Corporate Vitality. BCG Henderson Institute, 19 de outubro de 2017.

REEVES, Martin; HANSELL, Gerry; WHITAKER, Kevin; DEEGAN, Tom. The Durable Benefit of Corporate Vitality. *BCG*, dezembro de 2020.

REEVES, Martin; KRUPA, Magdalena; JOB, Adam. Vitality: A Unique Lens for Understanding Companies' Growth Potential in Turbulent Times. *Fortune 50*, 29 de março de 2023.

SCHWAB, Klaus; VANHAM, Peter. *Stakeholder Capitalism: A Global Economy That Works for Progress, People and Planet*. Nova Jersey: Wiley, 2021.

VAILLANCOURT, Allison. Avoiding the Top 10 Metrics Mistakes. Professional Association for Human Resources, 2007.

YOUNG, David; KAISER, Kevin. KPIs Should Never Be Tied to Compensation. *INSEAD*, 2018.

07

A experiência ativa e inclusiva de mudança

O vento apaga uma vela e energiza o fogo.
O mesmo acontece com a aleatoriedade,
a incerteza, o caos: você quer usá-los,
e não fugir deles.
NASSIM TALEB

A era da volatilidade e da incerteza, como vimos, trouxe para as organizações incontáveis desafios em termos de governança, estratégia e processos sistêmicos de execução. Da mudança de mentalidade aos modelos de análise estratégica, não falta conhecimento para internalizar e desaprender em um mundo repleto de transformações. Mas a mudança essencial está nas pessoas, em como elas obtêm novos insights, imaginam o futuro, tornam-se maleáveis sem se perder e lidam com um número crescente de paradoxos organizacionais. A maneira como praticamos a gestão de mudanças, área do conhecimento que dá suporte pessoas e equipes para a mudança organizacional, precisa igualmente mudar, mas de forma evolutiva, sem pontos de virada ou de ruptura a meu ver. Esse pressuposto é um incentivo para todos aqueles que convivem no ambiente organizacional e que desejam se aprimorar e crescer.

Há quatro abordagens na literatura sobre gestão de mudanças: a comportamental, a cognitiva, a psicodinâmica e a humanista. A abordagem comportamental visa lidar com as mudanças do comportamento humano que podem afetar seu desempenho. Seus instrumentos são essencialmente apoiados por mecanismos de incentivo e de consequências. A abordagem cognitiva se concentra no pensamento humano e nos resultados que se pretende alcançar. O foco é a atitude mental positiva e a consciência de como as pessoas se limitarão ao aderir a velhas maneiras de pensar. Há uma série de instrumentos racionais utilizados nessa abordagem. A abordagem psicodinâmica considera que as pessoas passam por um processo psicológico interno durante uma mudança. Esse processo inicia-se pela negação e pode chegar à aceitação. A compreensão de que as pessoas passam por diferentes reações em fases distintas é um instrumento poderoso para lidar com mudanças. Já a abordagem da psicologia humanista está centrada na maximização dos benefícios da mudança. Se os gestores não estiverem emocionalmente presentes na mudança, não serão eficazes para maximizar a aprendizagem coletiva. As emoções são parte essencial do ser humano, portanto, são perfeitamente normais e devem ser encaradas com naturalidade. A psicologia humanista, de certa forma, integra e complementa as outras três abordagens ao focar a importância da consciência, da responsabilidade que cada um tem sobre as situações e da perspectiva integral do ser humano no contexto social e cultural.

As quatro abordagens de gestão de mudanças têm trazido inúmeros benefícios às organizações em processo de mudança, e suas contribuições permanecem válidas e valiosas. Os pensamentos contidos em cada uma delas devem ser vistos não como enfoques distintos, mas como abordagens integradas. Foi a complementariedade entre elas que possibilitou o desenvolvimento de modelos e processos de transformação mais consistentes. O desafio agora é incorporar a premência de um mundo em alta volatilidade e imponderável à realidade humana frente às organizações. E, com certeza, essa é mais uma oportunidade para a evolução do conhecimento.

Ayrton Senna dizia que não é possível ultrapassar quinze carros quando o tempo está ensolarado, mas é possível se estiver chovendo. Aqueles que conseguem enxergar um pouco mais do que os outros em condições nebulosas têm uma vantagem competitiva substancial. Abordaremos essas vantagens nos processos de mudança, pois retratam o novo contexto organizacional de obscuridade e imprecisão. Por isso, nosso olhar sobre mudança organizacional pode trazer alguns aspectos não convencionais (Figura 01), mas que contém diferenciais necessários para a agilidade na Gestão de Mudanças.

Um primeiro aspecto não convencional em gestão de mudanças é que precisamos aceitar a incerteza. Isso não é convencional porque aprendemos e temos sido condicionados, por décadas, a ter a resposta certa para quase tudo e a ver incerteza como um risco. Por isso, as condições desconhecidas nos abalam, em vez de nos instigar a aprender. A tendência natural de ver a incerteza como algo desagradável pode nos tirar oportunidades. Apesar de o nosso cérebro ter dificuldade de tomar uma decisão em circunstâncias incertas por ter sido desenvolvido para o domínio do conhecimento, será necessário prepará-lo para a nova realidade. Do contrário, a capacidade de aprendizagem e crescimento estará comprometida. Nesse cenário, pessoas e culturas perfeccionistas provavelmente terão ainda mais dificuldade.

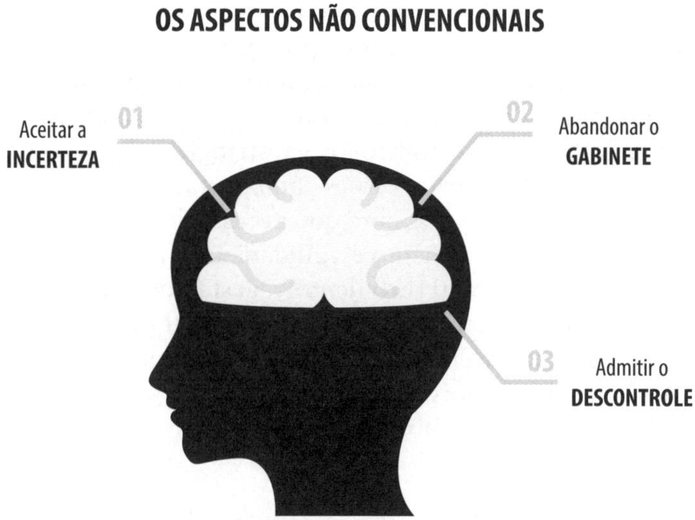

Figura 01 • Aspectos não convencionais da gestão de mudanças

Outro aspecto que pode parecer não convencional é que a mudança não deve ser implementada de cima para baixo e tampouco ser desenvolvida por um grupo restrito de pessoas. As chamadas "decisões de gabinete" estão distantes da realidade das organizações contemporâneas, que contam com a flexibilidade e participação ativa de seus colaboradores para o sucesso das transformações. Uma estratégia aberta já considera a contribuição de muitos stakeholders, e na sua execução não é diferente. Todos são responsáveis pelo trabalho e pela melhoria contínua. Boas ideias surgem em diversos níveis e não podem ser preteridas se estiverem alinhadas com as escolhas estratégicas. Além disso, em ambientes de maior volatilidade, as adaptações são rotineiras e fazem parte da normalidade organizacional. Por vezes, será necessário reforçar a segurança psicológica e emocional das pessoas para atuarem com confiança nas novas formas de trabalho. A estabilidade do passado consolidou hábitos que não poderão mais predominar.

Aceitar que o controle de situações que envolvem alta complexidade pode ser falho também não é habitual. Mas o pressuposto da estabilidade pode ser ilusório. Os recursos disponíveis para lidar com a complexidade auxiliarão substancialmente, mas não é possível ter garantias em situações sujeitas à ambiguidade. A tentativa de reduzir a complexidade é válida e recomendada quando possível. Por exemplo, dividir o escopo em partes menores pode até eliminar dubiedades, mas é preciso reforçar a atenção sobre as interdependências. Quando a relação entre causa e feito não é clara, a interferência em uma dimensão pode levar a resultados imprevistos em outra. Sistemas de informação complexos estão sujeitos a esse tipo erro, exigindo disposição e despojamento para sempre se adaptar e aprender.

Portanto, não alcançaremos o controle absoluto das mudanças, mas também não ignoraremos as incertezas e a contribuição dos stakeholders de projetos de mudança. Em vez de controlar e restringir, surge a consciência de que somos capazes de resolver questões imprevistas, de antecipar cenários, aceitar diferenças, adaptar-nos sempre que necessário e atingir, dessa forma, patamares superiores de crescimento e agilidade organizacional.

No contexto organizacional turbulento, a gestão de mudanças se reinventa para atender a esses aspectos que deveriam ser vistos como não convencionais somente no passado. Aceitar a incerteza, abandonar o gabinete e admitir o descontrole são apenas premissas para nos defrontarmos com um mundo de oportunidades que a realidade nos atribui.

7.1 A aplicação dos princípios da agilidade em mudanças

As mudanças bem-sucedidas possuem o lado técnico e o lado humano e cultural. Os capítulos anteriores focaram o lado técnico da agilidade aplicada aos níveis da governança corporativa, da estratégia e da gestão estratégica. Contudo, os fundamentos da agilidade também se aplicam às pessoas e à cultura organizacional. Não é saudável que as mudanças organizacionais impliquem em sofrimento, atritos, medo, desmotivação e despreparem a organização para as próximas mudanças. A agilidade de mudança objetiva a criação de organizações adaptáveis ao mundo dinâmico, facilitando transformações para que resultados e benefícios sejam alcançados no melhor tempo, de forma a preparar as pessoas e a coletividade para o futuro dos negócios.

Há cinco princípios da agilidade que se aplicam à gestão de mudanças. Esses princípios podem ser visualizados na Figura 02. Eles se referem à capacidade de cooperar e de estabelecer relacionamentos construtivos, ao uso da abordagem iterativa para manter o entusiasmo ativo, ao perfil adaptativo das pessoas, à cultura que favorece a agilidade organizacional e à adoção de coaching para acelerar e criar novos hábitos.

PRINCÍPIOS DA AGILIDADE APLICADOS À GESTÃO DE MUDANÇAS

Figura 02 • Os princípios da agilidade aplicados à gestão de mudanças

A *cooperação e construção de relacionamentos com stakeholders* internos e externos tem em vista a prática de relações interpessoais assertivas e contributivas. O trabalho em equipe de forma ampliada com stakeholders acelera a aprendizagem, promove a troca de ideias e ganha potência pela capacidade do espírito de corpo (*esprit de corps*, do francês), um sentimento de orgulho e lealdade compartilhado por pertencer a um determinado grupo. O pensamento orientado à cooperação prioriza a busca pela melhor solução para os problemas, fazendo com que o saber se sobreponha ao debate e às divergências. Esse princípio leva a um ambiente de alta transparência e respeito, onde a confiança sustenta relações que são regidas pela empatia.

A *abordagem iterativa* na gestão de mudanças cria uma harmonia perfeita com a Estratégia Ágil e com o método ágil utilizado na gestão de projetos, fazendo com que o progresso possa ser mais bem comemorado ao longo do caminho. A sensação de estar progredindo retroalimenta o entusiasmo por realizar algo novo e útil no horizonte estratégico. Mas a iteração também proporciona o senso de propriedade a clientes e futuros usuários, que participam ativamente do processo de mudança. A cada *sprint*, eles poderão contribuir para que a mudança se adeque às necessidades futuras e à realidade da organização. A abordagem iterativa provê adaptação e aprendizagem, e estreita os vínculos entre os participantes do processo de mudança.

Em ambientes de alta volatilidade, *pessoas adaptativas* respondem prontamente a novos desafios, antecipam-se às necessidades de mudança e têm maior facilidade para aprender e crescer junto com a organização. Colaboradores engajados e no exercício pleno da liderança adaptativa com os propósitos de mudança terão essa conduta a partir de então. Não há mais espaço para divergências não construtivas e relutantes nas organizações. Esse tipo de oposição precisa ser o registro de um passado insólito. Acredito que, em pouco tempo, as mudanças serão o motivo central pelo qual as pessoas escolherão uma empresa para trabalhar e alcançar sua realização profissional. Mas, infelizmente, ainda estamos um pouco distantes dessa realidade, pois a agilidade de mudança está em processo de construção e na fase inicial de desenvolvimento. A Figura 03 apresenta as principais características de pessoas adaptativas. Perceba que os adaptativos aceitam a incerteza e a ambiguidade, conseguindo lidar com elas ao pensar de maneira sistêmica e positiva ao se orientarem por um propósito.

Figura 03 • As características das pessoas adaptativas

A *cultura da agilidade* estabelece as bases fundamentais do pensamento, dos valores e da forma como o comportamento coletivo acontece. A agilidade como atributo cultural começa a ser mensurada nos instrumentos de *assessment* de cultura organizacional que surgiram nos últimos anos. Essa distinção foi um avanço importante e contribui de forma inquestionável a refletir sobre a distância que as organizações se encontram de um ambiente propício à prática da agilidade em todos os níveis. Acredito que a busca da cultura da agilidade será um projeto comum no ambiente competitivo nos próximos anos. A cultura ágil é forte quando as práticas da agilidade se tornam rotina e as mudanças são tratadas de forma preventiva e acontecem com fluidez. Nessa situação, predomina um clima organizacional favorável, da mentalidade da agilidade, onde as organizações são fortalecidas pelas grandes mudanças e não traumatizadas por ela. Assim como a Estratégia Ágil é positiva, a gestão de mudanças também tem que ser. No entanto, o poder do instinto de sobrevivência humano, que nos instiga a reagir diante de ameaças, não deve ser menosprezado, pois ele pode afetar nossa capacidade de mudar para melhor. A prontidão para a mudança é uma competência básica e, com ela, a adaptabilidade, a inovação e a aprendizagem são processos cotidianamente aprimorados onde a cultura da agilidade impera. Mas também precisaremos sobreviver a impactos imprevisíveis. Portanto, trata-se de mais um paradoxo. Para bem lidar com ele, a resposta pode estar no incentivo à busca da prosperidade sem, contudo, desligar nosso instinto de sobrevivência, jamais permitindo que esse instinto seja sobrecarregado.

Por fim, o princípio do *coaching*, que sustenta a aprendizagem organizacional, deve ser uma parte inerente da atividade de aquisição e retenção da agilidade em mudanças. Tanto as equipes que lideram uma transformação quanto aqueles que são impactados por ela podem necessitar de apoio técnico e de reforço durante o processo. Quando certas práticas são incorporadas por muitos anos, é preciso desaprender e criar hábitos. A criação de hábitos é poderosa para o bem ou para o mal. No entanto, as evidências têm corroborado que, para a criação de novos hábitos, o apoio do coaching é fundamental. Ciclos repetitivos e hábitos são formados por sinais, rotinas e recompensas. Com um coaching efetivo, reduz-se a curva de aprendizagem e o esforço investido na incorporação de novos sinais, rotinas e recompensas. A cada ciclo, é possível ter avaliações e feedbacks mais precisos do desempenho e do reforço, que será necessário por meio de reflexão, análise do comportamento e práticas para a adaptação contínua.

7.2 A abordagem ativa na Gestão de Mudanças

A incorporação da agilidade na Gestão de Mudanças é mais uma evolução das práticas consolidadas ao longo de muitos anos de pesquisa nessa área de conhecimento, tão crítica para a inovação e o crescimento dos negócios. À medida que a turbulência passa a fazer parte do ambiente organizacional, a mentalidade, os processos e as técnicas de gestão precisam ser ajustados e eventualmente substituídos. São avanços que beneficiam a todos no complexo e desafiador ambiente organizacional.

Entretanto, os princípios da agilidade e sua prática no processo de mudança nas organizações ainda não serão suficientes para suportar a volatilidade e a incerteza constantes. Será preciso ir além do envolvimento de stakeholders e de sua contribuição para alcançar um nível mais profundo de comprometimento em relação às mudanças, amparado pela ação positiva e de um comportamento composto de vigor, dedicação, absorção e senso de propriedade. Estamos nos referindo ao nível do engajamento e de seus princípios intrínsecos. Quando bem implementados, os princípios da agilidade e os do engajamento levam a uma abordagem efetiva dos processos de mudança em ambientes turbulentos: a Gestão Ativa de Mudanças (Figura 04).

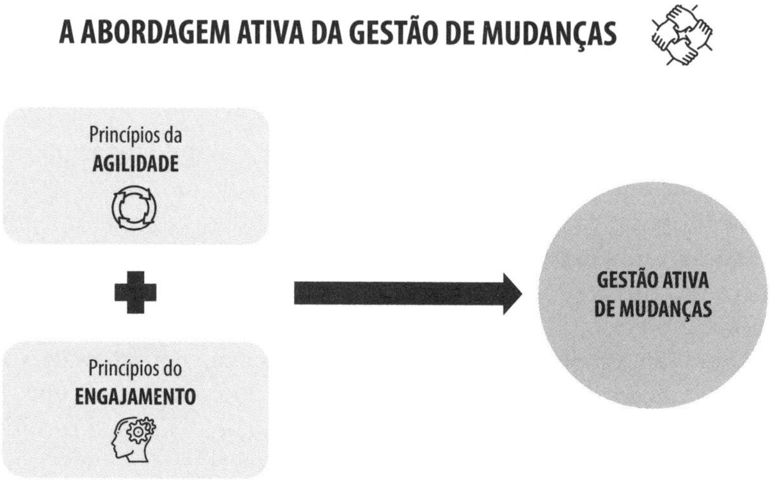

Figura 04 • Os princípios que regem a Gestão Ativa de Mudança

Os princípios do engajamento têm como premissa o desejo genuíno e legítimo dos stakeholders de participar ativamente da construção de um futuro próspero para as organizações. O desenvolvimento organizacional é um imperativo. Nenhuma organização pode se dar ao luxo de ficar parada. O desejo pela mudança existe e precisa ser descoberto e estimulado. Essa premissa tem sentido quando a natureza da mudança visa gerar benefícios positivos diretos, os indivíduos estão motivados, e tanto o contexto organizacional quanto o macroambiente indicam a verdadeira necessidade de transformação. Em outras palavras, a mudança pode ser encarada como uma oportunidade: acredita-se que a nova forma de trabalho trará melhorias e que todos devem ser engajados de forma construtiva.

A abordagem ativa na Gestão de Mudanças incorpora princípios de agilidade e engajamento ao tratar os processos de mudança de forma preventiva e construtiva. A Figura 05 apresenta as principais diferenças entre a abordagem tradicional e a ativa na gestão de mudanças. Sutis às vezes, essas diferenças têm o poder de transformar o modo de trabalhar, prover maior significado aos esforços de mudança e sustentar as vantagens competitivas das empresas que atuam em mercados disputados. Nesse momento, a atenção está voltada às diferenças. Nas próximas seções, serão confirmados os princípios comuns e relevantes que permanecem inalterados e devem ser preservados.

GESTÃO DE MUDANÇA TRADICIONAL E ATIVA

Principais diferenças

GESTÃO DE MUDANÇA TRADICIONAL	GESTÃO ATIVA DE MUDANÇA
Ocorre por projeto	Ocorre como parte do esforço de agilidade organizacional
Liderança focada no convencimento	Liderança focada em remover obstáculos
Orientação ao longo prazo	Orientação à adaptabilidade constante
Prioriza lidar com a resistência negativa	Prioriza incentivar melhoria e crescimento
Originada de estratégia fechada	Originada de estratégia aberta
Conduzida por especialistas	Conduzida por gestores e colaboradores

Figura 05 • As diferenças entre a abordagem tradicional e a abordagem ativa

Na abordagem tradicional, a gestão de mudanças acontece por projeto estratégico, normalmente de forma sistematizada e contendo ritos motivacionais e técnicas de integração de equipe, como a partir do momento de *kick-off*. Assim, cada situação é tratada de forma customizada e única, tal qual é a natureza dos projetos. A abordagem ativa auxilia a iniciativa corporativa de implementação da agilidade organizacional, ou seja, a mudança em todo o sistema. Quando a agilidade se torna uma prática em toda a organização, as mudanças passam a ser eventos cotidianos. É o caso de uma empresa que utiliza a Estratégia Ágil e segue a gestão estratégica adaptativa. Nesse contexto, há um senso de propriedade, porque todos podem dar suas contribuições e questionar as escolhas, adaptações ocorrem com frequência, o ambiente é de cooperação, a transparência e a confiança regem as relações e os métodos iterativos reforçam aprendizagem. Portanto, as indagações e o contraditório são bem-vindos e fazem parte de um processo habitual e construtivo de gestão dos rumos da organização.

As mudanças acontecem quando há o pleno exercício da liderança, que deve ser uma competência no nível organizacional, presente em todos os gestores. No entanto, o foco na influência, persuasão e convencimento tem suas limitações. Se examinarmos com cuidado, a persuasão é uma ação para alterar a inércia, na tentativa de forçar a aceitação de algo novo. Essa tentativa tem o caráter de "empurrar" a mudança que, sob certo ponto de vista, induz à reação, como na física. As pessoas têm um sistema antipersuasão instintivo. Se alguém quer convencê-lo, é porque essa ainda não é sua vontade.

Portanto, pode gerar suspeição e incredulidade em seu momento de analisar e compreender as razões e o sentido das mudanças. O foco da liderança ágil é prover estímulo para que o outro, por si mesmo, supere a inércia com atitudes que possam mudar seu entendimento prévio ou mesmo estimular a ação construtiva. Essa perspectiva tem como pressuposto que as pessoas são livres e devem decidir seu destino, mas em prol do desenvolvimento organizacional. O que cabe aos agentes de mudança é a remoção dos obstáculos para que todos possam avançar, estimulados pelo livre arbítrio.

A remoção de obstáculos pode ser praticada por ações descomplicadas em situações que se apresentam como barreiras à mudança. Uma situação comum é a familiaridade com a rotina. A valorização do status quo, do jeito que sempre foi feito no passado, pode ter um custo elevado. Questionar a inação pelo custo concreto de não mudar é uma maneira de retirar dificuldades do caminho. Porém a mudança pode estar muito distante, fora da zona de aceitação das pessoas, o que torna a transformação aparentemente irreal para quem é impactado. Nesse caso, a ação de pedir menos, reduzindo a distância, pode fazer o foco se desviar do ponto de desagregação e quebrar impedimentos.

A incerteza é também uma grande barreira. Apesar da consciência comum de que o futuro tem sido pouco previsível, as pessoas continuam a desgostar da carga cognitiva de ter de tomar decisões sob condições incertas. Por isso, é preciso facilitar as decisões. Se um cliente puder visualizar um protótipo de uma solução, por exemplo, ele se sentirá mais seguro quanto para adquirir a ideia. A redução dos custos com devoluções, as ofertas de degustações e a realização de benchmarks em outras empresas, são formas de reduzir os entraves à aceitação das incertezas. Evidências ajudam a corroborar decisões, reduzir a dúvida e facilitar a aceitação.

Dando sequência à comparação entre a abordagem tradicional e ativa, observa-se que a frequência é tratada de forma distinta. A gestão de mudanças na forma tradicional está orientada à mudança de longo prazo. Esse tipo de mudança costuma ser complexa e fica distante da realidade. Quando o processo de mudança é orientado à adaptabilidade constante, cria-se a percepção de que a adaptação é uma necessidade universal, o impacto é reduzido e mudanças menores são mais fáceis de se conquistar.

A efetiva gestão de mudanças sabe lidar com as resistências humanas ao incômodo de se sair da inércia. É um recurso poderoso que não pode faltar a nenhum modelo. Entretanto, quando uma empresa incentiva a melhoria e o crescimento, ela redireciona o olhar e fornece um sentido estratégico e nobre às pessoas: o seu próprio desenvolvimento. A experiência com a implantação da Estratégia Ágil nas organizações tem comprovado esse diferencial. O interesse em aprender um método inovador e ter a oportunidade de fazer grandes diferenças tem formado coalizões positivas fortes. O desafio e a possibilidade de realizar e crescer são os fatores motivacionais mais efetivos. Não se pode afirmar que inexiste oposição com essa forma de trabalho, até pela natureza humana e de sua propensão, mas a percepção geral é de que ela tem sido pequena, ocasional e localizada, quase imperceptível em todos os projetos que temos orientado. Portanto, o foco tradicional na resistência deve migrar para o foco ativo na melhoria e no crescimento.

Os processos de mudança tradicionais têm dado suporte à execução de estratégias clássicas há décadas. A estratégia clássica, como vimos, é planejada pela alta direção das empresas para ser executada posteriormente pelos gestores e colaboradores. Nessa situação, o senso de propriedade pelos responsáveis por sua implementação é consideravelmente menor, uma vez que eles não participaram do processo de formulação. Dessa forma, questionamentos e reações são até esperados. Ao contrário, as estratégias abertas buscam a participação coletiva desde o início, encorajando os colaboradores e fomentando o empoderamento e a responsabilidade.

Por fim, a condução de mudanças nas organizações, sobretudo quando a complexidade é maior, vem sendo liderada por especialistas, geralmente da área da psicologia organizacional. Isso ocorre com frequência em processos de mudança estratégica. Poder contar com especialistas na área de pessoas torna a experiência e a aprendizagem mais enriquecedoras. Todavia, quando as melhores práticas de Gestão de Mudanças se tornam parte da rotina dos gestores, a perspectiva muda, exigindo que essa competência seja internalizada. A condução de projetos não necessariamente precisa ser exercida por especialistas em gestão de mudanças, embora possa ser casualmente auxiliada por eles. E, à medida que a agilidade é desenvolvida na organização, os processos de mudança se tornam menos desafiadores e mais correntes, passando a ser conduzidos pelos colaboradores.

Essas são as principais diferenças entre o enfoque tradicional e o ativo. Com os princípios da agilidade e do engajamento sendo incorporados à gestão de mudanças, é possível acelerar as decisões, aumentar o comprometimento e gerar resultados em todos os níveis.

7.3 A jornada da Gestão Ativa de Mudanças

A Gestão de Mudanças, entendida como um caminho a ser percorrido, pode ser vista de duas maneiras: como processo ou como jornada. As duas situações são perfeitamente aplicáveis e funcionais. A diferença está na perspectiva. A condução como processo considera a perspectiva interna da empresa, um procedimento sistemático a ser seguido, assim como todos os seus processos de negócio ou de apoio. A condução como jornada considera a perspectiva dos stakeholders, a experiência que eles terão em processos de mudança. Esse é um caminho mais abrangente e flexível. É o que recomendamos adotar.

A Gestão de Mudanças é uma atividade essencialmente emocional, mas que também deve contar com os mecanismos gerenciais para seu sucesso. O componente central dessa disciplina (Figura 06) é o comportamento. As culturas criam propensão para que as pessoas na organização ajam de determinadas maneiras. E o comportamento determina o desempenho organizacional.

Na Gestão Ativa de Mudanças a orientação inicial foca o engajamento e a agilidade, e só recorre à mitigação de resistências em último caso. Como se vê na parte inferior da figura, a jornada contém quatro práticas, alistadas a seguir por ordem de relevância: prevenção, reforço, exclusão de barreiras e superação de resistências. A primeira prática, a prevenção, é mais bem exercida quando se utilizam modelos de referência. Eles contêm as dimensões críticas da gestão que devem ser contempladas. Essa é a prática mais importante por ser proativa e fortalecer a mentalidade positiva em momentos de renovação. Na próxima seção, exploraremos o modelo de engajamento pelo diálogo LEAD2C, que aborda as principais dimensões para a proatividade em gestão de mudanças.

A MUDANÇA É UMA JORNADA EMOCIONAL

Figura 06 • As práticas da gestão ativa de mudanças

A segunda prática é a do reforço do comportamento, que é feito de forma contínua ao se reconhecer e incentivar as pessoas a assumirem os riscos inerentes aos processos de transição. Se uma organização precisa que seus colaboradores enfrentem maiores riscos ao liderarem transformações, então ela deveria incentivá-los e reconhecê-los à altura. Por mais óbvia que essa afirmação possa parecer, a realidade prática ainda se encontra distante. A maioria das organizações incentiva o cumprimento de metas relacionadas à rotina e negligencia o incentivo ao cumprimento de metas dos projetos de mudança, onde o risco é naturalmente mais elevado. Essa dissonância pode resultar no favorecimento da letargia, na complacência e no despropósito de não querer melhorar. O comportamento deve ser reforçado adicionalmente pela comunicação. A boa comunicação prioriza a escuta ativa na busca de feedbacks sobre expectativas e percepções gerais, além de servir como instrumento para reforçar o propósito da mudança e de suas vantagens para o desenvolvimento organizacional. O reforço é igualmente importante para dar visibilidade ao progresso e, a partir da consciência de que se está avançando, poder celebrar as evoluções de alguma forma. As celebrações reenergizam as equipes e são também uma forma de reconhecimento.

A terceira prática é a exclusão de barreiras às mudanças. Utilizando como metáfora o conceito da química sobre os catalisadores, o professor Jonah Berger, da Wharton School (Universidade da Pensilvânia, EUA), defende que a mudança bem-sucedida não é aquela que força mais ou exerce mais energia sobre as pessoas, e sim aquela que remove barreiras para que as próprias pessoas possam avançar. A remoção de barreiras é um esforço de baixa energia que contém catalisadores. Os catalisadores são responsáveis por acelerar as reações químicas sem serem alterados ou consumidos pelo processo. No mundo empresarial, a catalisação de mudanças ocorre quando a liderança facilita os processos de mudança pela cooperação, excluindo barreiras. Os efeitos dos catalisadores podem ser alcançados através da redução da reatância, do estímulo à liberdade, do controle sobre as decisões, da facilitação da aceitação ao incentivar a renúncia de antigos procedimentos, da diminuição da distância da mudança por meio de negociações em contextos adaptáveis, do alívio da incerteza sempre que possível e da apresentação de evidências corroborativas para resolver questões. A remoção de barreiras substitui os esforços de influência e convencimento ao facilitar e empoderar. Em ambientes onde predomina a confiança e a existência de segurança psicológica, os estímulos devem ser os ingredientes centrais da mudança bem-sucedida.

A quarta e última prática é a superação de resistências. Se as três práticas anteriores foram bem implementadas, pode não haver mais sintomas ou eventos de resistência de qualquer natureza. Na pior situação, as objeções terão sido atenuadas e a oposição será inexpressiva. Ao adotar essa jornada, os líderes de mudança terão se antecipado à resistência por terem tomado medidas para evitá-las. Uma gestão ativa de mudanças visa incentivar a adaptação e o crescimento, enquanto pratica a prevenção de forma inclusiva. Caso ainda haja sintomas residuais de oposição, cabe à equipe do projeto mitigá-los.

As resistências às mudanças precisam ser analisadas com atenção por suas múltiplas faces e origens. Elas podem ser positivas e significar alertas importantes para a melhoria do projeto ou do processo de mudança. Às vezes, pessoas afetadas têm sentimentos ambíguos em relação às mudanças, nem apoiando-as, nem se opondo a elas, até receberem orientação. É preciso enxergar as reações com empatia. As respostas dos colaboradores às mudanças podem ser igualmente indiretas, como a presença de estresse e absenteísmo, situações nas quais as causas não são explícitas. Contudo, encontrar possíveis causas é importante para que as ações sejam adequadas e a adesão e a apropriação da mudança aconteçam. Para isso, é preciso ter evidências e compreender fatos, crenças e valores pessoais a despeito de toda a complexidade mental e combinação de circunstâncias que dão suporte às decisões humanas.

As resistências podem ser individuais ou coletivas. O medo do desconhecido, de surpresas ou de falhar é uma das causas comuns da resistência individual. Esse tipo de resistência pode ser superado com capacitação e coaching. Outros motivos individuais são a sensação de perda de controle, poder, status e segurança, a falta de empatia e até a predisposição para não mudar. A predisposição, conhecida também como imunidade à mudança, é um fenômeno que nos impede de mudar pela preservação da nossa forma de compreender as coisas. São motivações e crenças ocultas que podem impedir a mudança mesmo quando há consciência de que elas deveriam ser feitas ou até há vontade de realizá-las. E é possível atenuar esse tipo de resistência reduzindo a distância entre a consciência e o desejo da capacidade de agir.

As resistências podem alcançar proporções coletivas e amplificar o clima de desconfiança, o que torna os processos de mudança ainda mais desafiadores. As coalizões contrárias à mudança dificilmente ocorrem quando ações preventivas são tomadas a tempo. No entanto, causas estruturais podem também desencadear esse processo, como a ausência de sistemas de recompensa ou a política de interesses individuais ou de realizações desnecessárias, entendidas como politicagem. Finalmente, é necessário verificar possíveis efeitos da cultura organizacional em relação à transformação desejada. Movimentos contrários à cultura vigente certamente gerarão reações que poderiam ser evitadas antecipadamente, como será demonstrado nas próximas seções.

Os mecanismos exclusivamente gerenciais para a gestão de mudanças também podem ser utilizados em harmonia com a jornada emocional. São mecanismos gerenciais: os códigos de conduta e comportamento; os incentivos ao crescimento e ao risco que estão sendo assumidos com a mudança; os contratos de resultado; o plano de carreira; o controle do projeto; o empoderamento; e o alinhamento com os valores e a ideologia institucionais.

7.3.1 Um modelo para a prevenção na jornada de mudança

Os modelos de gestão de mudanças orientam as organizações a agirem de forma preventiva e têm como finalidade determinar as alavancas para o sucesso de iniciativas de transformação. Há modelos descritivos e processuais que podem ser utilizados pelas organizações. Os modelos processuais estabelecem etapas para a gestão da mudança, como o Modelo de John Kotter (oito passos para a mudança bem-sucedida) e o Modelo ADKAR da Prosci de cinco resultados a serem alcançados para a mudança individual. Já os modelos descritivos especificam as variáveis e os fatores que afetam o desempenho de processos de mudança, como o Modelo McKinsey 7S. A opção neste capítulo foi apresentar um modelo descritivo para prover maior flexibilidade processual aos diferentes desafios de diferentes organizações. A rigidez de métodos pode ser prejudicial para o sucesso a longo prazo. É nesse contexto que será demonstrado o Modelo LEAD2C, um olhar descritivo sobre mudança organizacional.

O acrônimo foi criado com a intenção de facilitar a comunicação e dar luz às suas seis dimensões chave (Figura 07): liderança, engajamento, alinhamento, diálogo, capacidade e cultura. O desempenho de cada dimensão deverá ser avaliado durante todo o ciclo de vida do projeto para sua certificação, adequação ou aprimoramento. As reuniões periódicas de revisão do projeto são momentos oportunos para esse acompanhamento. O modelo aborda elementos tangíveis e mensuráveis para a gestão da mudança, além de elementos menos tangíveis, como liderança e cultura.

O peixe foi o símbolo adotado por representar aspectos inerentes a situações de mudança. Preferido e legitimado por religiões e culturas ancestrais, esse distintivo milenar possui diferentes significados que remetem à prosperidade. Os peixes também são econômica, social e ecologicamente importantes em todo o mundo. No Cristianismo, ele representa a multiplicação. Na história antiga, os cristãos usavam o símbolo para marcar locais de encontro ou para distinguir amigos de inimigos. A multiplicação e a distinção de amigos na mudança podem ser traduzidas como a formação de uma coalizão positiva para realizar transformações. No budismo, os peixes dourados são um dos oito sinais auspiciosos de Buda. Eles foram associados aos rios Ganges e Yamuna, os dois rios mais sagrados da Índia, e representam viver em um estado de destemor, felicidade e fertilidade. O medo é um dos principais motivos de resistência a mudanças, e o emblema do peixe no budismo representa a ausência do medo de se afogar. Na filosofia oriental, o peixe possui três significados: energia, coragem e perseverança. É preciso concentrar energias para manter mudanças com o enfoque benéfico e para apoiar as pessoas e organizações que precisam delas. E as mudanças são representadas pela coragem, a coragem de renunciar ao conforto para se alcançar novos e prósperos patamares. Entretanto, para adquirir novos hábitos e se desenvolver de forma sustentada, a perseverança, com seu papel capital, tem sido o triunfo dos vencedores. E a psicanálise, na visão de seu próprio criador, interpreta o sonho com peixes como uma porta de acesso ao inconsciente que deseja ter sucesso. E, com muita certeza, esse desejo pode se concretizar. É dessa forma que as diferentes religiões, filosofias e perspectivas utilizam o símbolo. Cada uma delas com sua interpretação, todas elas com sentido em mudança e realização.

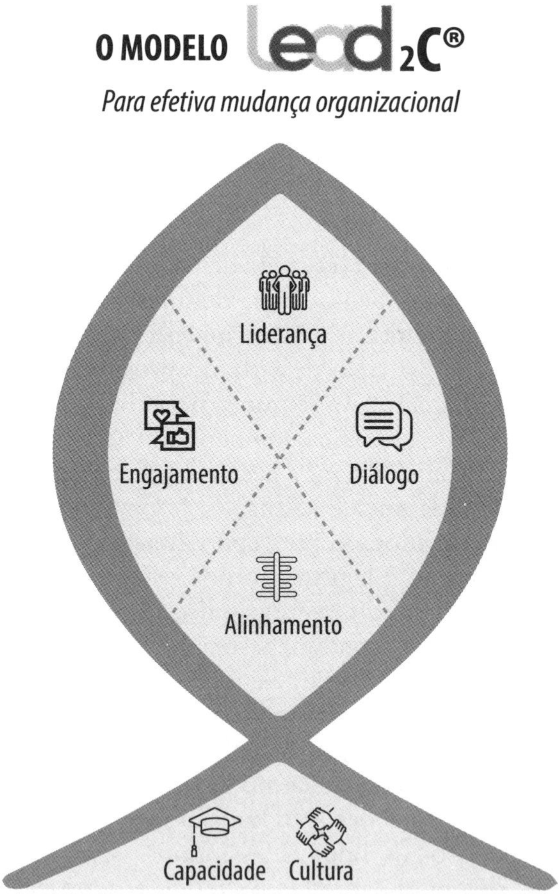

Figura 07 • As Dimensões do Modelo LEAD2C

As dimensões do Modelo LEAD2C norteiam as práticas de Gestão de Mudanças relacionadas com pessoas no contexto organizacional. É por meio delas que se realizam mudanças, e suas expectativas e receios devem ser compreendidos e considerados. Quando os colaboradores estão motivados para fazer algo de uma nova forma, a organização está pronta para iniciar sua caminhada de transformação. E se as perspectivas individuais têm sinergia construtiva e se tornam coletivas, as chances de sucesso serão elevadas.

Entretanto, após anos de pesquisa e prática em empresas de diferentes setores, temos constatado o quão penoso tem sido o esforço de realizar mudanças internas. Apesar dos melhores esforços, muitos planos continuam sendo um vago ideal de como a mudança deveria ter ocorrido. A identificação das causas das dificuldades encontradas em iniciativas sem sucesso tem alimentado nossos registros com informações preciosas. A reflexão, análise e aprendizagem com essas realidades vêm se mostrando úteis para melhorar e influenciar a adoção de práticas no campo comportamental. A partir desses achados é que são desenvolvidos *frameworks* referenciais para as empresas, os quais são compartilhados neste capítulo. Otimizar os benefícios almejados pelas organizações na busca de crescimento é a grande motivação.

Para muitos, gerenciar projetos é arte e ciência ao mesmo tempo. É ciência traduzida em princípios, métodos, técnicas e práticas comprovadas. É arte porque requer habilidades pessoais e criatividade por requerer perfeição pela prática. É a sensatez de unir gestão e arte. É o dom da harmonia ao sincronizar dois lados aparentemente adversos, o processual e o humano, o *hard* e o *soft*, o projeto e a mudança.

O Modelo para a Mudança Organizacional aqui proposto foca os aspectos humanos e culturais de forma coesa. Suas dimensões terão efeito se forem empregadas plenamente à gestão dos projetos de mudança. Como em qualquer mudança organizacional, o esforço real é a adoção de medidas que sejam consistentes e que se tornem duradouras e bem-sucedidas no longo prazo. É a constância de ritmo que dá suporte os mecanismos de mudança. A relação metafórica entre "golfinhos e baleias" (Figura 08) representa essa premissa. A divisão de grandes projetos em uma série de etapas curtas — semelhante à forma como golfinhos respiram e se movimentam — garante a frequência de menores mudanças no tempo. Não é recomendável agir com movimentos grandes, rápidos e abruptos, como os que as baleias fazem.

O Modelo **LEAD2C** representa o perfil de **liderança** em processos de transformação, a necessidade de **engajamento** dos stakeholders de projeto por meio do **diálogo** permanente com eles, o **alinhamento** com o propósito de mudança e com as escolhas estratégicas da organização e sua "cauda" de sustentação composta pela capacidade e pela cultura. A **capacidade** é a base imprescindível de sustentação de qualquer melhoria ou desenvolvimento. E a **cultura**, como um conjunto de crenças, valores e normas, sustenta a predisposição necessária para mudar. Vejamos então como se apropriar de cada parte do modelo.

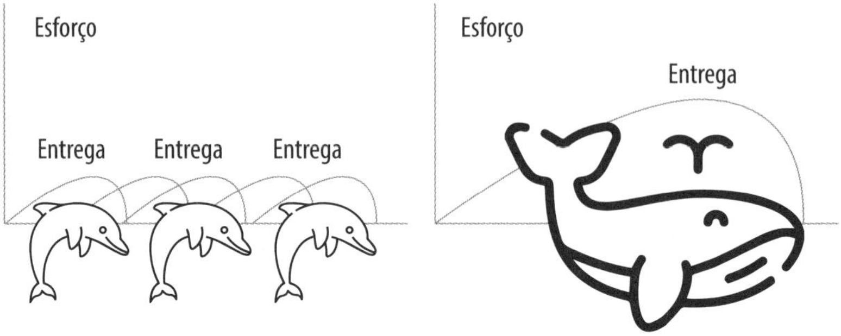

Figura 08 • A analogia do movimento de golfinhos versus o de uma baleia

Liderança

A primeira dimensão do modelo representa a maestria da transformação: a liderança capaz de realizar mudanças. Liderar é aceitar a responsabilidade de criar condições que possibilitem aos outros o alcance de uma visão compartilhada face às incertezas agora comuns aos ambientes de negócio. Em outras palavras, se todos tiverem a mesma visão, haverá uma real sinergia para se alcançar os resultados futuros. Nessa condição, o medo, a desconfiança, a perda de controle, a hora incerta ou a indisposição terão pouca força.

Os líderes transformacionais focam o desenvolvimento organizacional e o desenvolvimento humano simultaneamente, gerando um ambiente propício à criação e ao crescimento pessoal. Eles gostam de desafios e, por isso, estão sempre dispostos a lidar com quaisquer obstáculos que apareçam no caminho. Os líderes transformacionais inspiram comunicando altas expectativas. Eles utilizam o propósito, símbolos e representações para focar o esforço propulsor que aumenta a capacidade intelectual e o engajamento, promovendo a inteligência e a racionalidade.

A liderança transformacional é aquela orientada à mudança de sistemas organizacionais para a construção de benefícios futuros. Isso inclui a capacidade de liderar a mudança em estratégias, na cultura e em estruturas para se adequar ao ambiente de uma organização contemporânea, ágil e eficaz em tudo que realiza. Ela estimula a dinâmica da organização para abraçar a mudança de forma eficaz e estimular a inovação. Com toda determinação, os líderes transformacionais são os impulsionadores de mudanças saudáveis. Sem eles, corre-se o risco de não haver efetividade nas demais ações para enfrentar a insegurança e a negação.

A liderança é também uma competência coletiva: é a contribuição de uma equipe que realiza mudanças. Não são apenas as pessoas com papéis-chave num time de projeto que deveriam exercer sua liderança, mas todas as que dele fazem parte, mesmo que de forma situacional. Apenas as equipes com competências de liderança desenvolvidas poderão apresentar o conjunto de habilidades totais e a eficácia necessária para se produzir transformações. Uma pessoa sozinha não terá todas as competências nem será perfeita. Uma equipe tem muita chance de ser.

As causas subjacentes da oposição à mudança estão relacionadas a incertezas. As pessoas vivem no medo pela incerteza quando não recebem informações adequadas e não conseguem auxílio no processo de compreensão sobre as necessidades de um mundo em transformação. A confiança das pessoas em seu líder e de servir a um propósito maior são estímulos ao desenvolvimento, mesmo em condições indefinidas. Os ambientes de incerteza requerem adaptação constante por parte da liderança. A liderança adaptativa é hábil ao reconhecer os riscos que valem a pena correr, em realizar mudanças inevitáveis e ao tomar decisões relevantes para assegurar vida longa às organizações.

Diálogo

A comunicação acerca da mudança é o atributo de ligação entre os que estão incumbidos de conduzir o projeto e os stakeholders. A gestão da mudança se faz preponderantemente pelo diálogo. Sem diálogo, as pessoas sentem que estão desconexas, sem voz ou que não estão sendo ouvidas. O diálogo encoraja a participação, o desenvolvimento do potencial e é uma oportunidade para influenciar o sentido construtivo das mudanças. Ele propaga o sentimento de que a organização valoriza todos, gera um sentimento de apropriar-se da mudança e possibilita o alcance de dois propósitos fundamentais: criar relacionamentos edificantes pela confiança e atestar que a organização se importa de verdade com as pessoas. É preciso criar o senso de propriedade, não apenas ter pessoas que compraram a ideia.

Os líderes fazem mudanças percorrendo a empresa, ouvindo, demonstrando cuidado e atenção. Não se faz mudança num gabinete. Um ouvido atento pode escutar o que é dito nas entrelinhas e identificar o conteúdo emocional subjacente. Dialogar é estabelecer a conversa, é priorizar o cerne da cultura e a unidade básica de trabalho. Com base na forma como as pessoas conversam, é possível entender muito além do que é dito. É provável que se possa discernir entre diferentes tons de voz, enxergar reações, decifrar expressões e até aprender sobre uma cultura. Pesquisas têm mostrado que os executivos que são receptivos aos sinais sutis e não verbais de emoção coletiva são mais propensos a ter a credibilidade necessária para liderar a mudança estratégica.

Cada pessoa tem voz e se sente valorizada. Comando e controle inexistem no diálogo. Nenhum julgamento ou coerção são permitidos, e as opiniões individuais são recebidas, sem apreciação preconcebida ou manejada. O único objetivo é acolher todos numa comunicação autêntica.

Dessa forma, a liderança se estabelece por sua capacidade de relacionamento. O relacionamento é possível quando, então, se constrói o diálogo, quando se ouve e se orienta. A orientação auxilia na resolução de problemas, reforça a direção, influencia emoções e provoca reflexões. As reflexões podem ser induzidas pela destreza de perguntar: fazer boas perguntas submete as pessoas a pensar. Assim, é prática usual sentar-se em círculos e discutir o progresso do projeto, estabelecendo a conversa como uma tarefa regular da liderança. É nesses momentos que se coletam e valorizam as contribuições pelo esforço e pelas ideias. Ao acolher ideias vindas daqueles que querem participar, cria-se um senso de pertença, de propriedade da transformação, onde as pessoas se sentirão verdadeiramente autoras da mudança.

Em última análise, o líder que cria um espaço seguro no qual uma comunicação aberta e honesta é praticada forma uma comunidade coesa com maior confiança, compreensão e significado compartilhado. É dessa forma que a liderança se estabelece, com igualdade de participação, legitimada para conduzir as mudanças das quais a organização precisa.

A força do diálogo

> *A natureza da vida humana é dialógica. Nossos eus e mundos sociais são compostos de múltiplas vozes que se moldam constantemente.*
>
> Mikhail Bakhtin

A etimologia da palavra diálogo provém de *diálogos* (do grego), que significa "por meio da (*dia*) palavra (*logos*)". Na filosofia, o diálogo surge como uma prática estabelecida por Sócrates (469 a.C. a 399 a.C.), que tinha, como atividade corrente, o convívio com as multidões. Ele conversava com as pessoas que tinham algum conhecimento para compartilhar e o desejo de aprender. Sua maneira de falar e ouvir as pessoas como forma de explorar ideias, em vez de impor as suas, foi sua maior contribuição. A abordagem filosófica do diálogo é valiosa para equipes de mudança porque aumenta a compreensão mútua e a integração do projeto. O diálogo bem conduzido leva à aprendizagem coletiva de questões importantes, o verdadeiro saber. Diálogo é conversa, palavra cuja raiz significa "se unir". Dessa forma, provoca o espírito de unidade, de união pela busca coletiva de um novo entendimento, que se sobrepõe a vieses e opiniões individuais. O resultado dessa forma de reflexão é o significado compartilhado, o ingrediente que mantém as pessoas e a sociedade unidas.

Diálogo não é debate ou discussão, pois não visa defesa ou ganho de uma parte sobre a outra. Opiniões existem e são ouvidas para se extrair significados e para que o conhecimento se sobreponha em processos de mudança. O importante é que todos participem da construção de significado de forma ativa. Quanto mais pessoas interagirem em busca de um objetivo comum, mais necessidade elas terão do diálogo. Nesse sentido, o diálogo é uma forma de comunicação voltada para construir entendimentos e relacionamentos mutuamente responsivos e orientada a explorar e a cocriar significados.

O diálogo é o elemento central de transformação de uma organização. Com o propósito de inclusão de ideias e o alcance da unidade, ele busca a maior coerência entre as pessoas sem imposição e sem necessariamente haver concordância sobre todos os aspectos. Ele não se destina a eliminar as diferenças em favor de um consenso, pois a compreensão mútua não implica um acordo. Ao estimular o pensamento, a escuta, a busca de evidências e o compartilhamento, o diálogo fortalece o engajamento dos stakeholders de uma forma abrangente. No entanto, apesar de o diálogo ser uma prática milenar e acontecer desde a existência humana, as pessoas ainda se esforçam para aprender a pensar juntas. A verdadeira prática do diálogo nas organizações está longe de ser algo simples. Por isso, é necessário ter clareza sobre as bases que o sustentam.

A Figura 09 apresenta as quatro bases para a prática de mudanças dialógicas nas organizações. Em primeiro lugar, o diálogo pressupõe igualdade entre aqueles que dele participam. Não há diálogo na hierarquia, porque o diálogo é uma conversa entre iguais. Cada pessoa tem espaço para falar, e sua voz é ouvida e igualmente valorizada. Na igualdade, a perspectiva individual é acolhida e tratada respeitosamente. Há consciência sobre as diferentes opiniões, percepções e conhecimentos que envolvem a natureza humana e entende-se que é por meio da diversidade que se alcança o saber. Os projetos de mudança têm um ambiente ideal para que o diálogo flua livremente, uma vez que são temporários, e o que funciona é o trabalho em equipes autogerenciadas, multifuncionais e autônomas.

O diálogo acontece quando há transparência e ausência de resultados preconcebidos, de intenções ocultas. É preciso estabelecer um contrato psicológico e condutas que favoreçam integrar e manifestar ideias. Sem isso, não haverá confiança, e as pessoas se sentirão inibidas para falar e construir verdades. Diferenças veladas entre as pessoas em relação às crenças e os valores implícitos podem levar a suposições falsas, expectativas irrealistas e conflitos. O propósito é o engajamento por uma relação genuinamente aberta.

Figura 09 • As bases para o diálogo engajador

A empatia é a base para assimilar o seu papel de atuação e sua contribuição para a construção de entendimento mútuo a partir do outro. Em muitas situações, não é simples se colocar no lugar de uma pessoa e compreendê-la. Sem ter vivido uma realidade específica, pode ser desafiador até imaginar o que é o lugar de uma experiência realizada. Todavia, a escuta ativa, atenta e profunda pode auxiliar a compreensão e a fazer conexões para a construção do resultado comum. Saber ouvir o que é dito e o que não é dito e transformar o implícito em explícito são habilidades que todo líder deveria adquirir.

Por fim, a base do diálogo é também a ausência de julgamento. Aprendemos a viver, a sobreviver e a desenvolver-nos competitivamente, o que inclui julgar pessoas e o ambiente sobre o qual vivemos de forma quase involuntária, irrefletida. Com isso, cria-se distância em vez de vínculo e perde-se empatia e compaixão. O ato de ser ouvido e compreendido sem medo de julgamento é de alto valor para o trabalho em equipe. E é o diálogo efetivo que permite o valor acontecer.

As bases para o diálogo criam um ambiente propício à sua prática. E a prática traz inúmeros benefícios individuais e coletivos. Dentre os individuais, destacam-se o aumento de aprendizagem e a propensão ao trabalho em cooperação, a orientação ao desenvolvimento e a disposição para realizar mudanças que façam sentido. Os ganhos coletivos incluem, entre outros, a criação compartilhada de conhecimento, a melhoria da qualidade dos projetos de mudança, a agilidade, o desempenho efetivo e o engajamento coletivo com a inovação e o desenvolvimento organizacional.

O diálogo amplia a visão de mundo e a capacidade de relacionamento dos que o praticam. Como vimos, essa forma de comunicação requer uma série de habilidades que podem ser desenvolvidas. E elas são contagiantes por serem positivas, agregadoras e focadas na mutualidade. As pessoas habilidosas na arte de dialogar transformam empresas em organizações vencedoras.

Engajamento

Engajar é o ato de fazer pessoas, sociedades, áreas ou grupos participarem ou colaborarem em algo ou no assunto em questão. O trabalho constante de engajamento de stakeholders é absolutamente crítico em projetos de mudança. Se as pessoas tiverem sempre a oportunidade de participar e de discutir sobre o propósito da mudança, elas poderão se engajar.

Como vimos, o diálogo proporciona o engajamento. Contudo, para ter um engajamento pleno, é preciso ir além. Muitas iniciativas de mudança prosperaram por terem sido o resultado direto da própria equipe levantando ideias, buscando soluções para os problemas ou criando fóruns de compartilhamento e aprendizagem. O envolvimento dos stakeholders emerge como um meio de descrever um processo profuso, mais inclusivo e contínuo dentro de uma empresa e com aqueles potencialmente relacionados. A Figura 10 apresenta essa visão ampliada para o engajamento:

Figura 10 • A visão ampliada para o engajamento

Para que o engajamento aconteça, a **Gestão de Stakeholders** e o diálogo são pré-requisitos. É indispensável adotar o processo de mapeamento de forma constante durante todo o ciclo de vida do projeto na busca do equilíbrio da relação entre os diferentes grupos de stakeholders.

Outro fator para o engajamento é começar pela **Consulta Prévia** interna e externa à organização. Escutar os stakeholders de forma antecipada para, posteriormente, especificar o escopo de mudança pode trazer conhecimento adicional relevante. Na consulta aos stakeholders, tenha em mente estes fundamentos, os quais devem ser investigados:

- As **preocupações**: quais são os receios legítimos que as pessoas têm sobre a mudança e de suas consequências?
- Os **interesses**: é necessário ter clareza sobre as questões materiais das partes;
- A **percepção de sucesso**: quais são as expectativas em relação aos processos e aos resultados? Examine a percepção de valor do projeto para grupos ou stakeholders-chave;
- Os **sentimentos**: somos apenas humanos, e nossas reações não são sempre racionais ou previsíveis. Considere que as pessoas podem estar agindo com base em interesses pessoais.

A boa **Gestão de Conflitos**, o terceiro fator, pode, da mesma forma, aumentar o engajamento. A capacidade de um líder de construir relacionamentos fortes na equipe gera um ambiente envolvente, onde todos podem se sentir à vontade para encontrar as causas dos conflitos e solucioná-las. O melhor a fazer é evitar prováveis conflitos. Porém, se existirem, recomenda-se assumir uma atitude positiva e empática, buscar atos e similaridades, como propósito e visão de futuro, trabalhar com alternativas e explorar soluções em conjunto. É importante que todos os envolvidos saiam dos encontros sentindo que também foram respeitados por seus pares. Encoraje as pessoas a que sempre se discutam os possíveis desafios. Podem ser que disponham da proatividade necessária para evitar novos conflitos.

Finalmente, **gerencie as solicitações** e reivindicações, agindo prontamente, de forma transparente, contínua e tempestiva. Esteja preparado para negociar, se necessário. Como todos sabemos, os projetos nem sempre funcionam como planejado. Por isso, é essencial conhecer o escopo especificado e ter discernimento para resolver solicitações de alterações por parte dos stakeholders. Todos os projetos devem estabelecer procedimentos formalizados para lidar com as demandas da organização, do ecossistema empresarial e das comunidades. Esses procedimentos geralmente incluem a responsabilidade pela organização e a resolução de reclamações, a fixação de prazos de resolução, a confidencialidade, o aporte de recursos e a forma de divulgação das decisões e soluções tomadas em tempo oportuno.

Alinhamento

O alinhamento retrata a tarefa de integrar e unificar os esforços de mudança por meio da conexão entre ações em relação ao todo. Como elemento central do modelo, é a representação do poder de mudança que a integração proporciona. Para liderar qualquer esforço significativo de mudança, é preciso ter alinhamento organizacional. Isso significa que todas as outras dimensões de mudança do Modelo deverão estar alinhadas com o propósito maior da organização, com sua visão de mudança e de longo prazo e com sua direção ou posicionamento estratégicos. Essas referências são verdadeiros guias e representam as escolhas deliberadas de uma organização. Conseguir alinhamento real, onde a estratégia, a visão e o propósito reforçam um ao outro, dá a organização uma grande vantagem: um sentido, um caminho. O sentido deixa claro o que fazer e a certeza de que as pessoas conhecem o rumo certo a ser trilhado.

No entanto, alguns stakeholders questionarão a necessidade de mudança, se a empresa está seguindo a melhor direção e se estão dispostos a se comprometer pessoalmente com o processo de mudança. Por isso, as empresas devem identificar metas distendidas, vibrantes e ousadas ao estabelecer sua visão de futuro e, por meio dela, direcionar todos os esforços de mudança. Os colaboradores olharão para a liderança para obter respostas para seus dilemas. E não há espaço para vacilar no que se refere às decisões conscientes.

O Alinhamento Organizacional faz com que as mudanças ocorram graças à cultura de responsabilidade pessoal e ao compromisso que todos compartilham na consecução dos objetivos organizacionais. No âmbito dos indivíduos, é mais provável que eles se empenhem em realizar os projetos e estejam comprometidos com a organização se houver alinhamento entre seus motivos e valores e o objetivo geral do negócio. Por isso, é preciso que haja uma visão clara, a qual deve ser comunicada continuamente pelos seus líderes, e parâmetros de sucesso compreendidos e mensurados.

É igualmente recomendável anunciar a prioridade da visão de forma resoluta, deixando evidente a necessidade e premência de sua realização para o futuro da organização. E se surgirem barreiras que possam bloquear o progresso, os líderes deverão rapidamente tomar ações para garantir que o movimento será mantido, além de ratificar a direção. Não pode haver complacência nas organizações quanto àqueles que se contrapõem à estratégia adotada. Com o alinhamento, as pessoas se moverão juntas, de forma consolidada, como uma unidade que demonstra compromisso autêntico e sustentável para o sucesso coletivo. O resultado será uma organização que poderá se concentrar menos em decidir o que fazer — e mais em simplesmente fazer.

Capacidade

"Capacidade para a mudança" significa, em primeiro lugar, ter uma equipe com as competências técnicas, gerenciais e comportamentais para implementar o projeto de mudança. E numa equipe completa, aqueles que se beneficiarão das mudanças precisam fazer parte dela. Por isso, é preciso capacitar adequadamente os stakeholders próximos à mudança, especialmente os multiplicadores, os clientes e os usuários finais. O quesito aglutinador das atividades de um projeto de mudança é o trabalho de educar e capacitar toda a organização para pensar, sentir e atuar de forma diferente.

O processo de capacitação dos stakeholders pode começar antes da reunião de *kick-off* do projeto, ao comunicar-se a intenção estratégica de mudar. Embora sejam educacionais e capacitantes, os diálogos e os processos contínuos de comunicação sobre a mudança, não são suficientes. É necessário planejar e executar eventos de capacitação formal, a capacitação "*on the job e coaching*", para o sucesso das iniciativas. Instrutores, ferramentas, recursos e mídia deverão estar disponíveis antes, durante e depois da implantação, a fim de assegurar uma adoção de mudanças sustentadas. O foco é desenvolver a competência. Por isso, deve incluir conhecer a nova forma de trabalho e ser orientado às práticas.

Uma estratégia eficaz de desenvolvimento de pessoas a longo prazo incorpora o conceito de maturidade de uso. Os usuários têm diferentes necessidades em diferentes estágios: novos usuários precisam estar familiarizados com a funcionalidade básica, enquanto usuários seniores utilizam recursos mais avançados. Além disso, a estratégia de capacitação deve contemplar:

- Abordagem customizada e individualizada;
- Avaliação dos resultados em educação quanto à aplicabilidade e impacto;
- Oferta contínua de suporte à aprendizagem;
- Conexão com os planos de comunicação;
- Metodologias de ensino que acelerem a aprendizagem;
- Inclusão de conteúdo sobre a mudança: o que, por que e como será mudado.

Por fim, recomenda-se que o processo educacional seja centrado nos participantes de forma a também retroalimentar conhecimento pela experiência e competência já adquiridas.

Além disso, para se ter capacidade, é necessário que os recursos integrantes estejam a serviço das competências, que a cultura organizacional seja propícia ao bom desempenho das atividades e que os fatores motivacionais e os incentivadores estejam presentes.

Cultura

A cultura é a "personalidade" da organização, seu senso de identidade, o padrão autossustentável de comportamento que determina como as coisas são feitas. Ela interfere diretamente no desempenho organizacional e determina, por meio de histórias, rituais, crenças, significados e linguagem, a maneira singular de conduta. Detém o que funcionou no passado e é aceita sem questionamento por seus colaboradores. Isso ocorre porque, ao longo do tempo, a organização desenvolve as normas e os padrões de comportamento estabelecidos e esperados que fazem parte dela.

Portanto, a cultura vigente interferirá na forma sobre qual mudança deverá ser implementada. Compreender a cultura organizacional e os tipos culturais ajuda a entender por que as reformas podem ter um impacto diferente dentro das organizações e entre si. Por exemplo, para uma organização orientada por procedimentos padronizados e rígidos pode ser mais difícil inovar do que para aquelas cuja cultura se baseia em empoderamento e liberdade.

Em processos de mudança, os líderes devem ser explícitos sobre o tipo de cultura e os comportamentos subjacentes que melhor apoiarão a nova forma de trabalho e encontrarão oportunidades para socializar, modelar e recompensar esses comportamentos. A psicologia utiliza o conceito de arquétipos para representar padrões de comportamento associados a um personagem ou papel social. E os processos de mudança podem utilizar arquétipos para representar novos comportamentos desejados. De maneira similar, a cultura pode ser ajustada por meio da mentalidade. Adotar uma nova mentalidade, a começar pela do crescimento, que catalisa transformações, pode levar a novos comportamentos. Ou seja, as mudanças podem exigir adaptações na cultura organizacional, e esse é o tema que trataremos a seguir.

7.4 O processo estruturado para a mudança da cultura organizacional

É preciso respeitar a cultura, mas não se submeter a ela.
MOZART PEREIRA

As pesquisas e o desenvolvimento de conhecimento sobre como a cultura organizacional afeta o desempenho têm crescido nos últimos tempos, certamente em função das recentes mudanças oriundas dos avanços da tecnologia, da complexidade e da incerteza. Novos modelos de avaliação da cultura (instrumentos de *assessment*) surgiram para incorporar valores culturais como agilidade, aprendizagem, propósito, colaboração e cuidado, estilos primários e universais que devem estar presentes nas organizações contemporâneas. A cultura pode dificultar que ocorram mudanças, afetar a performance operacional, restringir a contratação e retenção de talentos ou apoiar estratégias de negócios.

Em meu livro anterior, *Da estratégia ágil aos resultados*, dediquei uma parte do Capítulo 6, "Um olhar sobre Mudança Organizacional", para elucidar como esse fenômeno acontece *vis a vis* os desafios estratégicos. Intrínseco à natureza humana e ao desenvolvimento organizacional, o desafio da mudança se torna exacerbado quando não se compreende claramente a cultura vigente ou como lidar com ela para que o desenvolvimento aconteça.

A cultura organizacional precisa estar em harmonia com a estratégia para não representar um impedimento coletivo à sua execução. Os vários estudos sobre essa correlação demonstram que o desempenho financeiro superior está associado à compatibilidade da cultura com a estratégia. No entanto, as mudanças culturais significativas podem durar um tempo longo e colocar a organização em situação de risco estratégico. Querer mudar uma cultura enraizada por décadas pode ser uma ilusão em algumas realidades. As organizações e seus membros foram educados para serem eficientes e confiáveis para garantir a sobrevivência. Somente as novas organizações foram criadas para a inovação acelerada. Porém em um mundo dinâmico, o risco de não se realizar movimentos culturais classificados ao menos como moderados pode ser grave. Por isso, mais do que nunca, é necessário estar preparado para fazer deslocamentos culturais adaptativos com frequência e desenvolver uma cultura de maior agilidade. Modelos como o Culture Alignment Framework, desenvolvido pela Spencer Stuart e publicado na *Harvard Business Review*, e o Culture 500, uma ferramenta criada pelo MIT e aplicada em parceria com a Glassdoor, contemplam a agilidade como uma dimensão cultural e podem fornecer informações precisas sobre quão disposta está uma organização estabelecida a concorrer em um mundo turbulento.

A cultura da agilidade, que provê capacidade adaptativa às organizações, é uma necessidade para muitos setores da economia. As empresas Nvidia (Semicondutores), SpaceX (Aeroespacial e Defesa), Netflix (Mídia e Entretenimento), Zillow (Internet) e Tesla (Mobilidade) dispõem de comprovada cultura da agilidade, sendo benchmarks nesse quesito. Nelas, os colaboradores respondem de forma ágil a mudanças em seus mercados e capturam oportunidades de maneira sistemática e regular por processos adaptativos.

Portanto, é preciso estar ciente de que as mudanças culturais, por mais desafiadoras e morosas que casualmente possam ser, são necessárias em tempos de mudança. E os recursos de agilidade podem contribuir para que esse processo aconteça no melhor prazo e seja efetivo. A Figura 11 apresenta o processo iterativo de mudança cultural. Essa proposta incorpora elementos de agilidade e pode ser utilizada tanto para ambientes dinâmicos quanto para ambientes de maior estabilidade.

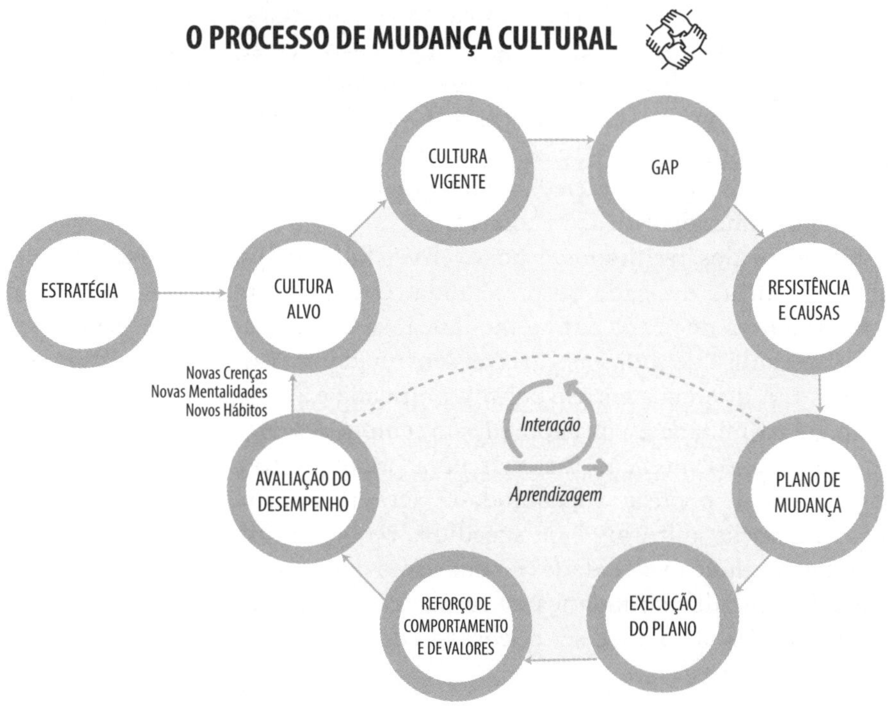

Figura 11 • O processo iterativo de mudança cultural

A fonte primária da necessidade de mudança cultural é uma estratégia formulada, mas ela pode ocorrer de forma antecipada em preparação a um futuro contexto. Como as mudanças culturais tendem a ser perenes e permanecerem no longo prazo, as organizações longevas se preocupam em criar as bases de sustentação empresarial desde cedo, não esperando por deliberações ou necessidades claras. A antecedência de uma mudança cultural pode viabilizar a implementação de estratégias pioneiras no mercado.

Pela origem na estratégia ou não, a primeira etapa do processo é determinar a cultura que se deseja ter no futuro (Cultura-alvo). Essa determinação pode ser feita livremente, de forma descritiva, ou utilizando-se recursos de análise. Alguns instrumentos de avaliação da cultura, como o OCAI (Organizational Culture Assessment Instrument), possuem questionários para a cultura desejada. Mas é também viável definir uma cultura desejada pelos modelos de cultura que trazem novos valores culturais. O importante nesse momento é descrever claramente todos os componentes que determinam a cultura futura, como suas características e crenças predominantes para o alcance do sucesso, suas vantagens e desvantagens, seus valores, suas ênfases estratégicas e seu perfil de liderança.

A segunda etapa é de realização do *assessment* (avaliação de cultura organizacional) para constatar a cultura vigente. Os instrumentos de avaliação podem ser aplicados de forma ampla na organização, fazendo-se um corte vertical ao escolher uma amostragem significativa ou ser aplicada na gerência média. A variação de resultado entre essas formas é pequena e geralmente não afeta o resultado geral. Como a aplicação dos instrumentos não é complicada e não requer muito esforço, é recomendável utilizar mais de um instrumento, tanto para a complementariedade de características culturais quanto para a garantia de uma identificação correta.

De posse dos resultados é possível verificar a distância entre a cultura atual e a cultura desejada ou pretendida (*GAP*). É também possível realizar uma estimativa de prazo para a mudança, sujeita a grandes margens de erro, porque a análise de todas as variáveis envolvidas nesse processo é algo muito complexo. A diferença entre a cultura praticada e a desejada demonstrará se a estratégia formulada é viável ou não no tempo. Adicionalmente aos atributos culturais, caso a intenção for criar uma organização adaptativa a partir de uma cultura de previsão e estabilidade, será necessário fazer esforços adicionais. Mudanças culturais bem-sucedidas requerem esforço, dedicação e um ritmo longo, nunca velocidade. É com ritmo compassado e prolongado que se obtém a agilidade na mudança cultural. A essência da cultura é ser estável, e essa permanência só pode ser quebrada com o tempo.

A compreensão das diferenças culturais e das possíveis oposições coletivas causadas pela distância entre a cultura-alvo e a cultura vigente devem ser consideradas causas adicionais de potenciais resistências. Essas informações são importantes para elaborar e implementar o plano de mudança, devendo-se adotar os princípios da mudança ativa. O plano e sua implementação devem ser liderados pelo CEO da empresa, que é também o responsável pela estratégia dos negócios. Essa tarefa não pode ser delegada nem tampouco tratada como mais uma iniciativa. Caso contrário, o sucesso será ilusório.

O reforço do comportamento e dos valores a serem praticados é uma etapa imprescindível para consolidar as mudanças. É o novo comportamento que deve ser enfatizado, não a nova cultura. Como vimos, a cultura de uma organização determina um comportamento que, se for adequadamente reforçado, poderá afetar o desempenho. Há uma lógica direta de causalidade entre cultura, comportamento e desempenho. O reforço deve ser feito pelo exemplo da liderança, pela comunicação assídua e assertiva com todos os stakeholders, pelos mecanismos de incentivo e pela celebração de cada progresso. A visibilidade sobre o progresso é um recurso para administrar a espera. Por ser demorada, as pessoas precisam se certificar de que a mudança está acontecendo e de que ela é viável. Com o reforço, a organização promoverá a prosperidade e manterá o foco nas oportunidades. Dito de outra maneira, o reforço é uma ação positiva que incentiva a mudança, melhora o desempenho e cria uma nova mentalidade. Nesse momento, cabe à liderança reforçar reiteradamente os valores compartilhados e mostrar evidências de que o novo comportamento trará melhores resultados.

O reforço de comportamento melhora a performance. A avaliação de performance deve ser feita por indicadores de desempenho/tendência e/ou de resultado. O aumento da quantidade de visitas a clientes, um indicador de desempenho, não garante o aumento de receita, mas indica que está havendo maior esforço e progresso. É possível inferir que a tendência é a de que a receita aumentará. As respostas sobre o desempenho servem para efetuar adaptações no plano de mudança, mantendo o processo iterativo e aumentado a aprendizagem até que os resultados sejam alcançados. A repetição cria familiaridade e competência, e a produtividade aumenta novamente, criando mais benefícios para a organização. Com a rotina, criam-se hábitos, formando-se uma mentalidade sustentante em função de resultados alcançados, o que reforçará as renovadas crenças. Dessa forma, a cultura-alvo será alcançada.

Ideias-chave do **Capítulo 7**

- O olhar ativo sobre a mudança organizacional inclui aspectos não convencionais, com diferenciais para a agilidade na gestão de mudanças. Esses aspectos são condições paradoxais à capacidade de domínio das situações e se caracterizam pela aceitação das incertezas, por abandonar o gabinete decisório e por admitir o descontrole face a um mundo turbulento.
- A agilidade na mudança visa criar organizações adaptáveis, orientadas por cinco princípios: cooperação e construção de relacionamentos com stakeholders internos e externos; abordagem iterativa que retroalimenta o progresso; necessidade de pessoas adaptativas que respondam prontamente a novos desafios; cultura da agilidade que estabelece as bases fundamentais do pensamento e do coaching que sustenta a aprendizagem organizacional.
- A abordagem ativa da gestão de mudanças necessita dos princípios da agilidade e dos princípios do engajamento. Os princípios do engajamento têm como premissa o desejo genuíno e legítimo dos stakeholders de participar ativamente na construção de um futuro próspero para as organizações.
- A gestão ativa de mudanças se diferencia da gestão tradicional por fazer parte do esforço de desenvolvimento organizacional, exercer a liderança para remover obstáculos, orientar-se à adaptabilidade constante, incentivar a melhoria e o crescimento, originar-se de estratégias abertas e ser conduzida por gestores e colaboradores.
- Uma jornada é mais eficaz do que um processo por considerar a perspectiva dos stakeholders e a experiência que eles terão em processos de mudança, não somente a perspectiva interna. A jornada da gestão ativa de mudanças possui quatro práticas, alistadas a seguir por ordem de relevância: a prevenção, o reforço, a exclusão de barreiras e a superação de resistências.
- A prevenção deve considerar modelos que contemplem as áreas de conhecimento em gestão de mudança para assegurar a abordagem coesa e integral. O modelo de engajamento pelo diálogo LEAD2C contém os principais aspectos a serem cuidados: liderança, engajamento, alinhamento, diálogo, capacidade e cultura.
- O reforço na jornada é feito de forma contínua ao se reconhecer e incentivar as pessoas a assumirem os riscos inerentes aos processos de transição, sendo que a mudança bem-sucedida é a que remove barreiras para que as próprias pessoas possam avançar. A remoção de barreiras é um esforço de baixa energia que contém catalisadores. E se, mesmo com a adoção de práticas ativas, ainda restarem resistências, deve-se agir para sua mitigação.
- O Modelo LEAD2C foca o engajamento pelo diálogo, recurso central de mudança em uma organização, instigando o espírito de unidade, de união pela busca coletiva de um novo entendimento, que se sobrepõe aos vieses e às opiniões individuais. O resultado dessa forma de reflexão é o significado compartilhado, ingrediente da integração.
- O engajamento utiliza-se do diálogo para consultar previamente os stakeholders sobre suas preocupações, seus interesses, sua percepção de sucesso e seus sentimentos. A boa gestão de

stakeholders, a gestão de conflitos e de suas demandas influenciam diretamente o engajamento.

- Em determinadas circunstâncias, será necessário fazer mudanças culturais para que seja possível avançar e cumprir as decisões estratégicas. Um processo estruturado de mudança verifica o *gap* existente entre a cultura desejada e vigente e identifica potenciais resistências. A partir desse diagnóstico, é feito o planejamento e a execução das mudanças, reforçando-se os valores e comportamentos para se chegar ao desempenho pretendido e alcançar uma nova mentalidade e novas crenças e habilidades.

REFERÊNCIAS

BERGER, Jonah. *The Catalyst: How to Change Anyone's Mind.* Nova York: Simon & Schuster, 2020.

ERRIDA, Abdelouahab; LOTFI, Bouchra. The Determinants of Organizational Change Management Success: Literature Review and Case Study. *International Journal of Engineering Business Management*, Volume 13, páginas 1-15, 2021.

GARCÍA, Maider Gorostidi; BERRIO, Arantxa Rodríguez. Dialogue in an Organizational Changing Process: Calling for a Simpler and Dissensus-Driven Approach to Increase Innovation. *European Public & Social Innovation Review*, Volume 4, Edição 1, 2019. ISSN 2529-9824. Creative Commons 4.0 International.

GROYSBERG, Boris; LEE, Jeremiah; PRICE, Jesse; CHENG, J. Yo-Jud. The Leader's Guide to Corporate Culture. *Harvard Business Review*, 2018.

HUBBS, Graham; O'ROURKE, Michael; ORZACK, Steven Hecht. The Toolbox Dialogue Initiative: The Power of Cross-Disciplinary Practice. *CRC Press*, 2021.

JABRI, Muayyad. *Rethinking Organizational Change: The Role of Dialogue, Dialectic & Polyphony in the Organization.* Nova York: Routledge, 2016.

KOTTER, John P.; AKHTAR, Vanessa; GUPTA, Gaurav. Is Your Organization Surviving Change — or Thriving in It? *Harvard Business Review*, 13 de agosto de 2021.

PATEL, Ket. Change Management Needs a Prevention Strategy. *Journal of Business Agility*, 2022.

RAMALINGAM, Ben; NABARRO, David; OQUBAY, Arkebe; CARNALL, Dame Ruth; WILD, Leni. 5 Principles to Guide Adaptive Leadership. *Harvard Business Review*, 11 de setembro de 2020.

SULL, Donald; SULL, Charles; CHAMBERLAIN, Andrew. Measuring Culture in Leading Companies. *MITSloan Management Review*, 2019.

WHITE, Andrew; SMETS, Michael; CANWELL, Adam. Organizational Transformation Is an Emotional Journey. *Harvard Business Review*, 18 de julho de 2022.

ZUCKER, Rebecca; ROWELL, Darin. 6 Strategies for Leading Through Uncertainty. *Harvard Business Review*, 26 de abril de 2021.

Anexo 1 – A Estrutura da Estratégia Híbrida

A formulação de uma Estratégia Híbrida visa atender a mercados que ainda não estão sujeitos à alta volatilidade e onde é possível fazer boas previsões no médio prazo. A Estratégia Híbrida pode trazer vantagens competitivas superiores às estratégias clássicas, uma vez que ampliam a reflexão e a análise estratégica na busca de oportunidades inexploradas pelos modelos clássicos. Ela contém os principais avanços de uma Estratégia Ágil, ao passo que preserva as análises preditivas. A combinação de elementos preditivos e adaptativos pode aumentar a criação de valor para uma empresa e seus stakeholders.

A Estratégia Híbrida adota a lógica da estrutura da Estratégia Ágil, que favorece a inovação pelo método iterativo de três camadas. No entanto, sua adaptabilidade é menos frequente, e a previsibilidade é maior. A Figura 01 resume as características provenientes da estratégia clássica que são adotadas no modelo híbrido e as que foram eliminadas. Da mesma forma, são apresentadas as características adotadas e eliminadas da Estratégia Ágil.

A Estratégia Híbrida pode ser planejada no médio prazo e até em prazos mais longos, dependendo da previsibilidade no setor. Dessa forma, ela se compõe de uma visão pelo prazo plausível e de um roadmap para o alcance dessa visão. O roadmap pode ser definido por marcos anuais que demonstrem as conquistas mais relevantes. É também recomendável definir cenários probabilísticos utilizando a técnica de análise de cenários. Embora, em algumas situações, uma empresa possa apostar suas fichas em um cenário, a construção de opcionalidades é, na maioria das vezes, a decisão estratégica mais pertinente.

Figura 01 • A composição de uma Estratégia Híbrida

Além disso, algumas análises estratégicas clássicas serão substituídas por análises equivalentes da Estratégia Ágil. A análise das cinco forças de Porter, a Análise SWOT e a definição do posicionamento estratégico não serão incorporadas. A exploração de oportunidades e a análise de riscos substituem as duas primeiras técnicas e, no lugar do posicionamento, entra o direcionamento. Os posicionamentos da estratégia clássica são menos aplicáveis a ambientes dinâmicos devido à sua natureza estável e por serem utilizados em situação de *trade-off* absoluto, embora seus fundamentos centrais sejam integralmente válidos. Já o direcionamento pode ser ajustado ao longo do tempo, distinguindo-se por uma composição de valor entre vetores no lugar do *trade-off.* Essa composição confere maior robustez e distinção ao diferencial de mercado.

A Estratégia Híbrida pode ser adaptada de acordo com a dinâmica de mercado, e é por isso que utiliza recursos da Estratégia Ágil. Ela mantém, além da lógica estrutural de camadas, o método iterativo para suportar a inovação, a positividade centrada na exploração de oportunidades e os princípios de uma estratégia aberta. Por outro lado, ela explora oportunidades no ambiente externo exclusivamente pelas tendências e concentra-se em avaliar as oportunidades juntos aos stakeholders diretos, como fornecedores, distribuidores, parceiros, clientes, colaboradores e possíveis intervenientes como o governo. Por não representarem competências e recursos distintivos nesse contexto, as capacidades dinâmicas não são definidas. A capacidade distintiva de uma Estratégia Híbrida é fruto das capacidades estratégicas.

As definições do direcionamento estratégico são mantidas, tendo-se o discernimento para adequar a necessidade de inovação à dinâmica ocasional de setores relativamente mais estáveis. Finalmente, a gestão da Estratégia Híbrida pode ser conduzida de forma similar à gestão estratégica clássica. Não justifica estabelecer a gestão adaptativa em ambientes regulares, embora possam ser realizadas adaptações segundo a necessidade.

A figura a seguir apresenta a estrutura de uma Estratégia Híbrida com suas dimensões. Observe que a visão, com um objetivo aspiracional, pode coexistir com o propósito, que tem uma finalidade inspiracional.

A ESTRUTURA DA ESTRATÉGIA HÍBRIDA

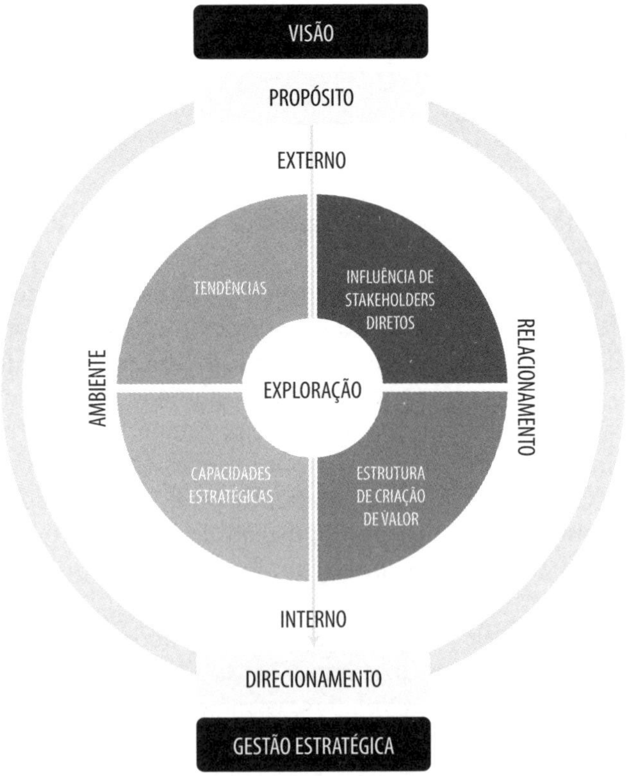

Figura 02 • A estrutura da Estratégia Híbrida

Índice

D

E

F

G

H

I